Madame Joane GOURSAUD

Violences conjugales :

Six ans d'enfer avec un pervers narcissique manipulateur

Préface

Je m'appelle Joane GOURSAUD. Je suis une jeune mère de deux enfants. J'ai 34 ans. J'ai été victime de violences conjugales durant six ans. Plus spécifiquement de harcèlement conjugal.

Malheureusement, mon histoire d'amour qui n'en était pas une, est d'une banalité affligeante. La violence conjugale n'arrive pas qu'aux autres. Je ne suis qu'une victime de plus. J'ai décidé d'écrire mon histoire sans filtres, ni édulcorants. Elle est crue, parfois drôle mais surtout authentique. J'ai souhaité la raconter pour deux raisons. La première est thérapeutique, l'écriture m'a grandement libéré de ma souffrance. La seconde est pédagogique. En effet, il est plus simple de juger et jauger une histoire conjugale qui n'est pas la nôtre. Du fait, par ce biais, j'espère réveiller et libérer de potentielles victimes de harcèlement conjugal.

Cet ouvrage est en quatre parties. Cela permettra aux lecteurs de passer d'une partie à l'autre du livre, bien que je conseille de le lire dans l'ordre. Dans la première partie, je raconte ma relation de couple et sa toxicité. La seconde partie évoque ma rupture et les conséquences qui en découlent. Dans la troisième partie, j'aborde mon histoire personnelle qui m'aura poussée en quelque sorte à accepter l'inacceptable. Dans une quatrième et dernière partie, j'explique les mécanismes psychologiques généraux de la violence conjugale.

J'ai changé les prénoms des protagonistes de l'histoire hormis le mien. Dans le but de protéger la vie privée de mes enfants. Mais aussi pour me dissocier de l'histoire vécue. C'est trop violent psychologiquement. J'ai encore du mal à accepter ce qui est arrivé. Cette prise de recul m'a permis d'être plus objective, détachée et d'avoir une analyse plus fine du processus d'emprise.

Partie 1 :
Notre relation

Je n'ai jamais pensé qu'un jour tu deviendrais (tu l'étais dès le départ d'ailleurs) mon ennemi. Je t'aimais. Pour moi, tu étais l'amour de ma vie. Je croyais en toi, en nous et pourtant ce n'était qu'un leurre.

• Le harponnage virtuel

« Si c'est trop beau pour être vrai, ce n'est probablement pas vrai » Anonyme

---

J'ai rencontré mon futur compagnon sur un célèbre site de rencontre où les femmes mettent les hommes dans leurs paniers. Il s'agit d'un concept sympathique, d'un jeu de séduction innovant. Malheureusement pour moi, j'allais acheter un article avarié, mais je ne le savais pas encore.

Bastien était un anonyme parmi tant d'autres sur la toile mais il possédait la majorité des critères que je m'étais fixés pour rencontrer mon futur époux. Son âge, son physique et son lieu d'habitation correspondaient à ma recherche. Donc naturellement, après avoir consulté son profil, je l'ai autorisé à me parler en l'ajoutant à mon panier. Comme beaucoup de femmes en quête d'amour sur Internet, j'avais plusieurs autres « plans » en parallèle.

La photographie de son profil n'était pas top mais je lui ai laissé sa chance. Nous avons donc commencé à tchatter sur le site de rencontre. Ce qui m'a plu d'emblée chez Bastien c'est que contrairement aux autres mecs, j'avais l'impression qu'il s'intéressait vraiment à moi. Il ne semblait pas avoir d'autres « plans de secours » puisqu'il était très réactif dans ses réponses et prenait vraiment à « cœur » nos discussions. Donc très rapidement, au bout de quelques jours, nous avons échangé nos numéros de téléphone et avons discuté par textos. Nos discussions pouvaient durer toute la journée et une partie de la nuit en dépit de nos emplois du temps respectifs et de la qualité de notre sommeil.

Quelques jours plus tard, nous avons échangé nos comptes Facebook, et là je SUIS LITTERALEMENT TOMBÉE AMOUREUSE de ses photographies. C'était un vrai beau gosse. L'homme idéal à mes yeux. En effet, Bastien avait 31 ans. Il était de type européen et n'avait pas d'enfants. Il mesurait 1m90 et pesait 90 kilos. Il avait les cheveux brun chocolat et les yeux bleu indigo. Mon futur conjoint vivait encore chez ses parents mais il avait un emploi en Contrat à Durée Indéterminée. De plus, Bastien était d'une prévenance incroyable.

De son côté, Bastien me disait que j'étais une vraie bombe sur mes photos de profil Facebook. J'étais une jeune femme afro-antillaise de 28 ans, sans enfants. Je mesurais 1m68 et pesait 60 kilos. J'étais déjà propriétaire de mon appartement. J'étais également fonctionnaire de la Fonction publique territoriale depuis de nombreuses années.

Lors de nos discussions interminables, nous avions créé une réelle intimité. Rapidement, des liens de confiance avaient été tissés. Je lui avais dévoilé toutes mes failles, mes envies, mes manques et mes besoins car Bastien correspondait tellement à l'image de l'homme idéal dont j'avais rêvé. J'avais toujours été une grande consommatrice de littérature sentimentale. Mes lectures m'avaient amené à croire que le grand amour existait. Et vraiment, avec cet homme, je vivais un conte de fées virtuel. J'étais tellement heureuse. Il n'avait aucun défaut perceptible. IL ETAIT PARFAIT.

Bastien se confiait moins que moi. Toutefois, il évoquait, lors d'anecdotes, ses valeurs humanistes et chevaleresques. Ce mec semblait bon et altruiste. Pourtant, d'après ses dires, sa vie avait été difficile. Il était l'aine d'une fratrie de cinq enfants dont il avait eu la charge partielle. Sa mère était alcoolique, son père bien que courageux ne pouvait compter sur son épouse. Son enfance n'avait pas été rose. Ils avaient vécu une expulsion locative due à des problèmes d'impayés. Sa scolarité avait été chaotique par manque d'encadrement parental. De plus, son ancienne compagne qui avaient deux enfants, dont elle ne s'occupait pas, était volage et voleuse. Malgré ces conditions de vie désastreuses, il avait réussi à se construire et à devenir un homme fort et bon.

- La rencontre réelle

" Apprenez que tout flatteur vit aux dépens de celui qui l'écoute » Jean de la Fontaine", Le Corbeau et le Renard

---

Au bout de huit semaines de contact téléphonique, Bastien m'a affirmé que j'étais la femme de sa vie et que dès qu'il me verrait, il m'embrasserait directement. Mon futur compagnon ajouta qu'il viendrait vivre avec moi car notre histoire d'amour était incroyable. Je me sentais un peu dépassée mais j'étais tellement heureuse, moi qui désespérais de trouver un homme aimant. J'ai pensé qu'il n'y avait pas de réels enjeux à s'engager aussi rapidement dans une vie de couple. En effet, je venais de m'acheter un studio à 20 km de chez ma mère. Je ne connaissais pas bien la commune et n'avais jamais vécue seule. Je m'étais dit, « *le coup de foudre, il ne faut pas le louper* ». Nous n'avions pas d'enfants respectifs donc pas de responsabilités morales et financières à assumer. Il me fallait croquer la vie à pleines dents et profiter de l'existence en faisant le grand plongeon.

Notre première rencontre fut assez atypique. J'avais organisé une soirée « pyjama » un samedi soir chez moi avec un pote et ma meilleure amie pour regarder des films de Louis de Funès et manger de la pizza et je l'ai convié. C'est à cette occasion que Bastien m'avait raconté ne pas avoir assez d'essence pour venir jusqu'à chez moi. Le pauvre ne pouvait pas utiliser sa carte bleue. Apparemment, il avait eu problème de piratage bancaire sur Internet. Il avait dû faire opposition. C'est pourquoi, il n'avait plus accès à son argent. Je lui avais donc proposé de venir le chercher près de chez lui.

Il m'attendait devant un célèbre magasin de jardinage. Je l'ai tout de suite reconnu. Mon cœur battait la chamade. Je le trouvais beau et en même temps, j'étais très intimidée. Je l'ai salué et lui m'a embrassée sur la bouche, sans préambule. J'étais un peu émoustillée et gênée par son attitude mais je n'ai rien dit, car j'avais trouvé que cela ressemblait au coup de foudre dont je rêvais tant. Nous sommes remontés en voiture en direction de mon studio. J'ai remarqué qu'il avait un énorme sac de sport.

Je lui ai demandé ce que contenait son sac. Il m'avait répondu d'un air mi-figue mi-raisin « *maintenant que je t'ai trouvée, je ne te quitte plus. Je viens vivre chez toi, si notre week-end ensemble se passe bien* ». J'avoue m'être sentie acculée. En même temps, je voulais vivre une vie de couple merveilleuse donc j'ai fait fi de mon instinct qui pourtant me criait de me méfier.

Nous sommes donc arrivés à l'appartement. Je l'ai présenté à mes amis de longue date. Il était très, voire trop à l'aise avec eux. Je lui avais demandé de ne pas révéler qu'il s'agissait de notre première rencontre physique. Évidemment, je ne souhaitais pas être traitée d'inconsciente du fait d'inviter des inconnus à mon domicile. Et pourtant, dès que l'occasion s'est présentée, Bastien a divulgué notre secret. Il n'y avait rien de dramatique à cela. Mais, j'étais tout de même embarrassée. Bastien m'avait donc expliqué être une personne foncièrement honnête et incapable de mentir aux personnes qu'il appréciait. J'avais compris son raisonnement. Par la suite, nous avions bien rigolé de cette histoire. Mon futur compagnon m'avait même conseillé de faire attention aux inconnus que je ramenais chez moi car cela pouvait être dangereux. Bastien me disait que lui-même était très méfiant et évitait de faire confiance à n'importe qui.

En raison de mon récent aménagement, je venais d'acquérir l'ensemble de mon mobilier. Je n'avais jamais utilisé mon four. En l'utilisant pour la première fois, ce soir-là, j'avais un peu cramé les pizzas. Bastien s'était gentiment moqué de moi, entrainant mes amis dans un fou rire général. Il avait aussi fait quelques remarques concernant le fait que je n'avais pas acheté de produit nettoyant pour les mains et que nous devions nous laver les mains avec du liquide vaisselle. Il m'avait également fait remarquer que la clôture de mon jardinet n'était pas posée correctement. Malgré ces petites critiques sans importances, pensais-je, nous avions passé une excellente soirée.

Lorsque mes amis se sont endormis, nous nous sommes embrassés. Nous avons échangé de douces paroles. C'était tellement romantique et merveilleux. Le rêve éveillé. Le lendemain mes amis sont partis. Bastien est resté.

Nous avons eu notre première relation sexuelle. Malheureusement, ce rapport dura juste quelques secondes. Selon ses dires, ma beauté et son amour pour moi le troublaient et provoquèrent son éjaculation précoce. Sa tendresse ainsi que sa bienveillance à mon égard m'avaient vite fait oublier cet incident.

Ce même soir, il m'a demandé l'autorisation de venir vivre chez moi « temporairement ». Il s'agissait d'un essai afin de voir si notre couple pouvait fonctionner. J'ai accepté sans rechigner car d'habitude mes relations sentimentales tournaient court. Mes anciens mecs esquivaient la moindre forme d'engagement. Donc j'étais contente qu'un homme si intéressant soit follement amoureux de moi au point de vouloir s'engager dans une vie commune aussi rapidement.

Afin qu'il puisse ramener sa voiture au sein de ma résidence, Bastien m'avait demandé de lui donner de l'argent pour mettre de l'essence dans son véhicule qui était stationné devant chez ses parents. Je me suis sentie un peu contrainte mais je ne voulais pas le vexer. Il voulait vivre avec moi donc pourquoi ne pas lui prêter l'argent dont il avait besoin ? Sachant que je bénéficierai sûrement d'un retour d'ascenseur à un moment donné, j'ai accepté de le raccompagner et de lui payer un plein d'essence.

• L'installation

" Oser la vie à deux, c'est avoir une confiance positive en soi, en l'autre et dans le couple. C'est oser la création d'une œuvre originale, à deux."
Frédéric Fanget

Bastien m'avait demandé de lui faire de la place dans mon armoire. J'étais tellement contente. Pour une fois dans ma vie, la chance me souriait. Mon compagnon avait disposé ses affaires sur les étagères du haut car il était beaucoup plus grand que moi. Je me disais que notre nouvelle vie de couple allait être merveilleuse. En plus de vivre en couple uni comme je l'espérais, nous diviserions les frais du ménage. Cela me permettrait de récupérer un peu de pouvoir d'achat. En effet, après l'achat de l'appartement et du mobilier, je n'avais plus d'argent de côté. En clair, mon budget mensuel était hyper restreint.

N'ayant toujours pas de moyens de paiement, mon nouveau chéri m'avait demandé si cela ne me dérangeait pas de faire des courses alimentaires pour la semaine. J'ai encore accepté, malgré le fait que cela entrainerait mon découvert bancaire. Au sein du magasin, mon compagnon ne s'était pas gêné pour prendre beaucoup de denrées alimentaires de marques. Alors que pour ma part, j'avais plutôt l'habitude d'acheter du *hard discount.* En seulement une heure, Bastien a quasiment utilisé mon budget mensuel de courses. Ne voulant pas paraitre pingre, je n'ai pas osé le freiner. De toute façon, il avait promis de me rembourser. Et puis, je ne souhaitais pas créer de problèmes liés à l'argent dès le début de la relation amoureuse.

Le dimanche soir arriva, Bastien m'indiqua qu'il ait pris plusieurs jours de congés pour apprendre à me connaitre et s'habituer à son nouveau logement. J'approuvais sa démarche mais l'informai que pour ma part, je devrais retourner travailler dès le lendemain. Il me demanda donc de lui confier ma clef puisque le double était chez ma mère. Mon compagnon m'indiqua qu'il m'attendrait le soir. De mauvaise grâce, je lui remis la clef de l'appartement. Ma confiance envers lui était encore fragile. J'avais un peu peur qu'il cambriole l'appartement et que lors de mon retour, je retrouve le logement vide. Toutefois, j'eus l'impression de ne pas avoir le choix et qu'il n'arriverait rien de fâcheux de toutes manières.

Avec le recul, je me dis qu'il aurait mieux valu que Bastien me vole et s'en aille. J'y aurai moins perdu finalement...

Le lendemain matin, mon nouveau chéri se réveilla tôt pour me préparer le petit-déjeuner. Il était très agréable. Il me dit que j'allais lui manquer toute la journée. Je me sentais heureuse et culpabilisais un peu de le laisser seul.

Durant ma journée de travail, nous échangions beaucoup de textos. Il s'agissait de longues déclarations d'amour. Le soir, en rentrant chez moi, j'eus le plaisir de constater que Bastien m'avait préparé un délicieux repas. Tout au long de notre soirée, il me répétait inlassablement à quel point il m'aimait déjà. Je flottais sur un petit nuage…

• Ça se complique

« Un mensonge n'a aucun pouvoir en lui-même, il devient important dès lors que l'on accepte d'y croire » Baptiste Beaulieu

---

La première semaine fut merveilleuse. Un vrai rêve éveillé qui ne tarderait pas à tourner au cauchemar. Car Bastien n'était toujours pas retourné au travail. Au départ, cela ne m'inquiéta pas outre mesure. Mais parfois, il semblait d'humeur maussade. Son attitude me questionnait. C'est pourquoi, dès le vendredi soir, je l'interrogeai sur son mal être.

Il ne tarda pas à tout m'avouer. Apparemment, à cause d'une phlébite à la jambe gauche, il souffrait lors de ses nombreux piétinements dans l'entrepôt de son employeur. De plus, son travail ne lui plaisait plus. Il se disait exploité par son patron. Ce manque de reconnaissance le fatiguait moralement. Il semblait faire une sorte de burn out professionnel. Loin d'être au bout de mes surprises, il m'annonça avoir démissionné une dizaine de jours auparavant. Soit quelques jours avant notre rencontre physique. J'ai été stupéfaite d'apprendre cette nouvelle. Je lui ai demandé de m'expliquer la raison de cette omission. Bastien me disait avoir eu peur de me décevoir. Selon ses propos, il ne voulait pas que je le trouve minable. Il craignait de perdre mon amour naissant.

Après ses explications, je passai de la colère à la compassion et finis par comprendre son point de vue et lui pardonner. Dotée d'une bienveillance naturelle, je l'ai rassuré, l'ai consolé même et lui ai indiqué que sa situation professionnelle m'importait peu et que cela ne changerait rien entre nous. Sur sa lancée, Bastien m'avoua avoir des problèmes financiers dus à sa « perte » d'emploi et non à cause de fraudes à la carte bleue. Il me promit de retrouver rapidement un boulot. Il ajouta qu'il me rembourserait les frais financiers que j'avancerai. À ce moment-là, je me sentis très angoissée par cette situation. J'avais l'impression de porter une chape de plomb sur les épaules. À contrario, lui semblait plus léger et serein.

À cet instant, j'eu la certitude que j'allais me faire avoir par cet homme. Il avait menti dès le début de notre relation sur son travail et ses finances. En même temps, j'avais des papillons dans le ventre lorsque je le regardais. J'étais heureuse en sa compagnie. Bastien était adorable et c'était bien la première fois de ma vie que j'étais traitée comme une princesse. Et puis, je me persuadai que les galères d'argent pouvaient arriver à tout le monde. À cette époque, je pensais que les personnes rencontrées sur Internet étaient trop exigeantes avec leur partenaire potentiel. Elles interrompaient une relation aux moindres problèmes. C'est pourquoi, Bastien avait dû me mentir pour ne pas me perdre. Pour ma part, je pensais qu'il serait vraiment stupide de rompre une relation si prometteuse à cause d'un problème d'emploi. J'en pris mon parti. J'allais l'aider à se sortir la tête de l'eau à hauteur de mes moyens financiers.

Je travaillais dans le domaine du social depuis quatre ans déjà. De toute façon, j'avais toujours eu l'habitude d'aider toutes les personnes en difficulté que je croisais et ce depuis ma naissance. C'était ma vocation. J'aidais bien les autres, pourquoi ne pourrais-je pas aider mon petit ami ? Il semblait tellement en détresse.

En plus, Bastien et moi étions sur la même longueur d'onde et avions les mêmes valeurs. Nous adorions chanter à l'unisson et rigoler devant les sketchs des Inconnus. Bastien était mon double au masculin. Il voulait le même nombre d'enfants, la même grande maison et également un emploi de cadre supérieur bien rémunéré comme moi. Il était cool et facile à vivre. Et franchement, j'en avais tellement marre de passer d'une relation sentimentale foireuse à une autre. J'approchais la trentaine et je rêvais de pouvoir enfin me poser avec un homme de confiance qui m'aimerait et avec qui je fonderai une famille.

Toutefois, il avait quand même deux « petits » problèmes. Primo, Bastien était un grand consommateur de cannabis. Il fumait au moins six joints par jours. J'essayais d'être cool mais sa consommation était vraiment excessive. Moi-même, j'avais déjà fumé des joints durant mon adolescence. D'ailleurs, j'étais une ancienne fumeuse de tabac. Mais là, ça faisait beaucoup de THC[1] à la journée. Je m'inquiétais pour sa santé et n'étais pas non plus sereine de monter en voiture à ses côtés sachant qu'il était en permanence sous l'emprise de drogue.

Secundo, Bastien était bel et bien éjaculateur précoce, même s'il essayait vainement de se trouver des excuses. Nos rapports sexuels duraient moins d'une minute en général. Voire deux minutes au maximum, les bons jours. C'était soi-disant à cause de son amour pour moi, du stress, puis de la marijuana. En vérité, j'étais frustrée par cette situation. Mais je me résignais, car nous partagions tellement d'autres choses merveilleuses que je décidais de m'en accommoder. D'ailleurs, lorsque nos finances nous le permettraient nous pourrions éventuellement consulter un sexologue. D'autant plus, que sa tendresse compensait beaucoup son manque de performance.

Bastien préférait recevoir une fellation plutôt que de faire l'amour car son plaisir durait plus longtemps. C'était le moins que l'on puisse dire, puisque parfois, les fellations duraient jusqu'à une demi-heure. Du fait, les actes sexuels oraux me rebutaient en raison de leur longue durée. Souvent, j'essayais d'esquiver ou d'éviter de le satisfaire. Néanmoins, à chaque refus de ma part, mon compagnon commençait à bouder. Il disait que je ne l'aimais pas assez. Parfois, Bastien refusait carrément de m'adresser la parole. Du coup, de mauvaise grâce, je cédais à ses requêtes parfois plusieurs fois par jour.

De plus, je m'interrogeais aussi sur la différence de durée entre la pénétration et la fellation. En théorie, le temps d'un rapport sexuel devrait être à peu près identique quelle que soit la pratique. Pourtant, il n'en était rien avec Bastien. Parfois, je me demandais s'il ne faisait pas semblant d'être éjaculateur précoce. Souhaitait-il que je reste éternellement insatisfaite et soumise à ses caprices sexuels ?

Avec le recul, je me rends compte que tout au long de notre relation, Bastien exerçait une pression psychologique sur moi pour avoir des rapports sexuels. J'avais deux options : céder et avoir la

[1] *Le tétrahydrocannabino est la substance psychotrope présente dans le cannabis*

paix ; refuser et vivre l'enfer. Si bien que ma stratégie était de coucher avec lui le vendredi soir ou le samedi matin afin d'avoir un week-end à peu près tranquille. Sachant que cette tactique n'était que partiellement efficace. Même à la fin de mes grossesses, lorsque je n'avais ni l'envie, ni la condition physique, j'été contrainte de le satisfaire car mon compagnon menaçait d'aller voir ailleurs. J'avais l'impression de me laisser violer et de n'être qu'objet pour lui. D'ailleurs, je lui faisais remarquer qu'il priorisait son plaisir avant le mien mais Bastien me disait que je me trompais. Pourtant, je voyais bien qu'il n'agissait pas pour établir une relation saine d'échange et d'amour. Mon compagnon était plutôt centré sur son plaisir personnel. Aujourd'hui, j'ai pris conscience qu'il s'agissait bel et bien de violence sexuelle qui consistait à me contraindre par la manipulation et la pression pour avoir des relations sexuelles.

À contrario, lorsque je voulais avoir une relation, un câlin ou même un bisou, Bastien refusait catégoriquement trouvant toujours un prétexte.

• Les premières remarques

« Quand quelqu'un vous dévoile sa vraie nature, croyez-le. » Maya Angelou.

Nos deux premiers mois de vie commune étaient géniaux. Toutefois, quelques semaines après notre installation, Bastien avait commencé à me dire que c'était vraiment dommage que je ne sache pas cuisiner. Mon compagnon expliquait être heureux d'être en couple avec une femme d'origine haïtienne car il avait espéré que je lui ferais des spécialités créoles.

De mon côté, avant la naissance de mes enfants, je ne m'étais jamais vraiment intéressée à celle que l'on nommait la Perle des Antilles. Je ne connaissais ni l'histoire, ni les coutumes d'Haïti. Je comprenais mais ne parlais pas créole. Pour couronner le tout, j'étais nulle en cuisine.

Bastien était donc déçu d'être en couple avec soi-disant une femme créole francisée. J'avais dû lui rappeler que ce n'était pas parce que j'étais une femme que je savais forcément cuisiner. De plus, ce n'était pas parce que j'étais noire que je connaissais toutes les spécialités culinaires afro-caribéennes. J'étais exaspérée par ses remarques misogynes et racistes mais je pensais qu'il était juste maladroit dans ses propos.

• Ça s'aggrave

Une année avant notre rencontre, j'avais décidé de me faire refaire la poitrine. En effet, je souffrais d'une ptose mammaire *(poitrine qui tombe)* et sur les conseils de ma mère et de mes amies, j'avais voulu m'améliorer. Bastien m'avait donc accompagnée à la visite préopératoire. Il m'a mise très mal à l'aise face au chirurgien.

De but en blanc, il lui a demandé *« est-ce que je pourrai coucher avec elle un ou deux jours après l'opération ? »*. Le chirurgien répondit froidement *« Tant que vous ne touchez pas à sa poitrine au moins quinze jours, faites comme vous voulez !! »*.

En sortant de chez le chirurgien, j'étais en colère et morte de honte. J'ai alors demandé à Bastien, pourquoi il avait abordé ce sujet de manière aussi frontale et déplacée. Ce dernier s'était alors confondu en excuses et m'avait indiqué qu'il souhaitait juste détendre l'atmosphère trop tendue à son goût. Je lui avais donc expliqué que bien que ce soit de la chirurgie plastique, il s'agissait d'une opération durant laquelle ma vie était potentiellement en jeu. J'avais trouvé sa réaction culottée et immature. Je pensais qu'à terme je lui apprendrai les règles sociales à adopter en public.

Le jour de mon opération, Bastien m'avait accompagnée et était resté à mon chevet. Il était très prévenant. Néanmoins, il avait eu une réaction bizarre à un moment. Une copine devait venir me voir en chambre. Avant sa visite, je voulais me maquiller afin d'avoir une bonne mine. J'avais donc demandé à Bastien de me donner ma trousse à maquillage car je n'arrivais pas encore à me lever. Il a refusé catégoriquement en me disant que je devais m'assumer au naturel. Ce refus agressif, m'a perturbée. Je m'étais sentie à sa merci et en insécurité. Je n'avais pas compris sa réaction. Il m'avait semblé qu'il voulait me contrôler. Je m'étais donc levée du lit médicalisé avec beaucoup de difficulté pour prendre mon maquillage moi-même.

Au moment de ma sortie de la clinique, Bastien voulait absolument faire des courses. Ces achats étaient bien évidemment à mes frais. Pourtant, je lui avais expliqué que j'étais fatiguée. En plus, j'avais des drains de Redon pour évacuer la lymphe de chaque côté de ma poitrine. Du fait, mes déplacements étaient vraiment difficiles et douloureux. Toutefois, il a lourdement insisté pour aller faire des courses et comme à mon habitude, j'ai cédé.

En rentrant à la maison et durant les quelques jours suivant mon opération, Bastien voulait que je lui fasse des fellations deux fois par jour. Selon lui, il méritait une récompense pour m'avoir soutenue durant mon opération. La cadence sexuelle qu'il imposait me fatiguait. Je n'y prenais aucun plaisir. J'avais juste l'impression d'être une travailleuse du sexe, non rémunérée, bien sûr. J'essayais de refuser. Néanmoins, je finissais toujours par céder car Bastien me faisait culpabiliser.

Durant cette période, j'étais en arrêt de travail. Pourtant, c'est à ce moment précis, alors que j'étais en convalescence que Bastien avait commencé à se plaindre de faire le ménage et la cuisine seul. Il voulait de l'aide. Je lui avais expliqué qu'au regard de mon état de santé, cela allait être compliqué qu'il fallait attendre mon rétablissement. Et là, il m'a répliqué une phrase cinglante que j'entendrai souvent durant ces six prochaines années *« Tu t'éeoutes trop ! Sois plus forte que ton physique ! »*.

De mauvaise grâce, je m'étais exécutée car j'avais tellement à cœur de lui plaire. Résultat : une déchirure du muscle pectoral. Par la suite, Bastien m'avait dit que j'avais fait trop d'efforts et qu'il fallait que je me préserve. Je ne comprenais rien à son double discours. Mon compagnon me faisait des demandes et après il me disait de faire tout l'inverse.

Ajoutons à cela que Bastien me faisait souvent des requêtes bizarres. Un jour par exemple, il m'avait demandé de ne plus dormir avec des chaussettes car il préférait sentir la peau de mes pieds. Je lui avais répliqué que j'avais froid et que depuis des années, j'avais l'habitude de dormir avec des chaussettes surtout l'hiver. Pour me convaincre, il m'avait sorti une histoire à dormir debout. Soi-disant, son ancienne petite copine dormait avec des chaussettes lorsqu'elle voulait lui signifier qu'elle refusait de faire l'amour. Du coup, cela avait traumatisé Bastien qui me suppliait de ne plus en mettre. Toujours dans le but de lui plaire, j'ai accédé à sa demande. Avec le recul, je pense qu'il testait juste son degré d'emprise sur moi. Bastien voulait savoir à quel point j'étais accro. Le fait que j'accepte une telle absurdité lui permettait de passer à une autre phase de domination.

• Présentation aux familles respectives

« La famille c'est comme les branches d'un arbre ; nous grandissons tous dans différentes directions, mais nos racines sont les mêmes » Anonyme

---

Quelques semaines après son aménagement, Bastien me présenta sa famille. Globalement, je fus bien accueillie. Les membres de sa famille étaient des personnes très généreuses. Ses parents étaient en couple depuis plus de quarante ans. J'étais très impressionnée par la longévité de leur union car à l'époque, je pensais que la durée d'une relation était proportionnelle à son épanouissement. Bien évidemment, je me trompais. Bastien était l'aîné d'une fratrie de cinq enfants. Il avait deux sœurs, deux frères, un neveu et pléthore de cousins. Ils se voyaient régulièrement. Toutefois, j'avais toujours senti qu'il y avait une forme de malaise entre eux. Je n'avais pas l'impression qu'ils étaient vraiment à l'aise ensemble. Il fallait dire qu'ils n'étaient pas très démonstratifs au niveau de l'affection. Ils parlaient peu d'eux-mêmes. Ils étaient assez discrets et simples. Des travailleurs qui essayaient de faire au mieux.

Bastien avait une grande admiration pour son père et ses deux sœurs. Il les trouvait courageux et bienveillants. Il adorait son neveu aussi. Bizarrement, il semblait indifférent envers le plus âgé de ses frères et très critique avec le benjamin de la fratrie. En revanche, Bastien dénigrait et méprisait sa mère. Il était d'une extrême violence verbale à la limite du manque de respect envers sa génitrice. D'ailleurs cela me choquait. J'essayais en vain de tempérer son mépris. En effet, sa mère souffrait de dépression. Elle est médicamentée et consultait un psychiatre. De plus, elle était atteinte d'une addiction à l'alcool. Par ailleurs, je trouvais qu'elle infantilisait et surprotégeait beaucoup son benjamin qui avait vingt ans à l'époque de notre rencontre.

Je ressentais de sa part une forme de préférence pour le dernier de ses fils. Cette femme d'une extrême fragilité psychologique, certainement due à une enfance difficile, ne mâchait pas ses mots y compris avec moi. Elle était souvent agressive dans ses propos. Bastien et sa mère étaient comme chien et chat. Ils s'embrouillaient souvent. Il lui reprochait son alcoolisme et surtout son manque d'investissement pour se guérir. Sa mère n'était pas maternelle avec lui. Dans le sens protecteur et bienveillant du terme. D'ailleurs, en ma présence, elle lui avait réclamé 10€ en l'accablant de reproches. Elle ne l'appelait jamais pour prendre de ses nouvelles, ne se semblait pas se soucier de lui. Elle était plutôt autocentrée sur ses problèmes personnels.

Les autres membres de leur famille semblaient se désintéresser de la mère. Mais je pense qu'il s'agissait surtout d'une forme de protection psychique car ils avaient dû beaucoup souffrir de la déchéance maternelle.

Lors de nos visites chez ses parents, j'avais du mal à reconnaitre Bastien car il était plutôt calme. Cette attitude était contraire à sa personnalité. Néanmoins, il me faisait régulièrement sortir de mes gonds. Mon compagnon semblait s'amuser à créer des conflits entre nous. Nous nous chamaillions beaucoup en présence de sa famille. Du coup, je paraissais aux yeux des siens comme une femme agressive, caractérielle et capricieuse.

J'avais remarqué qu'il essayait tout le temps de se valoriser à mes dépens auprès de son père. Il voulait l'impressionner peut-être dans le but de lui prouver sa valeur. De son côté, le père l'écoutait avec attention. C'était plutôt un homme correct mais peu expansif. Il était très difficile à décrypter. Je n'ai jamais vraiment su ce qu'il pensait réellement.

Parfois, sa famille racontait des anecdotes familiales liées à leur enfance. L'une d'entre elles qui concernait Bastien m'avait toujours horrifiée. Apparemment, jeune enfant (deux ans environ) il était très énergique et ne voulait jamais rester couché, alors ses parents ont eu la brillante idée de l'attacher au lit afin qu'il fasse ses nuits. Cette histoire me perturbait d'autant plus que cela faisait rire toute sa famille qui ne semblait pas comprendre que ce type de pratique, de nos jours, s'apparentait à de la maltraitance infantile.

Il y avait un autre fait qui me questionnait, c'était les similitudes de vie entre la mère de Bastien et moi-même. En effet, sa mère était fonctionnaire et rencontrait des problèmes d'alcool. Durant mon adolescence et une partie de ma vie de jeune adulte, j'étais alcoolique chronique. Je pouvais boire des litres d'alcool en quelques heures et cela sans pouvoir m'arrêter. J'avais pu me soigner grâce à une association connue pour son anonymat. A croire, qu'inconsciemment, mon compagnon fréquentait un sosie de sa mère. Un double ayant réussi à se sortir de ses déboires. Bastien devait chercher une forme de réparation à son enfance. Heureusement, au niveau physique nous ne nous ressemblions pas du tout. Cela aurait été trop glauque.

J'ai également connu feu son grand-père. Un homme charmant, bienveillant et adorable. Selon les dires de Bastien son aïeul était un homme dur et autoritaire dans sa jeunesse. J'ai aussi rencontré son oncle, sa tante et ses cousins uniquement du côté paternel. Sa mère était en froid avec sa propre famille. Du fait même, qu'ils fassent partie des proches de Bastien, j'appréciais les membres de sa famille, même si nous étions très différents au niveau de nos centres d'intérêts. Toutefois, au fil des années, j'ai clairement ressenti une hostilité de leur part. Cela était certainement dû aux calomnies rapportées par Bastien sur mon compte.

Pourtant, j'avais à cœur de respecter leurs traditions familiales. Surtout celle concernant les anniversaires. Il était de coutume chez les Brillant de fêter les anniversaires de chaque membre du clan y compris le mien. Cela se déroulait souvent le dimanche midi. Un repas était organisé chez les parents de Bastien. Ils commandaient un gâteau chez le boulanger et tout le monde devait offrir un cadeau. Bien sûr, Bastien, n'avait jamais d'argent donc c'était moi qui achetais majoritairement les cadeaux venant de notre part.

A mon tour, au bout de trois mois de relation, je souhaitais lui présenter mes proches. Avant de le présenter à ma famille, je lui avais donné des recommandations. La première était de ne surtout pas aborder de sujets sensibles tels que la politique, la religion et le racisme. La seconde était de rester pudique. Bastien ne devait pas m'embrasser ni me tenir la main. Il s'agissait d'une forme de respect vis-à-vis de ma famille. A ma grande surprise, Bastien avait fait tout l'inverse de mes requêtes. Il m'avait embrassé goulûment même lorsque je le repoussais. Mon compagnon avait des opinions politiques très à droite alors que toute ma famille était de gauche. Il avait un discours pro-colonialisme alors que nous sommes descendants d'esclaves fugitifs (des nègres marron) et afro centristes.

C'était l'horreur !!! Dépitée, j'essayais, en vain, d'arrondir les angles. Je lui mettais même des coups de pieds sous la table pour qu'il se taise. Ne se démontant pas, Bastien répliquait bien fort *« Oh ça suffit oui !!! Arrête de me mettre des coups de pieds. J'ai le droit de m'exprimer. Non ? ».* À compter de ce jour, ma mère l'avait catégorisé de gros con, indigne de moi. D'ailleurs, elle qui était si tolérante et gentille ne changera jamais d'avis sur Bastien.

Evidemment, j'étais furieuse. Quelle honte !!! Cet homme était une calamité. En rentrant à l'appartement, je lui ai demandé une explication. Bastien m'a répliqué que chaque citoyen pouvait avoir son avis. J'étais d'accord, pour autant, il aurait pu attendre de connaitre ma famille pour s'opposer directement à leurs idées. J'étais déçue et triste. Il s'était encore excusé me disant qu'il se comporterait différemment la prochaine fois. Une promesse qu il ne respectera pas au cours de notre relation.

En résumé, nos familles respectives étaient aux antipodes l'une de l'autre. La mienne parlait fort et était très expansive. La sienne était discrète et calme. Nos valeurs étaient différentes. Ma famille était assez contestataire. La sienne privilégiait davantage le statu quo.

• Il me rabaisse

"On parle toujours mal quand on n'a rien à dire. "
Voltaire

Quelques mois plus tard, je présentais Bastien à un couple d'amis. Je leur parlai de mon opération mammaire. Me coupant la parole, Bastien expliqua qu'au regard de l'état déplorable de ma poitrine avant l'opération, heureusement que j'avais eu la présence d'esprit de me faire opérer. Mes amis et lui-même ont explosé de rire à mes dépens. J'étais humiliée et en colère.

Après notre sortie, j'ai signifié à Bastien mon souhait de le quitter car son comportement était inadmissible. Je n'envisageais pas de rester en couple une minute de plus avec un homme qui se moquait de moi, ne me respectait pas et faisait l'inverse de mes demandes. J'étais vraiment déterminée.

À mon grand désarroi, Bastien s'était mis à pleurer comme un enfant. Il s'est excusé comme jamais en disant qu'il n'avait pas voulu me faire du mal. Il disait m'aimer. J'étais son coup de foudre. Il pourrait même mourir pour moi. C'était la première fois de ma vie que j'avais l'impression de compter autant pour un homme. Toutefois, j'avais trouvé sa réaction disproportionnée. Pourtant, il me faisait pitié, je me suis dit qu'avec le temps, j'arriverais à lui faire adopter un comportement approprié. Je l'aimais. Je lui ai donc de nouveau pardonné. Les semaines qui ont suivi sont redevenues merveilleuses.

Néanmoins, au cours des six années qui suivront, Bastien me rabaissera devant les gens ou au contraire fera des éloges exagérés à mon propos. Les critiques ou les compliments seront donnés en fonction des personnes et des situations. Cela en raison du bénéfice que cette attitude lui apportera. L'objectif ultime étant de se valoriser afin qu'il projette une image positive de lui à notre entourage.

• Ses problèmes financiers

« Beaucoup de gens dépensent l'argent qu'ils ont gagné pour acheter des choses dont ils ne veulent pas, pour impressionner des personnes qu'ils n'aiment pas. » – Will Rogers

---

Deux mois après notre rencontre, Bastien m'apprit qu'il avait 3000€ de dettes, en raison d'amendes de stationnement impayées, de crédit à la consommation et d'un abonnement annuel auprès du célèbre club de football parisien. Bastien n'arrivait pas à payer depuis de nombreux mois. Il pleurait en disant qu'il ne savait pas par quels moyens il pourrait sortir des dettes. Mon compagnon avait même envie de se suicider. D'ailleurs, selon ses dires, en raison du stress, il avait une pelade [2].

Afin de le soulager psychiquement, j'ai commencé à l'aider en écrivant à ses créanciers pour trouver des solutions et mettre en place un plan d'apurement pour solder ses dettes. Je me trouvais tellement acculée par cette vague de problèmes que Bastien m'avait transférée que j'ai absolument voulu les régler au plus vite.

Du fait de sa démission, Bastien ne pouvait pas bénéficier des indemnités de chômage versées par Pôle Emploi. J'ai donc instruit à son profit un dossier de RSA socle [3]. Au bout de trois mois, durant lesquels je pourvoyais à l'ensemble de ses besoins, mon compagnon a commencé à percevoir tous les mois l'allocation d'un montant de 483 €.

Durant notre première année, malgré les ressources dont il disposait, Bastien ne participait pas aux dépenses liées à notre ménage. Le crédit immobilier, les charges de copropriété, les impôts, l'électricité, la nourriture.... En somme, il vivait à mes crochets.

---

[2] *Des trous dans le cuir chevelu*

[3] *Revenu Solidarité Actif, revenu minimum français*

J'avoue m'être interrogée sur son réel engagement à rechercher un emploi stable. Il effectuait parfois de courtes missions d'intérim. D'ailleurs, lorsqu'il avait peu dormi la veille, souvent à jouer aux jeux vidéo, il décidait de ne pas se présenter au travail.

En raison de ses problèmes financiers qui étaient devenus miens, j'avais souscrit un crédit à la consommation de 2000 € pour colmater notre budget déséquilibré. Ce fut une très mauvaise stratégie à cause de laquelle j'ai sombré progressivement vers un endettement et une dépression.

Je pensais à l'époque, que Bastien était fragile et désespéré. Je n'aurais pas été humaine de le quitter dans un moment de creux. Cela aurait été dégueulasse. Mon humanité et mon amour ou plutôt ma dépendance affective m'empêchaient de le quitter.

Au bout d'un an, sur les conseils de ma mère, je l'ai obligé à payer l'électricité, les courses et une partie des charges. L'échéance du crédit immobilier et toutes les autres dépenses restant à ma charge. Il était mécontent mais je n'ai pas cédé. Il avait donc dû mettre la main au portefeuille.

Bien que ses dépenses obligatoires soient limitées, Bastien dépassait chaque mois son découvert bancaire. Si bien qu'à plusieurs reprises, la banque lui interdit d'avoir un découvert, en plus de lui prélever des frais d'incidents exorbitants. Durant ces périodes, je devais de nouveau tout gérer. Le pire, c'est qu'il achetait n'importe quoi. Par exemple, mon compagnon déjeunait plusieurs fois par jour et par semaine au fast-food. Il achetait ses cigarettes, sa bière, son cannabis, ses jeux de grattage et des jeux vidéo. C'était un panier percé. En revanche, il faisait fi des choses utiles. Pour illustration, cela fait huit ans qu'il n'a toujours pas de carte grise à son nom pour son véhicule. Il ne s'achetait même pas de chaussures, ni de fringues.

De mon côté, en raison de ma situation financière désastreuse, je me restreignais sur tout. Mais malgré mes efforts, Bastien faisait preuve de mauvaise foi évidente, puisqu'il me reprochait d'être « *une bouffe fric* » alors qu'il ne me donnait pas d'argent. Simplement parce que j'avais réussi, contrairement à lui, à remonter la pente et à remettre de l'argent de côté en me sacrifiant.

Toutefois, lorsque je faisais des commandes sur Internet avec mon argent personnel, je devais les cacher à Bastien afin qu'il ne me fasse pas de reproches. Par conséquent, je recevais mes colis chez ma mère puis je les ramenais en cachette chez nous.

À la fin de notre relation, en faisant l'inventaire de « nos affaires communes », je me suis rendu compte que j'avais quasiment acheté la totalité de notre immobilier. Bastien s'était toujours arrangé pour que je paye la majorité des dépenses communes. De plus, il me faisait culpabiliser pour que je lui offre des maillots de foot qui coutaient une centaine d'euros, des baskets de grandes marques, des vêtements…

En revanche lui ne m'offrait que des cadeaux bas de gamme que je n'appréciais même pas. En fin de compte, Bastien me dépossédait de mon argent.

• La nourriture : sa première forme de contrôle

Bastien a toujours eu un rapport étrange à la nourriture. Au début, il était un peu anorexique et ne mangeait qu'une fois par jour. Il se nourrissait en fin de soirée de plats gras, principalement, de la charcuterie. Du coup, nous mangions rarement en même temps. Il se plaignait du fait que je mange vers 20 heures comme les vieux disait-il. Lui souhaitait être libre de se restaurer à n'importe quelle heure.

À contrario, Bastien surveillait tout ce que je mangeais. Il calculait le nombre d'heures séparant mes repas. Il me reprochait de trop manger et de gaspiller la nourriture. Mon compagnon pouvait me dire un truc du style *« t'as mangé six tranches de saucisson aujourd'hui. T'abuses !! T'es vraiment une grosse bouffe »* J'étais médusée, apparemment, mon amoureux comptait et vérifiait la quantité des denrées alimentaire que j'ingurgitais. Privilégiant, la vérification de la charcuterie et des sucreries. Il surveillait même ma façon de couper le beurre. Il jugeait mes sandwichs me disant *« Tu manges vraiment de la merde, tu fais n'importe quoi. Il ne faut pas t'étonner que tu sois grosse. Ma pauvre fille !!! ».*

Au début de la relation, il stockait beaucoup de courses. Au fil du temps et après nos problèmes financiers, Bastien a adopté une mode d'achat plus standard.

C'était pénible, Bastien ne voulait pas que j'invite mes proches à la maison soi-disant par peur de dépenser de l'argent dans l'achat de nourriture. Je pense surtout que Bastien souhaitait exercer un contrôle sur tous les aspects de ma vie dont l'alimentation.

- Ma prise de poids : premier symptôme de mon mal-être

Depuis notre mise en ménage, j'avais commencé à grossir. Je souffrais d'une sorte de malaise dont je n'arrivais pas et ne voulais pas identifier la cause. J'entreprenais en vain quelques régimes inefficaces. Au bout d'une année, j'avais pris dix kilos. Je pesais 70 Kg. Je me sentais mal dans ma peau. Mon entourage me faisait des remarques moqueuses du genre : « *Tu manges bien à la cantine, attention à partir de trente ans on n'arrive plus à perdre de poids...* »

De son côté, Bastien était beaucoup plus virulent dans ses propos. Il me disait : « *Tu m'as trompé sur la marchandise, fais gaffe !! Je n'aime pas les grosses !!* », « *Tu n'es pas trop boudinée dans ton jeans ?* » « *Je te préférais avant !! Il faut vraiment que tu fasses des efforts* ». En revanche, Bastien allait de mieux en mieux. Il pétait la forme.

Je me sentais devenir une grosse, une merde. Je pleurais souvent. Je me réfugiais dans un coin de la salle de bain pour ne pas déranger Bastien pendant qu'il regardait la télévision. Car mon compagnon ne supportait pas que je fasse du bruit avec mes jérémiades. Néanmoins, il devait quand même m'entendre puisqu'au bout de quelques minutes, Bastien venait de me rejoindre et me disait « *Arrête de chialer !! Prends-toi en main putain !! T'es vraiment faible et immature !!* ». Lorsque je lui faisais remarquer sa méchanceté, mon compagnon m'affirmait que ses propos avaient pour but de m'encourager à être plus forte. Je l'ai cru au début. Mais malgré ses « encouragements », j'ai commencé à sombrer vers la dépression. Je manquais de discernement sur des décisions importantes à prendre. J'étais confuse et perturbée. Je perdais progressivement confiance en moi.

Chaque fois que je souhaitais vraiment me mettre au régime, Bastien me cuisinait de bons petits plats riches en calories auxquels je n'arrivais pas à résister.

De même, lorsque je décidai enfin de m'inscrire à la salle de sport, Bastien essaya de me décourager. Selon lui, je n'avais pas assez d'argent pour me permettre ce type de dépenses. De plus, de son point de vu, cela m'empêcherait de passer davantage de temps avec lui. Simplement, il ne souhaitait pas que je me fasse draguer dans le lieu de « débauche ». Du coup, malgré mon inscription, je me rendais à la salle de sport uniquement durant ma pause déjeuner professionnelle. Après plusieurs mois, j'ai fini par ne plus m'y rendre du tout afin d'éviter les réprimandes incessantes de mon compagnon.

Au fil des années, j'ai développé une hyperphagie alimentaire. Je me cachais pour manger jusqu'à l'écœurement. Je consommais principalement de la malbouffe (bonbons, gâteaux, biscuits salés et charcuterie). Lorsque Bastien ou des membres de mon entourage me faisaient des remarques sur ma prise de poids, je devenais ultra agressive. J'envoyais tout le monde balader.

Je souffrais dans mon âme, dans mon corps et dans ma tête. À défaut d'avoir le courage de me donner directement la mort, je me suicidais à petit feu avec cette bouffe immonde.

Je voulais garder ma nourriture grasse et malsaine pour moi. Je me refusais à partager car c'était mon seul plaisir. Avec le recul, je comprends que cette graisse qui m'entourait depuis ma prise de poids, me protégeait de toutes les attaques que je subissais de la part de Bastien.

Je me goinfrais pour ne pas faire face à mes angoisses. La nourriture était ma drogue et ma planche de salut.

Un jour, Bastien m'avait pris un paquet de M&M's sans me demander l'autorisation. Je suis devenue comme possédée, je lui ai crié de me le rendre. Il a refusé. Je l'ai donc poussé et le lui ai arraché des mains en hurlant. Mon compagnon m'avait dit *« T'es complément cinglée, ma pauvre fifille !!! T'es une vraie débile !! C'est pour ça que t'es une grosse vache »*.

Ma réaction disproportionnée était une ultime défense territoriale de ma part. Car en réalité, Bastien s'était approprié tout ce qui m'appartenait. Il ne me restait plus que mon addiction à la nourriture. Après mes deux grossesses, je pesais 90 kg soit le même poids que lui. Symboliquement, je pouvais enfin l'affronter.

• Appropriation : il me dépossède de moi-même

Dès le début de notre relation Bastien s'était approprié mes biens matériels, mes qualités intellectuelles, mes projets d'avenir et même mes valeurs morales.

Par exemple, lors de ma souscription à un abonnement Internet, l'opérateur offrait à tous les nouveaux clients une tablette. Alors même que l'abonnement était à mon nom et que je payais la facture, Bastien avait décrété que la tablette lui appartenait. Bastien portait également mes lunettes de soleil unisexe d'une grande marque. Du fait, je devais me rabattre sur des lunettes bas de gamme, achetées au marché du coin.

Mon compagnon choisissait les programmes télévisés. Lorsque je voulais regarder un film, je devais le faire sur mon ordinateur ou sur la tablette avec des écouteurs. Hormis, si je hurlais pour m'imposer, surtout lors de la diffusion de matchs de football. Lorsqu'il y avait le Championnat de France, La Coupe de la Ligue, la Ligue des Champions, l'Europa Ligue, la Coupe d'Europe, la Coupe de Monde et toutes les autres compétitions de football y compris celles de la ligue 2 féminine, je ne pouvais espérer apercevoir mon téléviseur. De plus, Bastien visionnait l'écran jusqu'à 1h30 du matin m'empêchant ainsi de dormir alors que je travaillais le lendemain. Je lui en faisais la remarque mais il m'ignorait.

Heureusement, je n'étais pas une grande amatrice du petit écran donc j'ai cédé. Du fait de cette privation, je me suis réfugiée dans la lecture. J'ai lu de plus de sept cents livres en six ans de relation. Je privilégiais la lecture de livres numériques comme cela Bastien ne pouvait ni vérifier, ni critiquer mes lectures.

De la même façon, concernant mon studio dont j'étais propriétaire, mon compagnon disait à tous les inconnus que nous croisions qu'il était co-propriétaire de mon habitation. Ses mensonges m'énervaient. J'étais toujours obligée de le remettre à sa place lorsque nous étions en privé. Je ne comprenais pas son besoin obsessionnel de toujours s'approprier mes affaires.

Paradoxalement, tout était sujet à critique, selon mon compagnon, je n'aurais pas dû acheter cet appartement. Il disait qu'il y avait des malfaçons. Apparemment, le plafond n'était pas droit, la cuisine n'était pas assez éclairée, la salle de bain était trop grande, les joints de la douche pas assez étanches. Pourtant, le bien était neuf.

Un prometteur venait de construire toute la résidence, en se conformant au cahier des charges qui répondait aux besoins des futurs acquéreurs. C'était une jolie résidence de standing mais Bastien critiquait sans cesse. Il faisait remarquer les défauts du studio à chaque proche qui nous rendait visite. Il disait *« Joane n'aurait pas dû acheter ce logement. Si j'avais été présent à l'époque, elle n'aurait pas fait cette connerie »*. Il se positionnait en expert alors que le domaine de l'immobilier lui était totalement inconnu.

C'était pareil pour ma voiture une Peugeot 206 +. Elle avait moins de deux ans lors de notre rencontre mais il la jugeait négativement. Je l'avais achetée neuve mais c'était une entrée de gamme, sans options. Mon concubin disait qu'elle n'était pas assez puissante, que c'était un four car il n'y avait pas la climatisation et que le système de désembuage était inefficace. De plus, à la suite d'un accrochage elle était « défigurée » (en réalité il y avait juste la peinture de la portière arrière qui était abimée). Selon lui, je n'en prenais pas assez soin et elle était sale.

Malgré tous les défauts de ma voiture, Bastien disait toujours qu'il avait deux automobiles. Comme si mon véhicule lui appartenait. Il le conduisait souvent, sans me demander l'autorisation, car il n'avait jamais assez d'argent pour mettre de l'essence dans sa propre voiture. Il s'était même attribué ma place de parking temporaire au sein de la résidence.

En public, Bastien parlait de mes convictions politiques comme s'il s'agissait des siennes. Cela ne m'aurait pas dérangée si quelque temps auparavant, il n'avait pas dénigré ces mêmes idées devant un autre groupe d'amis. Lors de nos discussions politiques, philosophiques ou éthiques, il adorait me juger, me contredire, se moquer de moi pour ensuite s'approprier mon point de vue durant la même discussion. J'avais parfois l'impression de devenir dingue tellement il était incohérent. Son aplomb à nier la réalité était assez déroutant.

Pour finir, mon compagnon affirmait régulièrement que je lui appartenais. Je lui devais donc respect, obéissance et loyauté. Il disait souvent sous couvert d'humour « *je suis ton Dieu* » ou « *c'est moi le patron, le boss. Tu fermes ta gueule et tu obéis* ». Je lui rétorquais « *Tu rêves !! Va te faire foutre* ». Mais en réalité, je me conformais déjà à ses exigences.

Lorsque je sortais de la douche pour aller prendre mes vêtements dans la chambre, Bastien me disait que quelqu'un pourrait me voir nue et que mon attitude était un manque de respect envers lui. Je lui expliquais qu'il y avait des rideaux opaques et pas de vis-à-vis. Malgré mes explications, si je ne me couvrais pas immédiatement, Bastien me hurlait dessus et m'insultait. Il réagissait de la même façon lorsque je portais un décolleté. En définitif, j'avais fini par mettre principalement des pulls à col roulé à cause de ma poitrine voluptueuse car Bastien trouvait que j'étais vulgaire.

• Les vrais clashs

"Lorsque le coup de tonnerre éclate, il est trop tard pour se boucher les oreilles. " Sun Tzu

Six mois après le début de notre relation, nous étions invités chez ma mère et mon beau-père. Nous avions beaucoup de problèmes financiers puisque Bastien ne travaillait toujours pas. La souscription d'un crédit à la consommation n'avait fait que creuser mes dettes personnelles. Du coup, chaque dépense était contrôlée.

À l'époque, ma petite sœur avait treize ans. Nous étions à l'étage de la maison, entre filles avec ma mère. A ce moment-là, ma sœur nous avait demandé à ma mère et moi de lui prêter nos cartes bleues en échange d'espèces afin d'acheter des vêtements sur Internet. J'avais dû refuser car mon découvert bancaire était déjà atteint.

Quelques minutes plus tard, mon compagnon qui avait dû entendre notre conversation alors qu'il se trouvait au rez-de-chaussée, avait souhaité me parler en privé. Il voulait tout simplement m'interdire de prêter de l'argent à ma sœur. Je lui ai expliqué que je ne lui en n'avais pas prêté. En revanche, j'étais écœurée par son intervention culottée. Je lui ai rappelé assez sèchement qu'il n'avait absolument pas à se mêler de mes affaires financières. Il s'était excusé en m'expliquant qu'il s'inquiétait pour ma situation bancaire.

Dans l'après-midi, à ma grande surprise, Bastien s'était permis d'aller voir ma mère, en cachette, pour lui expliquer que je lui avais mis des dettes sur le dos. De plus, il avait tenté d'expliquer à ma mère qu'elle ne me connaissait pas vraiment. Bastien disait qu'elle ignorait l'existence de la facette malhonnête de ma personnalité. En gros, son discours se résumait à dire *« Joane utilise mon argent et me fout dans la merde financièrement »*.

Ma mère s'était fâchée contre Bastien car elle savait que j'avais souscrit un crédit à la consommation pour l'aider à sortir de ses dettes. Comme je n'étais pas présente lors de leur discussion, ma mère, qui était en colère, m'a rapporté les propos mesquins de Bastien. A la suite de ces révélations, l'atmosphère était très tendue. Ne voulant pas faire d'esclandre, nous sommes rentrés à l'appartement.

À notre retour, j'ai demandé à Bastien de s'expliquer. Il m'a indiqué que ma mère avait mal compris ses intentions qu'il s'agissait d'une méprise.

De son côté, ma mère me confirmait les propos de Bastien *« elle m'a foutu dans la merde »*. J'ai cru ma mère puisque cette phrase, je l'avais déjà entendue lors de nos précédentes disputes. J'étais contrariée mais suis quand même restée en couple avec lui. Après leur discussion, ma mère a toujours pensé que Bastien voulait me spolier et contrôler mon argent.

À la fin de notre relation, j'ai compris qu'il cherchait à me discréditer auprès de ma famille et à contrôler mes finances afin de m'isoler pour mieux me soumettre à son harcèlement moral.

Environ deux mois après le premier conflit avec ma mère, mon petit frère et ma petite sœur devaient passer le week-end chez nous. Bastien a de nouveau créé une dispute cette fois-ci avec ma petite sœur. Au départ, il m'avait déjà pris la tête concernant le paiement de leur nourriture durant le week-end me disant que nous n'avions pas assez d'argent. J'ai répliqué que j'étais en capacité d'assumer cette dépense ponctuelle.

Lorsque je suis arrivée avec eux, il m'a encore agacée concernant le choix d'un programme télévisé. Il s'est ensuite disputé avec ma petite sœur. Il fumait par la fenêtre au lieu de fumer dehors et ma sœur lui a dit d'arrêter de les intoxiquer notre petit frère de dix ans et elle-même. Bastien lui a rétorqué qu'il faisait ce qu'il voulait chez lui. Ma sœur lui a rappelé qu'il n'était pas chez lui. À la suite de cette altercation où j'ai pris la défense de ma sœur, Bastien m'a poussée violemment. Selon ma sœur et mon frère, Bastien m'aurait même donné un coup de pieds mais je ne m'en souviens pas.

Nous avons dû annuler le week-end et sommes rentrés chez ma mère. Bastien est resté chez moi. Bien évidemment, mon frère et ma sœur ne sont plus jamais revenus à l'appartement. Il s'agissait encore d'une stratégie d'isolement.

Quelques semaines plus tard, il y a eu un autre événement. Nous allions nous faire masser au spa. Je lui avais demandé de conduire mais Bastien refusa sans raison. J'étais en train de conduire en chantant. Mon compagnon me criait de me taire. Il me disait de me concentrer sur la route au lieu de brailler. Du coup, j'étais stressée par ses réprimandes. En empruntant un giratoire, n'ayant pas vu un véhicule arriver, je ne lui ai pas laissé la priorité. Du fait, il y a eu une faible collision entre nos automobiles. Ma voiture a touché l'arrière de l'autre véhicule. J'ai dû m'arrêter sur le bas-côté et l'autre conductrice aussi. Je tremblais, je me suis excusée à maintes reprises et j'ai rempli le constat. Je culpabilisais à cause de mon manque de vigilance. J'étais au bord des larmes.

Bastien était sorti de la voiture pour constater les dégâts et s'enquérir de la santé de la dame dont j'avais abimé la voiture de location. Il ne s'est pas soucié de mon bien être.

En rentrant dans mon automobile, j'ai demandé à Bastien de conduire car j'étais tremblante suite au choc émotionnel. À ce moment-là, il m'a hurlé dessus en disant d'assumer mes conneries. Il m'a enfoncée en disant *« je devrais vérifier la validité de ton permis car tu ne sais VRAIMENT pas conduire !! Tu es nulle à chier ! »*. Il m'a littéralement rabaissée au lieu de m'apporter du réconfort. J'ai beaucoup pleuré et ai contacté le spa pour annuler notre massage. Bastien avait l'air satisfait de me voir dans un tel état de détresse. Honnêtement, je me disais que je me trompais forcément. Il était IMPOSSIBLE que mon compagnon se réjouisse de mon malheur. Et pourtant…

Bastien s'est empressé de raconter mon accident à toutes les personnes de notre entourage en me faisant passer pour une conductrice inconsciente alors que lui-même conduisait quotidiennement et depuis des années, sous l'emprise du cannabis. N'ayant même pas de carte grise pour son véhicule.

- ## L'étape supérieure

"La violence est le dernier sanctuaire pour les faibles." Proverbe Serbe

---

Environ quinze jours plus tard, Bastien ayant compris que son emprise sur moi était consolidée, avait décidé de passer à l'étape supérieure au niveau de la violence. Un samedi matin alors que j'étais encore au lit vers 10h30, Bastien m'a hurlé dessus me disant que j'étais fainéante. Je m'étais réveillée en sursaut. Il m'a ensuite violemment empoignée par le bras pour me sortir du lit. Puis, il m'a crié *« de me bouger le cul »*.

J'étais choquée, je lui ai dit *« Tu es fou ou quoi ?? J'ai le droit de dormir compte tenu que MOI je bosse la semaine »* Il m'avait rétorqué *« Madame veut une médaille, bouge ton cul c'est tout. Tu ne branles rien à la baraque. Tu parles d'une gonzesse !!! Une branleuse oui ça c'est sûr »*.

J'étais en colère, en larmes et je l'ai repoussé avec force. Me sentant menacée, je m'étais enfuie de l'appartement, sans m'être lavée, ni habillée pour aller chez mes parents. Quelques heures plus tard, je l'ai recontacté lui demandant de quitter mon logement. Bastien s'était excusé, avait pleuré m'avait dit qu'il se suiciderait si je le quittais. Cependant, j'étais résolue à le foutre dehors. Et là, il m'a dit d'une voix blanche et froide *« Méfie- toi !! je ne quitterai jamais pas ton logement, je vais squatter grâce à la trêve hivernale tu ne pourras rien faire puisque les factures d'électricité sont à mon nom. Et tu as de la chance car si j'étais mauvais, je pourrais aussi le dégrader et revendre les meubles »*. J'étais sidérée et je me sentais impuissante. Je n'ai pas osé en parler à ma famille, j'avais trop honte.

Je suis rentrée chez moi afin de lui faire entendre raison. Bastien s'était alors mis à genoux me disant qu'il ne recommencerait plus. J'avais déjà entendu cette rengaine. Mais au fond de moi, je me disais : *« J'ai tellement galéré pour trouver un mec, si je quitte celui-là est ce que je vais retrouver quelqu'un d'autre ? »*

Je pensais que je ne trouverais personne d'autre. Pourtant, mon conjoint ne faisait pas rêver. Il m'avait humiliée devant ma famille et mes amis et je me laissais faire. Alors même que j'étais une femme de caractère. Franchement, je ne me comprenais plus. La logique aurait dû me faire quitter ce parasite dès le départ.

À croire qu'à force d'être disqualifiée pour tout et rien, j'avais perdu le peu de confiance que j'avais en moi-même. Il était vrai qu'approchant la trentaine, je n'avais toujours pas d'enfants et n'étais pas mariée. Je pensais finir vieille fille si je faisais la difficile. Il me semblait tellement compliqué de trouver chaussure à son pied. En raison de toutes ces fausses croyances, je me suis remise avec ce fou.

Ce type de comportement s'est reproduit à plusieurs reprises avec certaines variantes, parfois il me prenait mes clefs pour m'empêcher de fuir, me séquestrant. Une fois, il a même défoncé un mur de l'appartement à coups de poing lors d'une crise de nerfs.

Les remarques désobligeantes se sont également multipliées progressivement au fil des mois et des années. Bastien était le professionnel du commérage et de la critique.

Au bout de deux ans voici ce qu'il me disait fréquemment « *Oh !! Tu as une haleine de ouf le matin au réveil !!* », « *Tu as été trop gâtée par ta famille, tu ne sais rien faire au niveau domestique* », « *C'est dommage que tu ne coordonnes pas tes sous-vêtements comme la majorité des femmes* », « *Tu sais je n'aime pas les grosses. Fais attention à ton poids !!* », « *Tu pues de la chatte. Je n'ai jamais senti une telle odeur* », « *Tu mâches trop bruyamment. On dirait une vache, ferme ta gueule un peu* ». Lorsque je m'énervais et lui signifiais mon agacement, il me répondait que je n'avais pas le sens de l'humour.

- Eloignement de mon entourage

« Diviser pour mieux régner » Machiavel

Bastien m'a subtilement éloignée de mes amis. En effet, ils les critiquaient systématiquement. Il disait qu'ils ne me méritaient pas, qu'ils semblaient hypocrites. Le fait que certains de mes amis aient une situation financière bien supérieure à la sienne lui était insupportable. Bastien m'avait incité à croire que mes potes menaient une vie de débauche.

D'ailleurs, lorsque nous sortions avec eux, Bastien boudait ou devenait agressif. Sa mauvaise attitude m'obligeait à écourter nos rencontres. De même, lorsque je parlais au téléphone avec mes copines, Bastien se mêlait des conversations. En effet, il prenait plaisir à divulguer les confidences qu'une amie m'avait confiées à une autre amie qui n'était pas censé être informée. Il pouvait ainsi me faire passer pour une personne peu fiable, une commère, alors même qu'il m'empêchait d'avoir mon intimité. Si bien qu'au fil des années, j'ai perdu de vu bon nombre de mes potes.

Bastien avait essayé d'adopter la même stratégie avec ma mère. Il faisait exprès d'interrompre mes appels téléphoniques en me demandant un service ou en créant une dispute. De plus, il exigeait de connaitre le sujet de nos discussions. Bien évidemment, je lui rappelais à chaque fois, en vain, que mes conversations téléphoniques étaient privées et qu'elles ne le concernaient pas. Du fait, dès qu'il rentrait à la maison, je raccrochais ou je parlais créole avec ma mère afin qu'il ne puisse comprendre. D'ailleurs, avant de fréquenter Bastien je ne parlais même pas ma langue maternelle. Mais comme du temps de l'esclavage sur mon île, j'avais développé mes capacités linguistiques afin que « mon maître » ne contrôle pas toute ma vie.

Progressivement, j'ai commencé à ne plus voir mes amis. Bastien me faisait culpabiliser à chaque sortie car je le laissais seul à la maison et que j'allais en plus dépenser mon argent. De la même façon, il me demandait à quelle heure je rentrais. Je lui donnais un horaire approximatif. Néanmoins, si jamais j'avais le malheur d'arriver en retard, il boudait en disant qu'il s'inquiétait pour moi. Il ajoutait que je n'étais pas fiable car je ne respectais pas mes engagements.

Voici un exemple de sa manipulation. Un soir, je devais aller voir une copine. Juste avant de franchir la porte Bastien me dit : *« C'est dégueulasse de me laisser seul un samedi soir, je vais galérer. À croire que tu préfères tes amis à moi. Peut-être que tu ne m'aimes plus ? »*. Prise d'un fort sentiment de culpabilité, je répondis : « *Tu sais très bien que je t'aime. Bon, si tu es si triste je vais annuler »*. Attristée et mal à l'aise, j'ai appelé ma copine en lui disant que j'étais dans l'obligation d'annuler notre rencontre à cause d'une migraine. Après mon appel, Bastien me balança sarcastiquement *« Ben dis donc !! Moi je n'aurais jamais annulé ma soirée pour toi !! »*.

J'étais choquée par ses propos. J'ai cherché en vain à comprendre pourquoi il agissait ainsi. Finalement, j'ai passé une soirée foireuse à regarder la rediffusion d'un match de football. J'ai amèrement regretté mon choix mais il était trop tard.

En revanche, Bastien sortait et profitait de la vie sans état d'âme. De toute façon, je ne pouvais rien dire, sinon il me traitait d'égoïste, de sorcière ou de mégère. Par la suite, mon compagnon me disait souvent que ce n'était pas de sa faute si je n'avais pas d'amis. Il se moquait souvent de moi en imitant le slogan d'une célèbre publicité « *Si t'as pas d'amis, prends un Curly »*.

Bastien était sans pitié lorsqu'il s'agissait de critiquer ma famille. Il disait que ma mère était folle, raciste anti-blanc et qu'elle était Jean-Marie LE PEN [4] en version mini femme noire. Il rétorquait que mon beau-père, le mari de ma mère (un homme blanc) était un imbécile qui se faisait mener à la baguette par sa bonne femme. Mon frère était soi-disant homosexuel. Ma petite sœur, une idiote mal élevée, vulgaire et voleuse. Ma grande sœur une

---

[4] *Ancien président du Front National français, un parti politique français d'extrême droite, ultra nationaliste*

profiteuse des allocations familiales et une fainéante. Mon beau-frère un homosexuel refoulé. Et mon père un radin, alcoolique, dépressif et hypocrite. Bref, tout le monde en prenait pour son grade.

En revanche, lorsqu'il était en présence de ma famille, Bastien faisait semblant de les apprécier. Il jouait très bien l'hypocrisie. Les critiques concernant ma famille était un sujet de discorde récurrent car je le trouvais injuste et méchant sachant qu'à contrario, il critiquait rarement sa famille. De plus, il m'empêchait d'émettre la moindre opinion négative à leur égard.

- Un harcèlement perpétuel

Bastien voulait que je sois parfaite. Toutefois, malgré mes efforts, rien de ce que je faisais n'était jamais assez bien pour lui. Il souhaitait reprendre toute mon éducation domestique en main afin que mes actions correspondent à sa manière de faire. Je devais exécuter toutes les tâches ménagères à sa façon. Car selon lui, j'étais trop laxiste.

Après plusieurs semaines de conditionnement, je ne sortais pas de la maison tant qu'elle n'était pas complètement propre, sinon Bastien m'accablait de reproches.

Par exemple, il souhaitait que tous les pantalons soient étendus à l'envers, par les jambes et maintenus par des pinces à linge. De même, chaque chaussette devait être accrochée uniquement par l'extrémité avec une pince à linge. Le beurre devait être coupé dans le sens de la largeur jamais dans le sens de la longueur. Le mitigeur devait toujours être tourné vers le côté de l'eau froide La télécommande devait toujours être posée sur le meuble bien droite.

Bastien devenait dingue lorsque je mangeais assise sur le lit ou le canapé car je pouvais potentiellement y mettre des miettes. Il ne voulait pas que je marche pieds nus car j'allais avoir des saletés sous les pieds et les mettre sur le lit.

Si par malheur, je négligeais ses exigences, il s'en suivait de terribles colères et des insultes. Bastien justifiait ses demandes en m'expliquant qu'une femme responsable et respectable devait avoir un intérieur parfait. En raison du manque d'espace car nous vivions dans un studio, chaque chose devait être à sa place afin de nous faciliter la vie. Il disait que c'était pour mon bien. Bastien ajoutait que mon éducation domestique était primordiale pour une future mère.

Au départ, je résistais à ses injonctions en lui disais que ses habitudes excessives s'apparentaient à des TOC, troubles obsessionnels du comportement. Mais Bastien niait l'évidence en me traitant de meuf crado et irrespectueuse. En réalité, j'avais compris qu'il essayait de me dresser, tel un animal, pour que je sois une parfaite exécutante de ses caprices. Son dressage a fini par fonctionner à force de me marteler incessamment les mêmes requêtes. J'ai fini par exécuter ses ordres comme un parfait petit soldat.

En plus de son obsession ménagère, Bastien critiquait chaque parcelle de ma personnalité, de mon physique, de mon travail et de mes passions.

Un moment, il a même souhaité que j'arrête de lire ; il disait que je me farcissais la tête de conneries et que c'était pour cela que je me plaignais de notre relation qui était parfaite selon lui. Pour éviter un nouveau conflit, je ne m'étais pas opposée frontalement à son interdiction, j'ai juste lu davantage d'ebooks sur mon téléphone mobile, et je faisais parfois semblant de jouer à Candy Crush.

Bastien n'aimait pas les séries ou les films que j'appréciais car pour lui « *c'était de la merde* ». Il me trouvait trop grosse, en plus à cause de ma graisse mal placée, il avait l'impression que j'avais quatre fesses. Et malgré mon augmentation mammaire, il trouvait que mes seins tombaient et qu'ils étaient asymétriques. Pour Bastien, « *mes vergetures étaient horribles. J'avais une haleine fétide, mon vagin et mes cheveux sentaient mauvais également* ». Mon compagnon disait même que « *je pétais et rotais trop fort pour une femme* ». Il pensait donc que c'était un signe de problèmes de digestion et de défécation. Je ne savais pas mettre du vernis sans dépasser et mes ongles étaient sales, j'avais soi-disant des réserves de bouffes sous ces derniers.

Tout ce que je représentais étaient systématiquement dénigré, ses sujets favoris : les fonctionnaires, les femmes, les Noirs et les étrangers en général. Bastien affirmait souvent que les fonctionnaires étaient *« des branleurs »*. Que j'étais une fainéante et que je ne tiendrais pas deux secondes dans le milieu professionnel du secteur privé. De son point de vue, j'étais « *payée à ne rien foutre* ». J'avais bien de la chance d'avoir un job planqué. Il rêvait qu'un jour le statut de fonctionnaire disparaisse comme ça disait-il je serais « *bien dans la merde* ».

Pour lui, depuis le mouvement social et culturel de mai 1968 qui provoqua la libération des mœurs, les femmes avaient trop de liberté et confiance en elles-mêmes. Il fallait que chacun retrouve sa place afin que le taux de divorce recule. C'est-à-dire que les femmes restent au foyer avec les enfants et soient soumises à leur époux. Et que les hommes retrouvent leur place de dominant afin qu'ils puissent prendre les bonnes décisions pour leur foyer en toute quiétude. L'homme devait redevenir le maitre absolu de sa famille. Ce type de raisonnement désuet peut faire doucement sourire, sachant que Bastien était né en 1981 et n'a donc pas connu « *cette époque bénie de domination masculine* », Toutefois, mon compagnon était très sérieux lorsqu'il disait regretter ce temps-là.

Il disait également que les immigrés et leurs enfants « *foutaient le bordel* » en France. Il fallait impérativement et systématiquement renvoyer tous ces profiteurs dans leurs pays d'origine. Et qu'en devenant cadre dans la fonction publique, même si j'avais gagné ma place en réussissant un concours, mon amoureux affirmait que j'avais pris l'emploi d'une française de souche. Pour Bastien, chacun devait rester à sa place. Je devais donc juste occuper un emploi dont une française blanche ne voulait pas.

Bien évidemment, j'ai fait une synthèse de son mode de pensées. Car, en réalité Bastien m'a distillé ses horreurs au fil des ans. Il ne m'avait révélé ses réelles opinions que lorsqu'il pensait que je ne le quitterais plus. Sinon jamais, je ne me serais mise en couple avec un raciste, un misogyne, un homophobe doublé d'un connard arrogant. C'était un imposteur car au début de notre relation son discours était aux antipodes de ce qu'il affirmait à la fin de notre vie commune.

Je ne sais plus combien de fois, j'ai essayé de me justifier, d'argumenter, de discuter et même souvent de me fâcher, car ses remarques perfides me faisaient mal mais rien n'y faisait. Et je continuais à espérer qu'un jour Bastien changerait de comportement car au début de notre relation il semblait plus tolérant et ouvert.

• De l'humour pour rabaisser

Bastien se moquait sans arrêt de moi en se basant toujours sur la réalité mais en l'interprétant à sa façon. En voici un exemple concret : un dimanche, j'avais remarqué que je développais une mycose vaginale. Cela était certainement dû au stress et à la fatigue. C'était terrible je sautais partout tellement cela me démangeait. Du coup, comme toutes les pharmacies étaient fermées, j'ai voulu trouver une solution alternative sur Internet. Et donc, un site vantait les vertus calmantes et cicatrisantes de l'ail pour les mycoses vaginales. Du coup, j'ai inséré deux minuscules bouts d'ail dans mon vagin. Malheureusement, ces derniers sont restés coincés et j'ai dû demander à Bastien de m'aider à les enlever. Il avait rigolé et s'était moqué de moi pendant des heures. J'avais super honte.

Suite à cet épisode cocasse, Bastien me traitait de *débile, d'imbécile et de grosse conne.* Depuis, il appelait ma péripétie « *L'épisode de l'ail dans la chatte* ». Et assez régulièrement durant des années, il me menaçait de me dénoncer à mes amis pour se moquer de moi. C'est pourquoi, pour ne plus avoir cette épée de Damoclès au-dessus de ma tête, j'ai décidé de tout raconter dans mes écrits. Bastien se servait systématiquement de cette histoire, il disait : *« Ben c'est comme avec l'ail dans la chatte, t'es vraiment trop conne ».*

À l'identique lors d'un repas de famille, ma grand-mère afin de se moquer un peu de moi a raconté une drôle d'anecdote que Bastien a retourné contre moi. Mon aïeule avait expliqué que lorsque j'avais six ans, j'ai réellement commencé à me laver seule. Mais que quelques semaines plus tard, j'avais d'étranges plaques sur le corps. Ma mère pensait que c'était de l'eczéma mais en frottant, elle s'était rendu compte qu'il s'agissait de crasses. Suite à cette histoire, Bastien n'a cessé de me dire que j'étais crasseuse. Pour illustrer son propos, Bastien ne cessait de me rappeler cette histoire vieille de vingt-cinq ans alors que je n'étais encore qu'une petite fille.

Lorsque je mettais des jupes, Bastien me regardait avec dépit en disant : « *T'as pas mal de vergetures ! Dommage ! Avant tu étais top... Il faut dire que tu bouffes que de la merde, t'es vraiment une grosse bouffe. Heureusement, t'as un beau visage malheureusement le reste...* ».

Pour me valoriser aux yeux de Bastien, je lui racontais lorsqu'un homme m'avait draguée. Il me répondait : *C'est sûrement un noir ou un arabe* ? Lorsque je répondais affirmativement, il rétorquait en rigolant : *« Que tu es naïve ! Heureusement que je suis là, sinon tu te ferais avoir. Ils te draguent pour avoir des papiers d'identité français !!! T'as rien compris, ma pauvre... Sérieusement Jojo, sans vouloir être méchant, Quel homme voudrait de toi, hormis moi ?... À la limite pour le cul grâce à tes gros seins... Et encore »*.

Bastien me vieillissait systématiquement de deux ou trois ans. En effet, lorsque j'avais vingt-huit ans, il disait que j'en avais trente ans. Et lorsque j'avais trente-deux ans, mon compagnon disait que j'en avais trente-cinq. C'était dans le but de me faire croire que j'étais trop vieille pour retrouver une autre personne. Au moment où j'écris le livre, j'ai trente-quatre ans mais j'ai l'impression d'en avoir trente-sept tellement, il m'a répété que j'étais plus âgée. Je lui disais quel âge j'avais mais il me répondait que c'était la même chose. Avant de le rencontrer, j'étais une femme coquette, j'aimais faire du shopping et me maquiller. Mais durant, la relation, j'essayais d'être une femme fade et effacée car Bastien disait que je me mettais trop en avant.

- ## Ma rébellion

Ils ont essayé de nous enterrer, ils ne savaient pas que nous étions des graines. » Proverbe mexicain

---

Souvent, soi-disant pour rigoler, Bastien m'immobilisait les bras, me mordait, me griffait. Au début, je me laissais faire puis j'ai commencé à répliquer avec force. J'en avais marre. Du coup, j'étais beaucoup plus violente que lui. Ma prise de poids ainsi que mes bonnes notions de boxe m'aidant de plus en plus à le maitriser par ma force physique. C'est en me défendant que le « jeu » s'est interrompu.

Après cela, il avait commencé à me peloter les fesses et les seins pour m'humilier. En effet, je lui demandais souvent de cesser son comportement que s'apparentait à du harcèlement sexuel mais il continuait jusqu'à ce que je fasse de même. C'est-à-dire que je lui touchais le sexe et les fesses en employant des mots salaces. Il a également arrêté ce comportement inapproprié.

De plus, j'en avais marre qu'il s'adresse à moi comme à un chien [5]. Du coup, je répondais avec la même méchanceté et la même violence. Cela ne le calmait nullement. Au contraire, mon attitude semblait le ravir. Bastien adorait vivre dans un climat malsain de tension. Il était très provocateur, il aimait me pousser à bout. Bastien arrivait à faire ressortir le mal chez moi. Puis, lorsque je me mettais en colère ou que je manifestais de la violence, il m'accusait, avec une mauvaise foi évidente, d'être violente et déséquilibrée.

Je pensais que mon attitude m'aidait plus ou moins à maitriser la situation. C'était la première fois de ma vie que je me permettais d'agresser une personne comme cela. J'ai découvert que mon comportement négatif à son encontre me faisait du bien. C'était

---

[5] *Il s'agit d'une expression, je ne considère pas les animaux inférieurs aux humains*

presque jouissif. Du moins, au début de ma révolte. Cependant, comme cela ne faisait pas partie de mes valeurs, cette attitude me vidait de mon énergie vitale. Je me défendais bec et ongles. Je le poussais, le mordais et hurlais. J'allais jusqu'à dormir avec un couteau sous mon oreiller pour l'intimider et me protéger au besoin. Mais cette situation restait tout de même anxiogène et épuisante.

En plus, c'est ma réaction de violence qui m'a engluée davantage dans cette relation toxique. En effet, lorsque je lui disais des horreurs du type *« Ferme ta grande gueule d'éjaculateur précoce !!!», « Va cotiser pour ta retraite pauvre merde !.! Et autres fainéant, boulet, drogué…* », il retournait la situation en se positionnant en victime. Il disant que j'étais une personne froide, sans cœur et violente. Bastien insistait pour dire que nos conflits étaient de ma faute. Mon compagnon disait même que lorsque j'avais mes règles, j'étais une vraie folle.

Du fait, je me remettais tout le temps en question. Il se servait de ma culpabilité et de mes doutes pour m'enfoncer en m'accusant de tous nos problèmes. Pourtant, je souhaitais uniquement résoudre nos « difficultés ». Ne sachant même pas de quelle nature étaient nos « problèmes ». En réalité, nous avions tout pour être heureux. Bastien aimait juste foutre la merde.

Il était d'une bassesse incroyable. Il n'hésitait pas à se servir de mes confidences pour affirmer que j'avais un problème avec les hommes à cause de l'absence de mon père biologique dans ma vie par exemple.

Bastien me disait que j'étais faible, nulle et sans intérêt. En même temps, il me rassurait en disant m'aimer malgré mes défauts. Toutefois, selon ses propos, je devais vraiment dompter mon agressivité. J'étais trop contestataire à son goût. Il pensait que cela était dû à une éducation trop laxiste de la part de ma mère. Son objectif était d'anéantir toutes formes de révoltes de ma part et donc de fuites.

• De vrais mensonges pour de faux espoirs

Bastien savait mentir pour me donner de l'espoir. D'ailleurs, notre relation était uniquement basée sur l'espérance de jours meilleurs. Il s'engageait tout le temps à arrêter de fumer des joints qui selon lui le rendait très agressif puis des cigarettes mais je devais l'aider. Pour cela, mon cher et tendre me demandait de lui pardonner son comportement irrespectueux qui était dû au stress. Malgré « mon aide » à ce jour, il fume encore.

Souvent, mon compagnon me disait qu'il avait compris que son comportement était inacceptable. Et me jurait de ne plus exercer de violences à mon encontre. Bien évidemment, il recommençait de plus bel. Il me promettait aussi, qu'il ne serait plus à découvert bancaire mais je devais sans arrêt avancer de l'argent pour les dépenses communes. Bastien a tenu sa promesse, durant trois mois, il n'a pas eu de dettes. Néanmoins, c'était uniquement dans le but de fournir à la banque trois relevés bancaires « clean » nécessaire pour obtenir notre prêt immobilier.

Il me garantissait aussi que bientôt nous prendrions rendez-vous chez un sexologue pour ses problèmes sexuels. En six ans de vie commune, il ne l'a jamais fait. Bastien promettait d'entreprendre des travaux d'aménagement de nos différents lieux de vie mais il ne le faisait pas non plus.

De la même façon, Il me disait quelque chose, puis quelques temps après, il niait avoir dit cette chose. Voici un exemple : *« C'est dommage que tu sois complexée par ton poids »*. Je répondis : *« La dernière fois, tu m'as dit que j'étais trop grosse. Alors, c'est normal, que j'ai des complexes concernant mon physique, lorsque même mon compagnon me dit que je ne suis pas terrible physiquement »*. Bastien ajouta : *« Je ne t'ai JAMAIS dit ça. Tu délires, tu as mal interprété. Après, même si je t'ai dit ça c'est uniquement pour ton bien. »*.

Ce mec oscillait d'un mensonge à l'autre. Du coup, j'étais complétement embrouillée par ses propos que je finissais par douter de moi-même.

En y réfléchissant bien, il m'a baratinée durant six ans. C'était un menteur professionnel. Son réel atout était qu'il dégageait un élan de sincérité digne des meilleurs acteurs.

En revanche, moi, j'ai réellement dû changer. J'ai appris être une femme au foyer servile, à mettre ma fierté de côté, à piétiner ma dignité, à encaisser les insultes et les coups, à être une grosse vache, à être fauchée, à me considérer comme la dernière des merdes et bien sûr à fermer ma gueule.

- C'est un mégalomane

Bastien avait la folie des grandeurs. Il avait une très haute estime de lui-même et un désir immodéré de puissance. D'ailleurs, je lui disais souvent : « *Tu pètes plus haut que ton cul* ». Il se sentait supérieur à tout le monde. Il aimait raconter des histoires pour valoriser sa grandeur.

Voici les histoires qu'il me racontait souvent :

« Tu ne connais rien Jojo. Moi j'ai vu la mort en face. Un jour, deux jeunes sont morts dans un accident de voiture mais j'ai réussi à sauver un troisième jeune avant l'arrivée des pompiers qui m'ont d'ailleurs chaudement remercié. »

« Moi, je n'ai pas besoin de passer des concours ou des diplômes comme toi car grâce à mon potentiel et ma rigueur j'arrive à tout faire. J'apprends vite. Je suis un mec carré. »

« Tout le monde se méfie de moi car si je m'énerve j'peux défoncer plein de mecs. »

« Ça fait des années que tu es avec moi mais tu ne me connais pas vraiment. C'est vrai que j'ai du caractère mais je suis gentil et

généreux. Tout le monde le dit. Tu as bien de la chance de m'avoir. Je suis un homme en or. Il y a pas mal de filles qui rêveraient d'avoir un mec comme moi. »

« Moi, j'ai un super corps sans graisse. Je n'ai pas besoin de faire du sport. C'est vrai que pour un mec de mon âge, j'ai encore tous mes cheveux et un ventre plat pas comme un tel. »

« Il y a pas mal de filles qui essaient de me brancher mais bon je suis fidèle, même si tu te laisses aller. »

« Tout le monde dis que je fais jeune quand je dis mon âge, les gens sont choqués. »

« Tu sais chérie, j'aurais pu faire carrière dans le football professionnel si mes parents avaient eu les moyens de continuer à payer la licence. C'est sûr, que je ne serais jamais sorti avec toi... J'aurais préféré sortir ou coucher avec plein de meufs au top. »

De plus, Bastien pensait avoir une intuition sans faille sur les gens et leurs avenirs : *« Tu sais très bien Jojo que j'ai souvent raison, méfie-toi de ci et de ça. Tu verras. »*

Bien sûr, une fois sur deux, il avait effectivement raison et là il me disait : *« Tu vois, je te l'avais dit. Ecoute-moi maintenant, tu dois m'écouter. J'ai toujours raison. »*

Le gars se vantait tout le temps. Bastien avait l'habitude de faire de longs monologues pour parler de lui-même et de ses soi-disant valeurs. Il répétait inlassablement les mêmes choses, comme pour m'hypnotiser. Si bien que je finissais par le croire. Pour mon compagnon, le reste du monde, moi compris, étions de la merde.

En public, il se mettait souvent en avant, pour prodiguer ses conseils ou parler de son expérience. Bastien souhaitait plus que tout être au centre de l'attention. Si par malheur, je me retrouvais au cœur d'une discussion, il remettait mon point de vue en cause, en se moquant « gentiment » de moi, dans le but de me discréditer auprès de mes interlocuteurs.

- Doubles contraintes et inversion des rôles

Bastien me déstabilisait sans cesse en m'embrouillant l'esprit. Il me demandait quelque chose. Lorsque j'exécutais sa requête, quelques temps plus tard, il me demandait l'inverse.

Par exemple il disait : « *Tu t'habilles trop sexy, tu veux aguicher les mecs où quoi ? Tu fais trop ta belle, arrête de te la raconter. Je te rappelle que tu es en couple.* » Quelques semaines plus tard, mon compagnon rétorquait *: « Franchement, je trouve que tu te négliges. Regarde tes fringues, tu ne fais plus d'efforts pour moi, c'est un total laisser-aller. »*

« Tu veux trop être parfaite, tu as un problème où quoi ? Repose-toi ma chérie. Tu travailles trop ». Quelques jours après, *« T'es vraiment une branleuse, tu ne fous rien. Je ne supporte plus ton laxisme ».*

« T'es trop dans ton monde, tu me négliges. Tu ne me fais jamais de câlins. On ne partage rien ensemble ». Puis, *« Il faut que tu comprennes que j'ai besoin de souffler un peu, on ne peut pas être tout le temps ensemble. Arrête de me coller, s'il te plait. J'ai le droit de passer du temps avec mes potes ».*

« Il y en a que pour tes copines. Tu passes tout ton temps au téléphone ». Quelque temps plus tard, il me disait *« On dirait que tu n'as pas d'amis, ma pauvre. Moi au moins mes potes m'appellent ».*

Il me disait : « *Moi, je gère tout à la maison c'est bon, j'en ai marre, tu vas te bouger le cul ?! »*

Moi je réponds : *« Ah bon ?? Tu fais quoi concrètement ??* »

Lui : *« Tu le sais très bien : les courses, la vaisselle, les machines, je sors les poubelles. »*

Moi : *« Je fais systématiquement les courses avec toi, je fais la vaisselle chaque jour, je mets le linge en machine, je fais sécher le linge, le plie et le range. Je m'occupe des enfants, je gère les travaux de la maison et l'administration de notre foyer et je cuisine ».*

Lui : *« Arrête de faire ta meuf !!! Ça fait six mois que tu gères et on aurait dit que tu déchires et qu'il faut te baiser les pieds !! »*

Moi : « *En calculant bien, ça fait au moins deux ans que je m'occupe de tout en intégralité. Donc ça fait plus de six mois que je gère ».*

Lui : « *Ne joue pas sur les mots !! De toute façon, tu ne supportes pas mes remarques Madame Parfaite. Tu te crois au-dessus des autres ! MADAME INDISPENSABLE ! Tu passes ton temps à tout rapporter à toi. Madame Moi-je, Moi-je. Tu me casses les couilles ! »*

Voilà le genre de dialogues de sourds qui m'a fait disjoncter pendant six ans. Car plus j'essayais d'avoir une conversation constructive plus Bastien créait de la confusion dans nos échanges.

Du coup, je pensais être fautive, je me disais que je devais faire plus d'efforts. Qu'en tant que femme, je devais arrondir les angles et utiliser des techniques de communication pertinentes. Néanmoins, malgré tous mes efforts, je n'ai jamais réussi à instaurer un dialogue constructif dans mon couple.

- ## Évolution professionnelle

J'avais remarqué que Bastien était fainéant et n'aimait pas avoir un job fixe. Du coup, comme je souhaitais rester avec lui malgré tout et que de toute façon je subvenais déjà principalement aux besoins matériels du ménage, il fallait que je trouve une solution pour augmenter mon salaire.

En tant que fonctionnaire territorial ma seule solution était d'obtenir une promotion en passant des concours. À l'époque, j'étais assistante de direction en CCAS (Centre Communal de l'Action Sociale). J'étais agent de catégorie C[6]. Après mon inscription au concours de Rédacteur territorial[7] , j'avais commencé à réviser plusieurs heures par semaine. J'en avais informé Bastien qui disait être content et fière de mon ambition.

Toutefois, lorsque je révisais dans le salon, il mettait le volume de la télévision au maximum, m'empêchant ainsi de me concentrer. J'allais donc réviser dans la salle de bain (nous habitions dans un studio). Je dépliais la table à repasser qui faisait office de bureau. Du coup, il m'interrompait sans arrêt sous des prétextes fallacieux. Bastien cherchait soit un conflit, soit à prendre subitement une douche, à faire tourner une machine à laver ou à discuter d'une affaire « urgente ». Pour contrer son sabotage, je me levais le week-end à 7h00 pour réviser mais même dans ces circonstances, il râlait. Avec le recul, je comprends qu'en réalité, il était jaloux de mes projets. Il s'était donc mis à essayer de saboter ma réussite.

Heureusement, ma détermination m'avait permis d'obtenir mon concours de Rédacteur territorial haut la main et j'étais devenue cadre intermédiaire dans un service handicap-gérontologie la fonction encadrement d'une quinzaine d'agents. Ma nouvelle situation avait suscité sa colère, voir sa haine. Il m'avait félicitée à

---

[6] *Il s'agit des agents exécutifs, en bas de l'échelle hiérarchique*
[7] *Concours de catégorie B, cadre intermédiaire*

chaudes larmes pour ma réussite. Néanmoins, son enthousiasme démesuré était teinté d'hypocrisie.

Bizarrement, alors que cela faisait deux ans et demi que Bastien n'avait pas d'emploi fixe, le mois suivant ma nomination sur le poste de cadre de proximité, il a miraculeusement retrouvé un travail stable. C'était un Contrat à Durée Indéterminée en tant qu'employé polyvalent logistique au sein d'une société d'archivage. Il a redoublé d'efforts pour se faire apprécier par ses collègues et sa direction.

Mon compagnon me disait *« Franchement, avec ton caractère de gentille. Tu n'as pas les épaules pour être cheffe. Personne ne doit t'obéir... (fou rire). Moi je serais un meilleur encadrant que toi !! »*

Ce à quoi je répondais *« Un manager est là pour accompagner, guider, faire preuve d'exemplarité et parfois de fermeté mais ce n'est en aucun cas un bourreau »*.

Lui rétorquait *« T'es vraiment une bolosse, tu vas te faire bouffer de toute façon. Crois-moi bientôt j'aurais un poste et un salaire plus élevés que toi. »*

J'étais contente qu'il se responsabilise enfin et fasse preuve d'ambition et de détermination. Je comprends qu'avec mes bons sentiments, j'étais à côté de la plaque car lui voulait seulement m'écraser. Le challenge de Bastien était de me dépasser.

- ## Mon amour pour lui est jumelé à de la dépendance affective

Je vais être la plus honnête possible en décrivant mes pensées personnelles. Je ne saurais expliquer avec exactitude mes sentiments pour Bastien. Simplement, il me fascinait aussi bien physiquement que psychologiquement. Je l'aimais à en perdre la raison. C'est pourquoi, je suis restée aussi longtemps avec lui.

J'aurais presque voulu me fondre en lui tellement je l'adorais. Pourtant, j'avais conscience de tous ses défauts. Toutefois, mon psychisme les avaient juste amoindris.

Je savais qu'au-delà de mon apparente gentillesse, certaines personnes me trouvaient intransigeantes, aussi bien avec moi-même qu'avec les autres. D'ailleurs, j'avais déjà rayé des individus de ma vie y compris des hommes pour bien moins que ce que Bastien m'a fait endurer.

Il fallait dire que telle une junkie, j'étais accro à cet homme. Ce n'était ni une bombe sexuelle, ni un apollon mais je le trouvais magnifique. J'aimais son long nez très semblable à une sculpture gréco-romaine, sa bouche dont la lèvre supérieure était fine et l'inférieure charnue. J'adorais ses yeux bleu indigo dont les pupilles étaient bordées de paillettes d'or. Ces derniers étaient souvent teintés de défiance ou de mépris.

J'affectionnais ses fossettes qui se formaient au creux de ses joues lorsque Bastien souriait. J'avais une préférence pour la fossette qui séparait son menton. Il avait aussi sa ride du lion que je trouvais très sexy qui apparaissait lorsqu'il était soucieux.

J'étais également fascinée par son long cou à la fois masculin et gracieux. J'idolâtrais son corps parfaitement proportionné ses larges épaules, son ventre plat et musclé. J'aimais tenir ses larges mains calleuses dont les ongles étaient constamment rongés à cause du stress. Bastien avait également de belles jambes bien musclées et pas trop poilues. Il avait une peau d'albâtre très douce. À l'intérieur de ses avant-bras sa peau était tellement blanche que l'on voyait son circuit veineux. Pourtant, sa peau pouvait bronzer l'été, il n'en était que plus beau.

Je pouvais passer des heures à caresser ses cheveux bruns-chocolats. Ils étaient d'une douceur incroyable presque comme de la soie. Je trouvais même mignon son tic de bouger frénétiquement sa jambe gauche comme s'il était tout le temps sur les nerfs. Parfois, je l'observais en train de dormir. À ce moment-là, Bastien semblait apaisé, serein et vulnérable. J'aurais donné ma vie pour lui. Il était mon univers, ma raison de vivre.

Je vivais pour l'entendre rire, le voir danser. Je pouvais l'écouter me parler durant des heures en long en large et en travers de sa passion pour le football, si bien, que je connaissais tous les noms des joueurs de la ligue 1. J'appréciais son côté observateur et drôle. Bastien était physiquement fort, le type mâle alpha, qui avait ultra confiance en lui.

J'adorais qu'il ne doute jamais de lui-même contrairement à moi. Je pensais qu'il me protègerait et guiderait nos futurs enfants. (Je pense que comme beaucoup de femmes de ma génération, nous prônons l'égalité des sexes, mais instinctivement nous rêvons d'être en couple avec un homme fort et protecteur).

Bastien était loin d'être intelligent et cultivé. En revanche, il était très stratège. Il avait une excellente mémoire. Il était très doué pour cerner rapidement la personnalité et les faiblesses de ses interlocuteurs et les retourner contre eux pour les piéger ou les manipuler. Je pensais qu'il n'exercerait jamais ses « talents » sur moi. Quelle ironie !!!

Du fait, lorsque j'imaginais avoir des enfants, je voulais qu'ils lui ressemblent. Qu'ils soient beaux et forts comme leur père. Par la suite, je n'ai pas été déçue, mon fils ressemble beaucoup à son père et ma fille a sa fossette au menton. Je voulais les voir grandir auprès de Bastien. Je souhaitais que l'on forme une famille unie et aimante.

Je désirais plus que tout rendre mon compagnon heureux. Vraiment, de toute ma vie, je n'avais jamais ressenti un tel amour pour quelqu'un. Je pensais que nous étions des âmes sœurs.

Pour illustrer, mon amour je pensais souvent à la chanson d'Axelle Red « Parce que c'est toi ». Encore aujourd'hui, j'ai du mal à accepter qu'il ne m'ait jamais vraiment aimée. Pour moi, au-delà de la violence et du dénigrement, le plus terrible, c'est d'être victime d'une arnaque aux sentiments.

Je me rends compte aujourd'hui que je suis restée avec lui également car il me répétait inlassablement que je ne plaisais à personne. Selon ses dires, même pour un coup d'un soir, aucun homme sain d'esprit ne pourrait envisager de coucher avec moi vu le corps dégueulasse que j'avais.

D'ailleurs, Bastien me disait que j'avais bien de la chance d'être fonctionnaire et de nationalité française car contrairement à beaucoup de femmes noires, je n'aurais même pas pu me prostituer pour 10€ de l'heure, tellement que je n'étais plus désirable. Il me conseillait de bien écouter son point de vue, car avant de me connaître, Bastien allait régulièrement voir des prostituées africaines qui étaient bien mieux que moi.

- Les « bons » moments

Il est évident que si je suis restée aussi longtemps en couple avec un tel homme, c'est que tout n'était pas noir. Bastien s'était très vite rendu indispensable, du moins au début de notre relation. En effet, il portait et rangeait les courses. Il faisait à manger et le ménage. Il vérifier les niveaux et les pneus de ma voiture. Il s'occupait d'amener mon véhicule au garage. Il effectuait les petites réparations du studio. Un jour, lorsqu'il y eut une grève pour le ravitaillement d'essence, il avait même fait plusieurs heures de queue pour me faire un plein d'essence. Il fallait avouer que tout cela me rendait la vie bien plus agréable. Sa présence mettait fin à mon sentiment de solitude. Je me sentais même choyée parfois.

J'ai passé de merveilleux moments avec Bastien, il m'a beaucoup fait rire. En y réfléchissant bien, je pense que cette joie partagée était uniquement stratégique. Il s'agissait d'une ruse employée par mon pervers narcissique pour me berner afin de me retenir auprès de lui. En effet, lorsque Bastien sentait que je devenais distante voir méprisante à son égard, il redevenait charmant, prévenant, en somme adorable. Il ne manquait pas de m'acheter des fleurs et des cadeaux. Il m'apportait des viennoiseries au lit. Il me cuisinait mes plats favoris. Il pouvait même à de rares occasions me masser. Il me faisait des câlins et des bisous. Il me déclarait sa flamme me disant que j'étais la femme de sa vie. J'avais même droit à des compliments. J'étais sur un petit nuage. J'en arrivais à oublier momentanément son comportement ordurier.

J'adorais sortir avec lui car hors du domicile, il était super. Bastien était toujours parfait en public. On avait une complicité, on se chamaillait pour rire. Nous semblions soudés et amoureux. Les personnes autour de nous pouvaient facilement croire que notre couple était solide. J'appréciais particulièrement passer la journée à faire des courses puisqu'à l'extérieur nous semblions être une famille unie et bienveillante. Je participais volontairement à cette mascarade car durant quelques heures, j'avais la vie dont je rêvais.

Pour en rajouter, Bastien racontait à tout le monde notre rencontre avec romantisme disant que j'étais son âme sœur. Mon compagnon disait avoir beaucoup de chance de m'avoir dans sa vie car j'étais géniale. Il expliquait que je gérais et tenais les rênes de notre foyer car j'avais un caractère bien trempé et une intelligence hors du commun.

Toutefois, devant les personnes qui m'étaient très proches, il montrait son vrai visage. Il était irritable et odieux. Son but était de les faire fuir. On peut dire que Bastien savait se transformer rapidement. En quelques secondes, il pouvait passer de docteur Jekyll à mister Hyde.

Mais au fil des années, il a de moins en moins pris le temps d'être « gentil ». Même en public, il s'amusait à me rabaisser. Il me criait dessus dans les magasins disant que je ne savais pas ranger les courses, à plusieurs reprises des gens s'étaient moqués de moi. Cette nouvelle attitude publique a été sa plus grosse erreur. Il a fait tomber son dernier masque trop rapidement m'enlevant ainsi ma dernière once de dignité. Car en réalité, la seule chose qui me maintenait "prisonnière" de cette relation était la sauvegarde des apparences. En raison de son égo démesuré et de son sentiment de toute puissance, Il pensait que je ne partirais plus car j'avais deux enfants en bas âge et une maison. Mais, il avait tort...

- ## À son service

Dès le début de notre relation, je m'occupais de lui comme une mère. J'avais à cœur de prendre soin de lui surtout qu'il disait ne pas avoir été choyé par sa mère durant son enfance. J'ai donc voulu combler son manque d'amour en me rendant indispensable. Je gérais ses papiers administratifs, ses rendez-vous médicaux, ses recherches d'emplois et ses problèmes financiers. Je payais les factures, je négociais ou résiliais certains contrats d'assurance. Je lui faisais des massages, des pédicures, épilais ses sourcils broussailleux. Je lui appliquais des masques et gommages pour son visage et ses mains. Je lui mettais même de la crème pour soigner ses hémorroïdes.

Bien évidemment, à force de me faire rabaisser et insulter, je m'occupais de moins en moins de lui. En revanche, Bastien ne s'occupait jamais de moi, sauf par stratégie, même durant mes grossesses ne serait-ce que pour me gratter le dos.

Grâce à un travail thérapeutique, j'ai compris que j'étais atteinte du syndrome du sauveur. Il s'agit d'un trouble psychologique qui se traduit par une empathie excessive à l'égard des autres et une envie de les aider dans toutes les situations. Ce sacrifice permanent au bénéfice des autres démontre le besoin de recevoir de la gratitude pour exister. C'est pourquoi, beaucoup de personnes atteintes de ce syndrome travaillent dans le domaine du social et du bénévolat.

• Ma première grossesse

Malgré son comportement inqualifiable, je voulais avoir un enfant avec « l'amour de ma vie ». Au bout de deux ans et demi, nous n'arrivions toujours pas à avoir un bébé. Souvent, cela me faisait pleurer de colère, de découragement et surtout de déception. Comme Bastien me rabaissait sans cesse, je pensais qu'il avait sûrement raison que j'étais même incapable de concevoir un enfant. Lors de ces périodes de détresse, mon concubin racontait à chaque femme enceinte ou/et mère de famille qu'il rencontrait que je pleurais et que je me sentais nulle de ne pas arriver à tomber enceinte.

Le fait, qu'il dévoile ainsi mon jardin secret sans autorisation me blessait profondément mais lui disait que cela me ferait du bien d'en parler.

En y réfléchissant bien, il m'était impossible d'avoir un enfant, car lorsque j'étais en période d'ovulation, Bastien évitait d'avoir des rapports sexuels. Je me rends compte de cela maintenant car à l'époque je n'avais pas vraiment remarqué.

Bastien m'affirmait pourtant régulièrement qu'il souhaitait être père. C'est pourquoi, j'avais acheté des tests d'ovulation dans le but de maximiser nos chances de concevoir. J'avais même pris rendez-vous avec un spécialiste de la fécondité pour savoir si l'un de nous deux n'était pas stérile. En parallèle, étant très superstitieuse, j'ai pensé qu'il s'agissait d'un clin d'œil du destin me disant de me séparer rapidement de ce monstre car il continuait de m'humilier. Cela s'était même accentué.

Toutefois, à cause de ma dépendance affective due à mon manque de confiance en moi et des disqualifications qu'il me faisait subir sans cesse, je me cherchais des excuses pour ne pas le quitter. Je me disais que je le larguerais après nos vacances. Du coup, je ne contrôlais plus mes périodes de fertilité, j'avais abandonné l'idée d'avoir un enfant. Manque de bol ou miracle, j'opte tout de même pour le miracle, j'appris ma grossesse un mois après que Bastien avait trouvé un emploi. J'étais super heureuse. Car j'avais attendu ce moment toute ma vie.

Après avoir réalisé un test de grossesse acheté en pharmacie, j'annonçais à Bastien que j'étais enceinte. Il me répondit *« C'est bien, t'es sûre ? Tu en as parlé à qui ? »*. Je voyais clairement le manque d'enthousiasme du futur père.

Je lui ai répondu *« En théorie, le test est fiable à 99% »*. Je lui ai montré le test de grossesse, il n'a eu aucunes réactions. Il a même détourné les yeux afin de finir de regarder son programme télévisé. J'étais vraiment déçue, car moi j'avais pleuré de joie lorsque j'avais appris cette merveilleuse découverte. Ma mère était la première à savoir pour le bébé. Néanmoins, j'avais dû mentir à Bastien en disant qu'il était seul à connaitre l'existence de ma grossesse. En effet, je souhaitais éviter l'une de ses crises de jalousie à l'encontre de ma mère.

Après mon annonce, j'avais demandé à Bastien de garder le secret. En général, il convient d'attendre la prise de sang puis les premiers trois mois de grossesse après lesquels les risques de fausse couche sont minimes. Mais comme d'habitude, il ne m'a pas écouté. Dix minutes après, en fumant son joint dans le jardin, Bastien annonça ma grossesse à une voisine que je ne connaissais même pas. Il a ensuite téléphoné à sa famille pour annoncer la nouvelle.

Sa mère eut une réaction des plus étranges. Deux jours avant la découverte de ma grossesse, elle m'avait déjà prise à partie lors d'un repas de famille. En effet, j'avais fait une blague à ses autres fils, concernant le fait qu'ils ne bossaient toujours pas. Elle s'était énervée me disant de ne pas me moquer de ses enfants. Nous nous sommes disputées. Son mari a réussi a apaisé le conflit. Bastien n'était pas intervenu comme d'habitude.

Donc à cette heureuse nouvelle elle me rétorqua *« Je ne suis pas encore prête à avoir un troisième petit enfant, et je te souhaite de bien dégueuler pendant neuf mois !!!»* Ce à quoi je répondis *« Il ne fallait pas faire cinq enfants si tu ne voulais pas être mamie. Merci pour tes félicitations et au revoir »*. J'étais en colère et surprise par la réponse de ma « belle-mère. » Son fils ne m'avait pas défendue et a minimisé les paroles de sa mère en me disant *« Tu connais ma mère, elle est comme ça. Ce n'est pas méchant remets t'en ».*

Après, la « joie » de l'annonce de ma grossesse, Bastien s'était totalement désintéressé du bébé et de moi par la même occasion. Hormis pour me dire que depuis l'annonce de ma grossesse, j'étais égoïste, centrée sur le bébé et que je le négligeais.

Il était venu aux deux premières rencontres avec le gynécologue car j'avais lourdement insisté. Auprès du médecin, j'avais vraiment l'impression, qu'il jouait le rôle du futur papa enthousiaste et impliqué. D'ailleurs, je lui avais toujours dit qu'il pourrait remporter un César pour sa performance d'acteur. En effet, lors de la première échographie, mon compagnon semblait tout ému et pleurait à chaudes larmes en voyant le fœtus. Le gynécologue lui a même remis un mouchoir. C'était absurde !! Pourtant quelques semaines auparavant, je lui avais montré mon échographie de datation qui me fascinait mais lui était resté stoïque en me disant que « cela » ressemblait à un grain de riz. En public, il faisait mine de pleurer de joie. Il essayait de faire des pronostics concernant le sexe de l'enfant. Il voulait un garçon et moi une fille.

Lors de mon troisième mois de grossesse, le gynécologue nous annonça qu'il s'agissait probablement d'une fille, j'étais tellement heureuse. Toutefois, un mois plus tard, à la seconde échographie officielle, le médecin nous informa du fait qu'il s'agissait d'un garçon. J'étais très déçue car j'avais imaginé tout le mois avoir une petite fille. D'ailleurs, j'en avais parlé à tout mon entourage. Pour sa part, Bastien semblait ravi de me voir aussi triste. Il me « consolait » avec un sourire de jubilation en coin.

Comme je l'agaçais à parler sans arrêt du bébé, Bastien avait commencé à me laisser seule le vendredi soir pour retrouver ses potes. Il était même parti tout un week-end avec des « amis » que je n'avais jamais rencontré malgré nos trois ans de relation. D'habitude, c'était plutôt le gars qui ne me lâchait pas d'une semelle, me dissuadant souvent de sortir. Et là, il désertait la maison.

Bastien ne respectait pas du tout mon état de grossesse et la vulnérabilité qui en découlait. Durant toute ma grossesse, il fumait des clopes et des joints, en ma présence, dans des espaces clos sans aération. Malgré mes demandes, le père du futur bébé ne changea pas son comportement. Il faisait pareil pour son déodorant, je lui demandais d'en mettre hors de la salle de bain, car cette odeur me faisait suffoquer. Au contraire pour me donner la nausée, Bastien faisait exprès d'asperger toute la pièce pendant que je prenais une douche. De même, il ouvrait grand la fenêtre de la salle de bain lorsque je me douchais pour soi-disant aérer le déodorant, au risque que je prenne froid et tombe malade.

- Nos vacances

Il s'agissait de nos premières vacances ensemble en trois ans de relation. En effet, la mauvaise situation financière de Bastien nous avait empêché de partir avant.

Nous allions en vacances dans le Sud de la France. C'était un séjour organisé par le comité d'entreprise de mon employeur. Par conséquent, nous côtoyions mes collègues et des administrés de la commune pour laquelle je travaillais. Il y avait huit heures de voiture à effectuer. Malgré mes douleurs au bas du ventre, Bastien avait insisté pour que je conduise la moitié du trajet car lui aussi était fatigué. Il était en colère contre moi car j'avais décidé que nous devions partager le coût des vacances à parts égales. Cela ne lui plaisait pas. Bastien pensait que puisqu'il venait juste de retrouver un emploi stable, c'était à moi de payer la totalité de notre voyage. En plus, nous devions souvent nous arrêter en cours de route afin j'aille aux toilettes. Mes pauses pipi l'exaspéraient, de toute façon, il ne supportait pas les symptômes en lien avec ma grossesse.

Il y eut plusieurs épisodes fâcheux durant notre séjour.

Le second jour de notre arrivée, nous étions allés à la plage. Toutefois, en cet été caniculaire, nous n'avions pas acheté de parasol. Il faisait 37° à l'ombre en début d'après-midi. Au bout de dix minutes en plein soleil, j'ai commencé à avoir la tête qui tournait et des nausées. J'étais allongée sur le dos face au soleil, puisque je ne pouvais pas me mettre sur le ventre à cause du bébé. J'ai donc prévenu Bastien de mon état. Et là une réaction inattendue *« T'es chiante !!! Ça commence les chichis. Moi je ne bouge pas, on vient d'arriver. Bois de l'eau, ça va passer »*. Sidérée, j'ai pris ma serviette et je suis allée m'installer en dehors de la plage. Il y avait non loin, un coin de pelouse ombragé par des palmiers où de nombreux vacanciers s'étaient réfugiés à l'abri du soleil ardent

Bastien m'a retrouvée pour me crier dessus devant des badauds bien trop curieux. Il pensait certainement que la honte me ferait retourner en plein cagnard. Mais à présent, ma priorité était mon futur enfant. Donc, je n'ai pas bougé malgré mon embarras. Au bout d'une heure, durant laquelle je profitais seule du paisible paysage, Bastien est revenu pour s'excuser. Il m'avait même acheté un parasol.

Au centre de vacances, il y avait deux autres femmes enceintes. Bastien disait que je faisais trop de chichis, en comparaison de ces autres futures mères. Pour lui, je marchais en mode cow-boy, comme Clint Eastwood, on aurait dit que j'allais accoucher sous peu. En raison de la canicule, je faisais de la rétention d'eau au niveau des jambes et j'en souffrais. J'étais crevée. Pourtant, Bastien continuait à me dénigrer et ne montrait aucune empathie à mon égard. Pour lui, je faisais de la comédie et je profitais de mon état pour me faire plaindre.

Au cours du séjour, J'ai sympathisé avec l'une des femmes enceintes. Une jeune future mère célibataire de vingt et un ans. Elle avait neuf ans de moins que moi et je l'ai tout de suite prise sous mon aile. J'étais extrêmement sensible et peinée par sa situation. Le père de son futur enfant, la battait. Elle avait dû fuir le domicile conjugal. Bastien la détestait. Il l'a trouvée vulgaire et immature. Il me déconseillait de la fréquenter et me reprochait de passer trop de temps avec elle. Avec le recul, je comprends que Bastien devait avoir peur qu'elle m'ouvre les yeux sur la maltraitance qu'il m'infligeait.

De son côté, ma copine trouvait Bastien puéril et irresponsable. Il ne fréquentait que des jeunes de moins de vingt-cinq ans alors qu'il en avait trente-quatre ans. Et, il fumait beaucoup de joints avec eux allant jusqu'à trouver un dealer sur place pour pouvoir se ravitailler en cannabis. Il passait toutes ses soirées à fumer et boire jusqu'à deux heures du matin. Mon compagnon me laissait souvent seule le soir pour aller s'amuser car je souhaitais rester au calme. Lorsque je lui faisais remarquer, il répondait *« Le monde ne va pas s'arrêter parce que MADAME est enceinte !!! »*.

Bastien se montrait charmant en public. Un jour au restaurant, il avait même sauvé une dame de l'étouffement en utilisant la méthode de Heimlich [8] .

Son charme et sa gentillesse apparentes avaient fait de lui la mascotte des enfants du camps de vacances. Il s'amusait à les jeter dans la piscine. Il jouait et rigolait avec eux. Toutes les mamans m'enviaient d'avoir à mes côtés un futur papa aussi prévenant et bel homme. Bien évidemment, dès que nous rentrions dans notre bungalow, son masque tombait. Bastien redevenait infect comme d'habitude.

Il m'a giflée pour la première fois durant ce séjour. J'étais enceinte de quatre mois. Il m'a frappé car je lui avais demandé de *« fermer sa gueule »*. Ma copine m'avait informée du fait qu'en mon absence, durant ses soirées de buverie, Bastien avait raconté à plusieurs personnes du club de vacances, que j'avais eu une augmentation mammaire et que j'avais été témoin de phénomènes paranormaux. C'était sans doute encore une stratégie pour me faire passer pour une conne auprès de mon entourage professionnel.

Grâce aux déclarations de ma copine, j'avais enfin pris Bastien la main dans le sac. En effet, j'avais toujours eu des doutes concernant de potentielles critiques que mon compagnon émettait secrètement à mon encontre. Plusieurs personnes de notre entourage avaient radicalement changé. Ils étaient devenus hostiles à mon

[8] *Il s'agit d'une compression abdominale permettant la libération des voies aériennes dans l'objectif de déloger un objet coincé dans la gorge.*

égard, sans raisons apparentes. Toutefois, à l'époque, je ne disposais d'aucunes preuves tangibles pour accuser Bastien.

À la suite des confidences de ma copine, j'ai voulu avoir des explications de la part de Bastien. Néanmoins, mon compagnon ne s'est pas excusé pour son manque de discrétion comme je m'y attendais, au contraire, il s'est énervé. Simplement parce que je lui avais demandé de me respecter et de ne plus raconter ma vie aux gens.

Je lui ai hurlé dessus car mon compagnon faisait preuve de mauvaise foi en niant les faits et reportant sa responsabilité sur ma copine.

Au moment du conflit, nous étions dans notre bungalow mais on pouvait quand même nous entendre. Bastien a eu peur de perdre la face auprès des autres vacanciers. C'est pourquoi, afin de me faire taire, il m'a asséné une grosse gifle. Sa violence m'a fait m'effondrer sur le lit.

Mon désespoir et ma colère m'avaient poussée à me relever, et à lui rendre son coup en lui mettant deux grosses claques d'affilé.

J'étais sonnée. Aussi bien par son coup mais surtout par la gravité de l'évènement. Que s'était-il passé ? J'avais l'impression que nous étions dans un film d'horreur et qu'un metteur en scène viendrait stopper ce cirque. Malheureusement, c'était la réalité. Mon compagnon m'avait bel et bien frappée au visage.

Je n'avais pas compris son acte, je l'aimais tellement. Pourquoi me faisait-il du mal ? Je portais son fils, je ne lui avais voulu que du bien. J'avais réglé tous ses problèmes. Je l'avais nourri, hébergé, soigné, aimé et même donné de l'argent. Je ne cessais de faire des efforts, de mettre de l'eau dans mon vin. Mais au lieu de m'accorder de l'amour, du respect et de la bienveillance. Je n'avais droit qu'à son mépris, sa froideur et à présent à sa violence physique. C'était d'autant plus paradoxal que mon statut de femme enceinte m'accordait l'attention et la gentillesse de la plupart des gens à l'exception, bien sûr, de l'homme qui était le père de l'enfant.

Je pleurais de tristesse et de rage. J'avais tellement mal au cœur. Je sentais comme un nœud dans mes entrailles. C'était un effondrement émotionnel et psychologique. Honnêtement à ce moment-là j'aurais voulu mourir pour arrêter ma souffrance. Je ne cessais de me demander ce que j'avais bien pu faire de mal pour mériter un tel traitement.

Je ne rêvais que d'avoir une famille unie. J'étais prête à affronter beaucoup d'obstacles venant du monde extérieur. Mais là, que faire lorsque votre propre compagnon sabote vos projets d'une vie meilleure et devient votre bourreau ?

Lorsque j'ai commencé à pleurer, Bastien m'a présenté des excuses. Ces dernières étaient biaisées, il m'a dit *« Jojo, tu me pousses à bout à chaque fois. Tu mêles les gens à notre vie de couple. En même temps, c'est la faute de ta copine. Je t'ai dit qu'elle foutrait la merde entre nous. Je m'excuse mais reconnais que tu as ta part de responsabilité. Et puis tu m'as mis deux gifles donc on remet les compteurs à zéro. Je ne recommencerai plus jamais ».*

C'est à compter de ce jour que mon amour pour Bastien a commencé à s'étioler. C'est à ce moment-là que j'ai compris que « peut-être » il ne m'aimait pas. Il sera certainement difficile de comprendre mon état d'esprit et mon envie de croire à son amour. Mais Bastien me martelait régulièrement qu'il aimait. Malheureusement, la plupart du temps, ses paroles étaient aux antipodes de ses actions. Dans ma tête si LUI ne m'aimait pas, c'est que j'étais sûrement indigne d'être aimée. En plus, je pensais toujours que mon enfant avait besoin de son père et que je ne pouvais l'en priver.

Bien évidemment, je n'ai pas reconnu « mes torts ». Je l'ai évité jusqu'à la fin des vacances. Je n'ai même plus dormi avec lui.

J'ai appelé ma mère pour lui raconter. Elle m'a conseillé de le quitter sur–le-champ. Ma copine de vacances m'a rappelé qu'à la première gifle, il fallait partir car ce ne sera pas la dernière.

Bastien se sentant « légitime » dans son acte de violence en a également parlé à ses potes de vacances. Il leur a dit qu'il avait dérapé mais c'était parce que j'avais poussé le bouchon trop loin. Selon mon compagnon, depuis le début de ma grossesse, j'étais insupportable à cause de mes hormones. Il leur a raconté qu'il m'aimait à mourir et que sans moi il n'était rien. Du fait, plusieurs personnes sont venues me parler, en son nom, afin d'apaiser le conflit.

J'ai vraiment été déstabilisée et troublée par ces gens qui m'encourageaient à pardonner. Ce groupe d'individus était composé d'hommes mais surtout de femmes. Il y avait une forme de complaisance et de consensus social envers la violence de Bastien à mon encontre. Je n'ai pas compris. En général, il est de bon ton d'affirmer « *à la première gifle, tu pars* » mais là, c'était tout le contraire. À maintes reprises, ces personnes m'ont affirmé que notre bébé aurait besoin de ses deux parents ensemble. Mon état de vulnérabilité dû à la grossesse et le lavage de cerveau dont j'ai été victime ont réussi à me faire perdre le courage de quitter cet ignoble individu.

Bastien s'est encore excusé. C'était devenu une habitude apparemment d'être un mufle et de redevenir « gentil » après m'en avoir mis plein la gueule.

• Préparatifs de la naissance

Moi qui étais folle de joie à l'annonce de ma grossesse. Je me suis retrouvée seule. En effet, Bastien se fichait des préparatifs concernant notre futur bébé. Lorsque je le lui reprochais, il me disait que c'était normal. Selon ses dires, les mecs se désintéressaient à ce « truc » de gonzesses. Pour couronner le tout, j'avais du diabète gestationnel dû à ma prise de poids. J'étais suivie par une endocrinologue pour stabiliser ma maladie. Du fait des chutes glycémiques, je faisais des malaises au moins une fois par jour, du cinquième mois jusqu'à la fin de ma grossesse. J'avais donc dû arrêter de travailler car je ne pouvais plus conduire.

Heureusement, ma famille et plus particulièrement ma mère était très présente. Nous pouvions parler de mon petit ange pendant des heures. Ma joie de vivre semblait agacer le futur père. Durant cette période, je m'étais occupée de tous les préparatifs liés à l'arrivée de notre fils. J'avais mis en vente mon appartement. J'avais supervisé et préparé notre déménagement chez mon père adoptif. J'avais même choisi, seule, le prénom de l'enfant. J'avais organisé mon séjour à la clinique en plus des cours de préparation à l'accouchement.

Bastien avait tout de même participé au dernier cours collectif de préparation à l'accouchement pour demander à la sage-femme *« On pourra recoucher ensemble combien de temps après l'accouchement ? »* Cette dernière a gentiment répondu *« douze semaines après l'accouchement, Monsieur. »* Comme d'habitude, j'avais honte mais c'était devenu presque normal avec ce boulet.

De même, au niveau administratif, j'avais presque dû obliger Bastien à faire la reconnaissance préalable de filiation du bébé. Plus je m'arrondissais, plus il me méprisait et m'abandonnait à mon sort.

Pendant le déménagement, bien je souffrais de nombreuses douleurs abdominales, Bastien m'avait demandé de porter de lourds cartons de vaisselle. D'ailleurs, j'avais quasiment préparé les cartons seule. En plus de tout cela, enceinte de sept mois et demi, j'avais nettoyé l'appartement en totalité au moment de sa vente. J'étais consciente de son manque d'investissement et d'empathie, pourtant, j'avais choisi de ne pas voir.

J'étais sur mon petit nuage, trop absorbée par ma grossesse pour me soucier de la situation. J'ai bien souvent occulté son comportement inadmissible. Sa violence a redoublé malgré mon rappel à la loi concernant le fait qu'agresser une personne vulnérable était un facteur aggravant lors de condamnations pénales. Et je lui ai également dit que le harcèlement moral au sein du couple était prohibé. J'étais bien consciente des violentes perpétrées à mon encontre. Toutefois, c'était comme de "pisser dans un violon" cela ne servait à rien.

Pour illustrer mes propos voici un exemple : nous devions relever le compteur d'électricité du studio pour finaliser la vente auprès du notaire. En voulant ouvrir l'armoire où se trouvait le compteur, Bastien qui n'avait plus qu'un gros tournevis sur place s'est servi de ma clé de voiture plus « adaptée » pour tenter de l'ouvrir. Il l'a tordue. Du coup, nous nous pouvions plus quitter l'appartement puisque la voiture ne pouvait pas démarrer. Je lui ai reproché d'avoir utilisé ma clé. Et là, j'ai vu son visage déformé par une haine indescriptible. Il a pointé son tournevis vers mon ventre en hurlant *« FERME TA GRANDE GUEULE !!! »*. J'ai vraiment eu peur qu'il plante le tournevis dans mon abdomen. Il aurait pu tuer notre bébé. Comme j'aimais mon fils par-dessus tout, je me suis tue durant des heures. J'étais choquée.

Après cet incident, je suis donc restée chez ma mère quinze jours pour réfléchir. Bastien s'était excusé en me disant que j'avais mal interprété son geste. Je lui ai encore pardonné et me suis remise avec lui.

Nous avions donc déménagé chez mon père adoptif qui avait eu l'extrême gentillesse de nous héberger gratuitement le temps que l'on achète une maison. J'avoue que j'étais rassurée à l'idée de vivre avec une tierce personne jusqu'à mon accouchement. Mon père vivait seul depuis dix ans. Il était âgé et malade, il n'avait pas nettoyé son grand appartement de type F4 depuis des années.

Du coup encore une fois, j'ai tout lavé seule en montant sur un escabeau, alors même que Bastien regardait la télévision dans la même pièce que moi. Evidemment, il ne m'avait pas proposé d'aide. J'étais en colère mais je voulais éviter de me disputer. En effet, enceinte, j'avais constamment peur qu'il me blesse en cas de dispute violente donc j'adoptais une position de repli en faisant profil bas. Je souhaitais plus que tout préserver la vie de mon fils.

En outre, j'avais financé la quasi-totalité du matériel pour le bébé : les lits (lit cododo et lit traditionnel), la baignoire et son support, la table à langer, les tétines, les biberons, les couches, les porte-bébés (écharpe et traditionnel), les vêtements...

Heureusement, beaucoup de choses nous avaient été offertes par nos proches. Contrairement à ce pingre, sa famille et notamment ses sœurs nous avaient fourni pas mal de choses : poussette, siège-auto, chaise haute, sac à langer, vêtements. Ma famille m'avait donné beaucoup de vêtements. Des fringues de mes neveux, nièces, frère et sœurs. Bastien était en colère car selon lui, son enfant n'avait pas à mettre de la récupération. Il me disait : *« Ta famille est tellement radine qu'elle boufferait sa merde si elle était en promotion !!! »*.

Malgré les remarques désobligeantes de Bastien, j'ai accepté tous les cadeaux et lui ai demandé de mettre la main au portefeuille si cela ne lui plaisait pas. En général, ma requête le calmait. Paradoxalement, malgré ses nombreuses plaintes, le futur père n'achetait rien pour l'enfant. J'avais donc constitué ma valise de maternité seule grâce aux dons de nos proches et à mes propres achats.

Au moyen de la vente de mon studio, j'avais pu régler mes dettes et me constituer un petit pécule car depuis l'annonce de ma grossesse, je ne voulais plus avoir de problèmes financiers. Donc, j'étais redevenue économe et rigoureuse avec mon argent. Bien que Bastien me traitât d'avare, je ne dépensais plus d'argent en futilités et surtout plus pour satisfaire ses caprices.

Honnêtement, j'ai détesté être enceinte. J'étais horriblement malade, je faisais des malaises à répétition. J'avais imaginé que pour une fois, mon entourage prendrait soin de moi en tant que personne vulnérable. Quelle déception !!! Je devais tout gérer et encore des proches me sollicitaient pour être aidés et Bastien détestait cela.

- L’arrivée du bébé

Lenzo, André BRILLANT est né le 1er janvier 2016 à 13h59 à Bry-sur-Marne[9]. Il pesait 4kg et mesurait 51 cm. C'était un bébé macrosome, c’est-à-dire un bébé ayant un poids supérieur ou égal à 4kg. La macrosomie fœtale est souvent dû au diabète gestationnel. Initialement, notre fils devait naître au plus tard le 29 décembre 2015. Mais apparemment, il n’était pas pressé d’affronter ce monde. C’est pourquoi, le gynécologue de garde avait dû déclencher l’accouchement trois jours après le terme.

Nous nous étions présentés Bastien et moi à la clinique pour provoquer le travail. La sage-femme m’avait inséré dans le vagin un PROPESS, une sorte de suppositoire libérant de l’ocytocine qui devait déclencher l’accouchement. Malheureusement, cela avait crée une souffrance fœtale en ralentissant le cœur du bébé. À tel point, que toute l’équipe de garde est venue m’annoncer que j’allais subir une césarienne d’urgence.

Bastien, fidèle à lui-même a fait mine de pleurer. Il a supplié le médecin anesthésiste de l’autoriser à venir au bloc opératoire, car il était mort d’inquiétude à l’idée de nous perdre. De mon côté, j’étais plutôt sereine, je sentais que mon enfant allait bien et voulait vivre. On m’a fait une péridurale. Je n’ai pas eu mal. Ils ont procédé à la césarienne. C’était surréaliste, l’équipe médicale me secouait dans tous les sens mais je ne sentais rien. Le gynécologue m’avait même complimenté en disant que j’avais des supers abdominaux. J’avais l’impression d’être au café du coin discutant avec des potes. Sauf, qu’en réalité on m’ouvrait l’abdomen.

Puis, j’ai entendu mon bébé pleurer, quel bonheur !! Quelques minutes plus tard, la sage-femme m’a permis de faire un bisou à Lenzo avant de le mettre en couveuse, j’ai éclaté en sanglots. J’ai ressenti une joie et un amour indicible pour mon petit ange. Il

---

[9] *Dans le département du Val-de-Marne, en Ile de France*

était magnifique mais énorme. Il ressemblait à Bouddha avec sa grosse tête et ses yeux bridés.

Quelques heures plus tard, lorsque j'ai ouvert les yeux, je me trouvais en salle de réveil réservée aux jeunes accouchées. En tournant ma tête, j'ai constaté qu'à côté de moi, il y avait Lenzo toujours en couveuse. Hormis le bébé, j'étais seule, il n'y avait ni Bastien ni un membre du personnel médical. J'ai paniqué car Lenzo avait les yeux grands ouverts. En cas de pleurs, je n'aurais pas pu le prendre puisque j'avais encore les jambes paralysées à cause de la péridurale. Au bout d'une heure, Bastien est revenu tout sourire en me disant qu'il avait prévenu tous nos proches. Il avait également fumé deux joints et pris un café. Il avait même pris des photos du bébé avec le flash sans se soucier de l'éblouir.

Après que le médecin se soit assuré que mes jambes bougeaient de nouveau, Lenzo, Bastien et moi sommes montés dans la chambre. En présence d'une conseillère en lactation, j'ai donné le sein à Lenzo. Bastien est rentré chez mon père sans s'être assuré que nous allions bien. Il m'a dit « *Je suis crevé avec la journée que j'ai vécue. Je vais me coucher. Bon courage !* »

La première nuit, l'équipe de sage-femme m'avait proposé de garder Lenzo, j'avais refusé car je voulais absolument le garder avec moi en dépit de ma fatigue. Le lendemain, la sage-femme m'avait montré comment donner un bain à mon fils. Bastien connaissait les horaires du bain et des soins du bébé, mais il ne s'était jamais présenté durant ces créneaux et ce jusqu'à la fin de l'hospitalisation qui avait duré quatre jours.

En revanche, lorsqu'il savait que je recevais de la visite, Bastien était toujours présent et faisait semblant d'être intéressé par son fils. Et lorsque ma mère et ma sœur sont venues nous voir, Bastien était contrarié de les laisser porter le bébé. Il agissait comme si Lenzo était sa propriété privée. De mon côté, je n'appréciais pas que Bastien porte le bébé car je savais qu'il se servait de Lenzo pour valoriser son image et cela m'agaçait profondément.

La première nuit de Lenzo avait été calme. À contrario, le seconde nuit, qu'on l'on surnomme à juste titre la nuit de la java, le

3 janvier 2016, je m'en souviendrai toujours. Cette nuit a été l'une des plus infernales de ma vie. Lenzo avait pleuré cinq heures d'affilée. J'étais exténuée, je n'étais pas préparée psychologiquement à un tel fardeau, j'ai craqué et ai pleuré une bonne partie de la nuit également. J'avais honte de demander de l'aide aux sages-femmes de garde.

Le lendemain, j'ai demandé à Bastien de venir dormir avec moi à la clinique (c'était une option proposée) il a refusé catégoriquement en disant *« Je n'ai pas déjà envie d'être emmerdé* ». Le jour de mon départ de la maternité, il neigeait, Bastien avait amené le siège-auto, sauf qu'il ne l'avait pas testé avant et du coup, nous ne savions pas comment régler les sangles de sécurité. Il s'était énervé contre moi en criant ; me disant que j'aurai dû tester le siège avant mon départ pour la maternité et que j'étais vraiment débile.

Au bout d'interminables minutes, Bastien avait réussi à installer Lenzo dans son siège. Pour ma sortie, j'avais plusieurs ordonnances de médicaments à acheter pour le bébé et moi. J'ai dit à Bastien que l'on devait passer à la pharmacie pour les récupérer. Je lui ai demandé d'y aller pour moi car à cause de ma césarienne, j'avais du mal à marcher. Le père de mon fils m'a dit *« Soit autonome meuf, tu es mère. Tu te démerdes*». Du coup, j'y suis allée en marchant tout doucement. Le pharmacien m'a dit que j'aurai dû envoyer mon compagnon que ce n'était pas raisonnable de sortir dans mon état. Je n'ai pas osé avouer la vérité et j'ai dit que je préférais tout vérifier moi-même.

En arrivant à la maison, Bastien n'avait pas monté le berceau, ni fait de la place pour nos affaires. Il m'a hurlé de vite défaire et ranger mes valises.

J'étais stressée et triste qu'il n'ait rien préparé pour notre retour. Selon lui, j'étais responsable de ne pas lui avoir demandé de monter le lit avant mon départ à la maternité. Bastien avait déjà repeint la chambre, il ne fallait pas trop en demander tout de même.

Par la suite, mon concubin eut un rôle très secondaire auprès de son fils durant les trois premiers mois. Bastien n'a jamais changé une couche, ni donné un bain à Lenzo. Il râlait même pour donner un biberon. En vérité, il était aussi impliqué qu'un inconnu.

Après mon accouchement, Bastien n'avait toujours aucune empathie à mon égard. La première nuit que je passai à mon domicile, Lenzo a avalé de travers, du lait sortait de son nez et il toussait. J'ai paniqué, ne sachant pas quoi faire. Bastien prit le relais, il pencha Lenzo pour lui dégager les voies aériennes. Après, avoir libéré notre bébé de l'étouffement, mon compagnon m'a insulté me traitant de mauvaise mère. Il m'a dit que j'avais failli tuer notre fils. J'étais en larmes. Je n'osais plus toucher le bébé car je pensais porter la poisse. Bastien me traita de faible et m'obligea à reprendre immédiatement l'enfant.

Un autre jour, le petit souffrait de coliques, j'étais tellement épuisée, que je m'étais endormie laissant Lenzo dans son landau. Le petit hurlait mais je ne l'entendais pas. Cette ordure m'a réveillée en me hurlant dessus *« T'es qu'un cassos. Réveille-toi prends ton fils. T'es faible. Pauvre merde ! »*. J'ai dû bercer le petit en pleurant. Tout en culpabilisant de m'être endormie.

Durant cette période, je n'étais pas en capacité de réfléchir réellement à la situation. J'étais encore sous emprise de ce monstre.

- Un changement radical de vie

Suite à la naissance de Lenzo, j'ai pris un congé parental d'une durée de six mois afin de m'occuper de mon fils. J'ai pu saisir cette opportunité grâce à mon père qui nous hébergeaient gracieusement. Je percevais une aide mensuelle d'un montant de 397 € de la CAF[10]. Mes revenus avaient été divisés par cinq.

Bastien profitait de ma précarité financière pour se plaindre davantage. En effet, il devait payer la nourriture et les couches. Comme je ne travaillais plus, Il me traitait de branleuse, fainéante et de profiteuse du système social. Mon compagnon exigeait que je m'occupe seule de l'intendance de la maison et du bébé. Je faisais le ménage, la cuisine et je gérais le bébé. Du jour au lendemain, j'étais passée de jeune cadre ambitieuse à femme au foyer servile.

Bastien était perfectionniste, il ne tolérait aucun faux pas de ma part. Comme un enfant, il n'était jamais satisfait de rien et quoi qu'il obtienne, il exigeait toujours plus. En espérant qu'il me fiche la paix, j'étais devenue la reine de l'organisation mais en réalité j'étais plutôt son esclave. J'avais une « to do list » de mes tâches journalières, hebdomadaires et mensuelles à réaliser. Je pointais au fur et à mesure les tâches effectuées.

Afin de devenir parfaite, je me levais à 6h00 du matin pour de me laver, m'habiller et me coiffer avant le réveil de Lenzo. Et j'enchainais les tâches les unes après les autres jusqu'au coucher vers 23h00. Je me réveillais également toutes les trois heures durant la nuit pour donner le biberon au bébé. Lenzo a véritablement fait ses nuits vers vingt-quatre mois. Cela donne une idée du nombre nuits durant lesquelles je n'ai eu qu'un sommeil partiel. Du fait, j'étais épuisée, d'une part, parce qu'il était très fatigant et prenant de s'occuper d'un bébé, d'autre part, car je n'arrivais pas à être à la hauteur des exigences de Bastien. D'ailleurs, ce dernier ne m'aidait

[10] *La Caisse des Allocations Familiales est un organisme français chargé de verser des prestations familiales aux ménages.*

que si je hurlais en exigeant sa participation qui restait ponctuelle. Du coup, nous étions perpétuellement dans un rapport de force.

Voici un exemple de mon planning journalier :

Matin	6h Réveil, préparation personnelle	Préparation du petit- déjeuner de Bastien et Lenzo	Préparation du déjeuner, petites courses	Nettoyage Vaisselle, maison Biberons et bain du bébé
Midi	11h30 Repas Lenzo	Prise du repas Change couche	Sieste bébé et maman	Rituel pour endormir bébé
Après-midi	16h Goûter	17h préparation diner	18h Méditation pour supporter les éventuelles remarques de Bastien	17h30 Vérification des tâches effectuées, ajustement rapide
Soirée	19h retour de Bastien	19h30 Diner de Lenzo	22h repas des adultes 23h coucher	20h Change et coucher de Lenzo
Nuit	0h Premier biberon et change de Lenzo	3h Deuxième biberon de Lenzo	Enchainement de la journée suivante	6h Troisième biberon de Lenzo

- La maladie génétique de Lenzo

Lors de mon séjour à la maternité, le pédiatre m'avait demandé l'autorisation de faire à Lenzo le test de Guthrie. Il s'agit d'une prise de sang effectuée sur le bébé qui permet le dépistage de cinq maladies graves, (la phénylcétonurie, l'hypothyroïdie congénitale, l'hyperplasie congénitale des surrénales, la drépanocytose et la mucoviscidose).

L'équipe médicale m'avait dit que s'il n'y avait rien à signaler, je n'aurais pas de nouvelles. C'est pourquoi, lorsque deux mois plus tard, le service d'hématologie d'un grand hôpital de l'Est Parisien m'a contactée à propos de ce test, j'ai cru défaillir. La cheffe de service souhaitait me rencontrer au plus vite car elle avait certaines inquiétudes concernant l'hémoglobine du bébé.

À la suite de cet appel terrifiant, les sanglots dans la voix, j'ai expliqué la situation à Bastien. Il était resté de marbre et m'avait conseillé de me calmer. Bastien m'avait indiqué qu'il ne pouvait pas prendre un jour de congé actuellement. Je devais donc me rendre seule au rendez-vous. Mon compagnon m'avait demandé de l'informer par téléphone. J'étais dépitée par son manque d'inquiétude pour son fils.

Je m'étais donc rendue seule à l'hôpital. J'avais été reçue dans un bureau. Je m'étais assise face à la cheffe de service qui était accompagnée d'un second médecin, d'une infirmière et d'une psychologue. Entourée de tous ces professionnels à la mine défaite, j'ai compris que c'était grave.

Le docteur m'a annoncé que mon fils était atteint d'une forme très rare de la drépanocytose[11]. Je connaissais très bien cette

[11] *La drépanocytose, aussi appelée anémie falciforme, est une maladie héréditaire altérant l'hémoglobine des globules rouges qui a pour rôle de transporter l'oxygène dans le sang. Elle expose alors l'enfant à toutes sortes d'infections qui entrainent de fortes complications dont une occlusion de vaisseaux sanguins, une aggravation des infections et des accidents vasculaires cérébraux.*

maladie dont ma mère était atteinte. Je savais donc que j'étais porteuse saine. Néanmoins, j'étais médusée, car, les deux parents doivent transmettre le gène malade à l'enfant pour qu'il soit drépanocytaire. Or, à ma connaissance seuls les Noirs, les Maghrébins et parfois les Asiatiques pouvaient être atteints par cette pathologie. Et sauf preuve du contraire, Bastien était de type caucasien (blanc).

Du fait, l'équipe médicale, m'avait demandé à demi-mot si l'enfant était bien de Bastien. Bien évidemment, j'ai répondu oui. Ils restaient toutefois sceptiques. Il fallait donc vérifier nos gènes via une électrophorèse de l'hémoglobine, l'examen qui permet le diagnostic de la maladie. En attendant, Lenzo devait commencer son traitement médical.

En rentrant, j'expliquai la situation à Bastien. J'étais effondrée. Je pleurais à chaudes larmes. Et là, il me dit « *Si tu m'as trompé, je te massacre.* » Je lui répondis « *Tu es sérieux là ?? Notre petit est atteint d'une maladie grave et toi tu me parles de tromperie. Tu délires ou quoi ? De toute façon, l'électrophorèse de l'hémoglobine déterminera notre filiation, pauvre connard* ».

Cela consistait à faire une prise de sang en laboratoire. Après avoir reçu nos résultats, Bastien m'a accompagnée à l'hôpital. L'équipe médicale nous a confirmé que Bastien et moi étions porteurs sains de la drépanocytose. Bastien été porteur d'une forme de drépanocytose européenne très rare, qui n'a quasiment jamais été étudiée d'où l'inquiétude de l'équipe médicale.

Le médecin nous avait expliqué que Lenzo, devait être surveillé. Il devait prendre de la pénicilline tous les jours pour éviter les infections et de l'acide folique pour favoriser la production de globules rouges. En cas de fièvre supérieure à 38,5 nous devions l'amener aux urgences médicales. Les médecins nous avaient même

---

Cette maladie s'accompagne de fortes douleurs nécessitant la prise de morphine et des hospitalisations régulières.

remis une carte prioritaire pour l'hôpital afin que nous soyons pris en charge immédiatement.

Cela confirmait la gravité de l'état de santé de notre bébé. Ils nous avaient également expliqué que Lenzo n'aurait jamais une vie normale. Il ne pourrait pas aller en altitude à cause de la rareté en oxygène. Il devait éviter le froid y compris les piscines publiques (sauf les cours de bébés nageurs où l'eau est chauffée à 37°). Nous devions lui éviter les chutes et les infections car il était plus fragile que les autres enfants.

Compte tenu du fait que Lenzo était atteint d'une maladie génétique grave, j'avais tenu à prévenir la famille Brillant. D'une part, pour leur expliquer le désarroi dans lequel je vivais en rapport à cette pathologie et d'autre part, car certains des membres de cette famille étaient peut-être porteurs sains.

Comme d'habitude, je fus déçue car la famille Brillant reçue la nouvelle avec un certain détachement et un manque total d'empathie. Je peux aisément affirmer qu'ils ne se sentaient pas concernés par cette pathologie. Peut-être que Bastien les avait déjà rassurés.

En revanche, la grand- mère paternelle eu une réaction ; mais pas celle que j'attendais. Elle osa dire à son fils, sans se soucier de ma présence *« Tu vois quand on fait des enfants avec ces gens-là !!! Ça amène des maladies bizarres ».*

Donc, non seulement, sa famille se foutait de la maladie de notre fils, mais en plus, je me faisais insulter sans que Bastien ne réagisse. Car j'avais bien compris que lorsque la mère de Bastien parlait de « ces gens-là » elle voulait dire les Noirs…

Cette maladie avait bouleversé ma relation mère-enfant. À présent, je savais que la santé de mon petit cœur était en jeu. Du fait, je devins une vraie maman poule. Hyper-protectrice et présente.

- Mon mode d'éducation

Après la découverte de la maladie de Lenzo, j'ai compris qu'éduquer un enfant nécessitait un sens des responsabilités accru tant les enjeux étaient majeurs. Avant d'être mère, je n'avais pas mesuré la lourdeur des tâches et attitudes qui incombaient aux parents et plus particulièrement aux mères qui sont garantes de la vie affective, psychologique et matérielle de leurs enfants.

Du coup, je n'étais pas assez armée. Néanmoins, j'avais à cœur d'élever mon fils avec amour, bienveillance et respect. Dans cette optique, j'avais réalisé de nombreuses recherches sur Internet et dans les livres, à la suite de quoi, j'optai pour le maternage proximal et l'éducation positive. Ces modes d'éducation alternatifs sont fondés sur le respect de l'enfant. Il s'agit d'adopter des comportements qui répondent aux besoins affectifs, de sécurité, d'amour et d'attaches de l'enfant.

L'éducation positive représente le juste milieu entre un style d'éducation autoritaire et un style d'éducation laxiste. Elle fixe les règles et limites dont l'enfant a besoin pour se développer et s'épanouir pleinement.

Quant au maternage proximal, il est essentiellement tourné vers plusieurs pratiques. Le co-sleeping ou sommeil partagé, (au départ nous avions un lit side-car puis Lenzo a dormi avec nous dans notre lit), le portage (je portais au dos Lenzo plusieurs heures par jour, grâce à un porte-bébé ergonomique) et l'allaitement longue durée.

Afin de permettre à Lenzo de développer un attachement sécurisé, je me rendais disponible pour lui 24h/24 et 7j/7. En effet, les parents « proximals » répondent rapidement au bébé qui pleure, même si c'est parce qu'il a besoin d'être dans les bras de ses parents. Ils considèrent que le besoin affectif du bébé est tout aussi important que ses besoins physiques.

Le maternage proximal est très et fatiguant et compte tenu du peu d'implication du père, je ne pouvais pas me reposer. Je n'osais pas confier mon fils à son propre père car je ne lui faisais pas confiance.

Et pour cause, lorsque je prenais une douche ou m'absentais pour une course, Bastien laissait Lenzo avec ses excréments et son urine en attendant que je revienne lui changer sa couche. De plus, il le laissait pleurer en disant que « *pleurer c'est bon pour la santé. La frustration renforce le caractère.* » À quoi je répliquais en colère « *Ah ouais ? Pourquoi, tu te consoles avec ta drogue, alors pauvre merde ?* »

Il est vrai qu'à cause de la fatigue et de mon instinct protecteur envers mon fils, je démarrais au quart de tour. Je pense avoir surinvesti mon rôle de mère suite à la découverte de la maladie de Lenzo et du fait que ma vie sentimentale était chaotique.

Il fallait avouer, qu'après l'arrivée du bébé, je n'avais même pas eu le temps de me remettre de ma césarienne ni de ma grossesse. J'étais extrêmement fatiguée et Bastien m'accablait de reproches. Je ne pouvais pas dormir convenablement à cause du bébé qui pleurait sans cesse. Je devais lui donner plusieurs biberons par nuit.

De plus, je me posais plein de questions sur la parentalité et j'avais peur de mal faire. J'avais l'angoisse de la mort subite du nourrisson car les sages-femmes de la maternité, en me donnant certaines recommandations, m'avaient en réalité effrayé à ce sujet. Je n'avais jamais connu un tel état de détresse physique et psychologique. J'oscillais entre euphorie et dépression. Je faisais semblant d'être une mère épanouie et une compagne comblée. Dans le même temps, j'essayais de retrouver mon corps d'avant la grossesse. En effet, mon ventre était dans un état de relâchement musculaire inimaginable.

J'étais dégoutée de ma situation, pourtant c'est ce que j'avais attendu toute ma vie. J'avais l'impression de me faire arnaquer. La société véhicule une image de sérénité et de bonheur lorsque l'on atteint l'objectif d'être en couple avec des enfants. Quelle fumisterie !!! En vérité, j'étais submergée par mes nouvelles responsabilités.

En même temps, je voulais être une femme forte, un exemple vivant pour Lenzo. Je l'aimais comme je n'avais jamais aimé auparavant. Je savais intuitivement que son éducation et la réussite de sa vie future dépendaient de moi. Je devais fournir à Lenzo tout ce dont il avait besoin tant son père était défaillant.

Du fait de notre nouvelle parentalité, j'exhortais Bastien à prendre en maturité, mais comme d'habitude cela ne servait à rien. Je me sentais découragée et je m'étais résignée.

Auparavant, je parlementais avec Bastien avant de prendre des décisions, à présent que Lenzo était né, j'imposais ma volonté pour son bien-être. J'étais comme une lionne totalement submergée par mon instinct maternel. Malgré tout, souhaitais que, contrairement à moi, Lenzo connaisse son père biologique. Je voulais qu'il ait toutes les chances être d'épanoui dans sa vie.

• Mon corps parle

Comme je refusais toujours d'ouvrir les yeux sur ma vie de couple, mon corps a tiré la sonnette d'alarme. C'est pourquoi, durant cette relation, j'ai développé de nombreux ennuis de santé. Au-delà de mon trouble du comportement alimentaire (TCA) qui avait déjà causé mon obésité, j'avais eu plusieurs autres problèmes.

En effet, sans raison apparente, cinq mois après mon accouchement, j'ai vu apparaitre d'immenses vergetures hyperprofondes sur mes avant-bras. On aurait dit des stigmates. Des personnes m'ont même demandé si je m'étais automutilée. J'ai couru chez le dermatologue. Ce dernier m'a indiqué qu'il n'avait jamais vu d'aussi grosses vergetures apparaitre comme cela sur les avant-bras. C'était horrible, je n'osais plus me mettre en tee-shirt même chez moi.

Peu de temps après, j'ai commencé à avoir d'affreuses migraines, de l'eczéma par plaque sur le dos et les chevilles. J'avais mal en bas du dos. Et j'avais des idées suicidaires. Je prenais des traitements médicaux qui limitaient les effets sans arrêter totalement mon mal. Un jour une amie infirmière m'a expliqué que le mental jouait un rôle essentiel dans le développement des maladies. Puisque les médecins ne trouvaient pas de causes médicales, il devait s'agir de causes psychologiques. Aujourd'hui, je sais qu'il s'agissait de maladies provoquées par le harcèlement moral que Bastien m'infligeait. Et en quelque sorte en restant dans cette relation toxique je m'automutilais. J'acceptais qu'il me fasse mal simplement parce qu'il disait m'aimer.

- Reprise du boulot

Lorsque Lenzo eu neuf mois, je dû reprendre le travail car le congé parental rémunéré par la CAF durait six mois pour un premier enfant et le congé maternité trois mois. Heureusement, nous avions eu la chance d'avoir une place en crèche collective, juste à côté de chez mon père. La séparation m'angoissait, en même temps, j'avais hâte de retrouver un peu de liberté. Afin d'apaiser mes craintes, je m'étais investie au sein de la crèche. Par conséquent, j'étais devenue un membre actif du Conseil de crèche.

Bastien amenait le petit à la garderie, le matin, avant d'aller travailler car je commençais plus tôt que lui et le soir je récupérais Lenzo. Je lui donnais le bain, je préparais le repas et les vêtements du lendemain.

J'avais également repris le sport, je faisais de la zumba et de la boxe trois fois par semaine durant ma pause déjeuner. Cela me faisait du bien, les efforts physiques que je fournissais me permettaient de renforcer mon mental et du fait ma capacité à supporter mon rôle de mère. Mais surtout, à endurer le harcèlement moral que continuait de m'infliger Bastien.

En revanche, mon emploi ne me passionnait plus, je n'avais plus la même flamme. D'autant que Lenzo était souvent malade. Du fait, j'étais régulièrement absente, cette situation perturbait mes collègues et ma direction car je n'étais plus aussi disponible et présente qu'avant ma grossesse.

Néanmoins, je rêvais de changement et paradoxalement, je me sentais prête à occuper un poste de cadre supérieur de la fonction publique territoriale. J'avais donc recommencé à réviser afin de passer le concours d'Attaché territorial (catégorie A, cadre supérieur de la Fonction publique territoriale). De nouveau, je révisais chaque soir dans la salle de bain de mon père, car c'était la seule pièce dans laquelle je n'allais pas être dérangée.

Bastien tenta, de nouveau, de me décourager en me disant que j'étais folle de croire que je pouvais obtenir un concours dont le taux de réussite était inférieur à 10 % des candidats inscrits, alors que j'occupais un poste de cadre intermédiaire à temps complet et que j'avais également en charge d'un bébé atteint d'une maladie génétique.

Néanmoins, je voulais reprendre une partie de ma vie en main. Car durant cette période, je pensais qu'à défaut de gérer ma vie personnelle selon mes envies, je pouvais, au moins, contrôler mon avenir professionnel.

Ma reprise professionnelle, le sport ainsi que les révisions de mon concours constituaient une bulle psychique interne, une forme d'accalmie psychologique. Car j'étais tellement occupée que j'ignorais les méchancetés de Bastien. De plus, il y avait une légère amélioration puisque depuis que je travaillais Bastien se levait une nuit sur deux pour donner le biberon à Lenzo et changeait ses couches. De plus, nous n'avions plus de problèmes financiers et nous avions pour projet d'acheter une grande maison à trois chambres. Tous ces changements positifs m'avaient fait espérer une vie de famille correcte.

Néanmoins, c'était loin d'être rose avec Bastien, j'avais quand même l'impression de constamment marcher sur des œufs et qu'à tout moment ça pouvait tourner au vinaigre. Un samedi matin, Bastien et Lenzo faisaient la grasse matinée. J'en ai profité pour regarder la télévision durant une heure et demie. Malheureusement, lorsque Bastien s'est réveillé, il m'a hurlé dessus : « *Putain qu'est-ce que tu branles ? Tu n'as rien foutu, t'as pas fait la vaisselle, ni la bouffe, ni le ménage !!! Tu n'es même pas lavée, crado. Tu me dégoutes pauvre conne !!* » Evidemment, notre quotidien était ponctué de cris, de disputes et de larmes si bien que Lenzo ne réagissait plus, du moins en apparence, à nos querelles.

Comme d'habitude, j'ai riposté « *Ferme ta gueule !! Tu n'as qu'à le faire, pauvre mec* ». Toutefois, je me suis exécutée en quatrième vitesse et j'ai même culpabilisé. J'ai pensé qu'il avait peut-être raison. Dans la journée, j'en avais discuté avec ma mère en minimisant les faits. Cette dernière m'avait bien expliqué que son comportement était inqualifiable.

De même, lorsque j'étais malade, Bastien m'accablait davantage de reproches et d'insultes qu'à l'accoutumée. Je me souviens qu'un jour, j'avais attrapé la grippe, mon médecin m'avait arrêté cinq jours me prescrivant beaucoup de repos. Bastien avait exigé que j'emmène Lenzo à la crèche à sa place, alors que je pouvais à peine marcher. Il me disait : « *Arrête de faire ta petite fifille fragile !! Branleuse de fonctionnaire* ».

• Il est grillé

Mon père était de nature très discrète et renfermé sur lui-même. Néanmoins, depuis notre déménagement, il se fit transparent. Si bien que je pouvais ne pas le voir durant 48 heures alors qu'il était présent au domicile. Un jour, je décidai de l'interroger sur son attitude. Il me répondit qu'il ne voulait pas nous déranger. Je lui rappelai que c'était à nous de ne pas nous imposer car c'était son appartement. Même si parfois, Bastien semblait être le maître des lieux.

Lors d'une discussion anodine, mon père m'avait quand même demandé comment je faisais pour supporter Bastien. Pourtant, mon compagnon se montrait charmant en présence de mon père. Toutefois, ce dernier n'était pas dupe. Il avait constaté que Bastien était odieux et irrespectueux envers moi. Je fus surprise par ces confidences car lorsque mon père était présent Bastien restait soft. En vérité, j'avais tellement l'habitude de son manque de respect que je n'y faisais même plus attention.

Le père de mon fils continuait d'avoir un comportement malsain à mon encontre mais comme nous vivions chez mon père, je ressentais moins son agressivité. Je pouvais vaquer à mes occupations plus sereinement. Je jonglais entre vie professionnelle et vie privée.

• Face à la mort : a- t-il réellement des sentiments ?

Bastien avait toujours eu des réactions plus ou moins étranges lorsqu'il perdait un proche.

Nous étions en couple depuis environ un an et demi lorsque le chien de sa famille est mort. Cela faisait plus d'une décennie que ce chien faisait partie de leur vie. Au début de notre relation, Mon compagnon me parlait régulièrement de son chien. Il me disait que son animal était son meilleur ami que grâce à lui, il n'avait pas sombré dans la dépression suite à sa rupture avec sa pourriture d'ancienne compagne. Bastien me narrait leurs grandes balades en forêt. Il disait que son chien était extraordinaire et d'une rare intelligence.

Mon compagnon me disait même que si notre logement avait été plus grand, il m'aurait incité à me faire désensibiliser de mon allergie aux poils canins. Comme cela nous aurions pu garder le chien chez nous. Je trouvais son amour pour son animal de compagnie extrêmement touchant. J'en concluais qu'un homme qui aimait autant un animal était intrinsèquement bon. Cela me confortait dans le choix de mon chéri qui sous son apparence bourrue, il avait certainement un cœur tendre...

Quelques jours auparavant, le père de Bastien nous avait informé de l'état critique du chien. Il fallait s'attendre, à tout moment, à la nouvelle de sa mort.

Une semaine plus tard, la famille de Bastien l'informa de la mort du chien. Son père qui était sur son lieu de travail lui demanda de ramener chez le vétérinaire le corps de l'animal afin qu'il soit incinéré. Ses parents avaient laissé un chèque à son intention au domicile familial pour couvrir les frais.

En entendant la nouvelle par téléphone, Bastien s'effondra. Ses pleurs étaient inarrêtables. J'avais tellement de peine pour lui que j'aurais aimé être une magicienne pour effacer sa douleur en un claquement de doigts. Je proposais donc de le conduire jusqu'au domicile de ses parents car j'avais peur qu'il ait un accident, au regard de l'état de détresse dans lequel il se trouvait. Néanmoins, quelques secondes après avoir raccroché son téléphone, son visage était redevenu impassible comme si rien ne s'était produit.

Puis, Bastien m'a répondu qu'il était maître de lui-même et en capacité de conduire. Même si, j'ai trouvé son revirement émotionnel très surprenant, je me disais qu'il essayait juste de se montrer courageux en ma présence.

En arrivant chez ses parents, de façon très pragmatique et sans émotions apparentes, mon compagnon avait salué ses frères, puis avait mis la dépouille du chien dans une couverture. Il avait ensuite installé l'animal dans son coffre de voiture puis nous nous sommes rendus chez le vétérinaire.

En arrivant devant la clinique vétérinaire, Bastien a de nouveau éclaté en sanglots. Il était encore plus inconsolable. Du coup, puisque mon compagnon n'était plus en capacité de parler, j'ai dû expliquer la situation à l'assistante vétérinaire. Celle-ci nous expliqua les modalités de l'incinération. À l'évocation du tarif de la crémation, les pleurs de Bastien redoublèrent. J'essayais à travers des caresses dans le dos et des paroles apaisantes de l'aider à se calmer. Malheureusement, cela ne servait à rien.

La professionnelle qui avait certainement l'habitude d'accompagner les propriétaires d'animaux à entamer leur processus de deuil, semblait totalement désemparée face à la détresse de Bastien. Et pour tout dire moi aussi.

En sortant de la clinique, je l'ai pris dans mes bras. Je souhaitais ardemment lui insuffler de l'amour pour qu'il traverse cette épreuve difficile. Le trajet de retour se déroula en silence. Je m'attendais à devoir le consoler une bonne partie de la soirée. Mais en arrivant à la maison, Bastien repris un masque d'impassibilité. Il me demanda, sans une once de tristesse, quel film je souhaitais regarder.

Quelques jours plus tard, voyant qu'il n'évoquait plus la mort de son chien comme si l'évènement n'avait jamais existé, j'ai décidé d'en discuter pour savoir s'il n'était pas juste dans sa phase de déni. Bastien me répondit assez froidement avec un petit rictus dédaigneux et cynique : « *C'est bon... C'est fini, j'ai vu plusieurs de mes chiens mourir. Il faut avancer maintenant* ». À la suite de quoi, nous n'avons plus jamais reparlé de son chien.

- Le décès de son grand-père

Il s'agissait du grand-père paternel de Bastien. J'aimais beaucoup cet homme, qui durant de courtes années, avait fait office de papi de substitution. D'ailleurs, le deuxième prénom de notre fils est identique à celui de son arrière-grand-père.

Cet homme était veuf depuis de nombreuses années. Il vivait seul dans un appartement situé sur la même commune que la majorité du clan Brillant. Il avait un petit chien qu'il adorait. Il aimait fumer. Parfois, je fumais une cigarette en sa compagnie.

Comme beaucoup de personnes âgées, le grand-père de Bastien perdait progressivement son autonomie. Lorsqu'il nous a informé d'une chute à domicile, suite à laquelle il était resté au sol plusieurs heures n'arrivant plus à se relever, j'ai proposé de mettre en place certains services d'aide à la personne. En ma qualité de professionnelle du secteur gérontologie, j'ai instruit des dossiers d'aide au financement pour obtenir une auxiliaire à domicile qui l'aiderait à faire son ménage et ses courses. Mais également un dispositif de téléassistance pour qu'en cas de chute, sa famille ou les secours viennent l'aider.

Je me rappelle avoir passé des heures à lui demander de me parler de sa jeunesse. Nous avions discuté de ses parents, de sa femme, de ses fils, de son travail et surtout de la guerre d'Algérie et des conditions inhumaines qui y régnaient. J'étais impressionnée pour toute son expérience de vie.

C'était un homme courageux et plein d'humour. Je me sentais bien en sa présence. Il semblait être tellement aux antipodes de son petit-fils.

À la suite, d'une maladie grave, le grand-père de Bastien a été hospitalisé. Toute sa famille devait venir à son chevet, car il allait bientôt partir. Bastien semblait très triste. Il pleurait plus que la majorité des membres de son clan, y compris les enfants. J'étais également dévastée, mais je ne me sentais pas assez légitime pour montrer à quel point ce départ imminent m'affectait. Le papi décéda peu de jours après. Il avait trois enfants, douze petits-enfants et douze arrière-petits-enfants. Tout le monde l'aimait.

Ses obsèques furent très émouvantes. Le papi avait été membre de l'association des anciens combattants. À ce titre, leur président fit un discours en son honneur. Sa famille était inconsolable. Bastien pleurait tellement, c'était terrible. Ses cousines devaient même le consoler. Lenzo était à la crèche car il n'était pas pertinent qu'un bébé assiste à un enterrement.

À la fin de la veillée funèbre, Bastien et moi devions aller chercher Lenzo à la crèche avant de rentrer chez mon père. À peine dans la voiture toute trace de tristesse disparut totalement du visage de Bastien. C'était extrêmement déroutant. Il m'a simplement dit « *On bouffe quoi ce soir ?* » À ce moment-là, j'étais choquée. J'ai pensé : « *Le gars joue un rôle ou quoi ? On dirait qu'il se fout de la gueule du monde. Il est impossible qu'une personne effondrée après un enterrement change de faciès aussi rapidement. Cet enfoiré pleure sur commande.* »

Puis, je me suis raisonnée parce que mon idée précédente était insupportable : « *Non, Joane tu te fais des films. Tu délires ! C'est juste sa façon de gérer son deuil* ».

Comme pour son chien, Bastien n'a plus jamais abordé le décès de son grand-père hormis pour se faire plaindre ou jurer sur sa tombe, dans l'objectif de renforcer sa crédibilité. Bien évidemment, il n'a jamais voulu retourner se recueillir au cimetière.

Franchement, je ne veux pas faire de conclusions hâtives ou erronées. Ma question restera toujours en suspens, sans réponses. Bastien était-il en capacité de ressentir des sentiments pour une autre personne que lui-même ?

- Une étrange jalousie

Certaines réactions de Bastien me questionnaient. J'adorais chanter des berceuses à Lenzo pour l'endormir ou stimuler sa mémoire. Bastien me disait tout le temps de fermer ma gueule car ma voix, bien que douce et harmonieuse, l'énervait. Lorsque je lui demandais pourquoi, il répondait : *« Tu te prends pour une princesse Disney ?? Tu es trop gnangnan, tu vas finir par le rendre débile comme toi ou homo comme ton frangin ».*

De la même façon, Bastien se moquait du fait que je fasse découvrir la bibliothèque municipale à un bébé. En effet, j'emmenais Lenzo à un atelier d'histoires parent-bébé organisé par la bibliothèque. Pourtant, Bastien savait pertinemment que je souhaitais partager ma passion des livres avec Lenzo. J'ai fini par comprendre que Bastien ne supportait pas le lien de complicité que je créais avec notre fils.

Pareillement, mon compagnon était mécontent que j'ouvre un compte d'épargne pour Lenzo sur lequel je versais chaque mois de l'argent. Il disait que je planquais du fric pour rien, alors que lui-même n'avait pas un sou. Évidemment, devant les autres, il se vantait en disant que nous mettions de côté de l'argent pour Lenzo. Alors que pour la naissance de notre fils, son employeur et sa mutuelle avaient donné 1000 € de prime de naissance chacun. Pourtant, il m'a juste remis 300 € à déposer sur le compte de Lenzo et uniquement parce que j'avais lourdement insisté. Le reste avait été dilapidé en conneries.

Bastien voulait être le parent préféré de son fils. Il me faisait régulièrement remarquer que Lenzo était beau et intelligent car il lui ressemblait. Pour me blesser, le père de mon fils me disait que je pouvais faire toutes les activités du monde avec le petit mais que finalement il avait une nette préférence pour son père. Ce qui je dois l'avouer était vrai, Lenzo voulait tout le temps jouer ou être avec son père. Cela s'expliquait par la rareté de leur interaction. Souvent, cela m'exaspérait mais ce qui comptait était le bonheur de mon fils.

Plus Lenzo grandissait, plus je voyais le manque d'interêt de Bastien pour son fils, sauf en public. Devant les gens, Il jouait la comédie du bonheur, se faisant passer pour un père exemplaire. Mais en dehors de « ces moments magiques » Bastien ignorait son fils la majeure partie du temps.

Bastien était jaloux de moi. Non pas jaloux de potentiels rivaux qui me feraient la cour. Mais, il me considérait comme sa concurrente, son ennemie. Il disait toujours que je me prenais pour une diva lors des entretiens avec des professionnels type banquiers, assureurs, médecin... Du fait, mon compagnon ne supportait pas que j'aie un job mieux rémunéré avec plus de responsabilités que lui. Et surtout, il détestait, par-dessus tout, que des gens m'apprécient plus que lui. Donc, il s'amusait constamment à me rabaisser et m'insulter.

De même, si je complimentais une autre personne que lui, Bastien devenait fou. Il dénigrait l'individu victime de mon attention et m'insultait pour me faire regretter de ne pas me concentrer uniquement sur lui.

Pour couronner le tout, Bastien était hyper jaloux de la relation que j'entretenais avec ma mère. Il ne supportait pas notre lien de complicité car c'était la seule personne qui avait suffisamment d'influence pour m'ouvrir les yeux sur ma relation toxique. Un jour, Bastien m'a dit *« Tu n'arrives tellement pas à couper le cordon avec ta petite môman qu'un jour tu vas finir par baiser avec »*.

• Il souhaitait m'empêcher de voir ma mère

Le jour des 50 ans de ma mère, j'ai voulu aller lui offrir un cadeau d'anniversaire. Malheureusement, je n'avais pas pu participer au repas organisé à cette occasion. Comme d'habitude, nous étions chez les Brillant pour fêter les anniversaires de la mère et la sœur de Bastien.

J'aurais mille fois préféré être avec ma famille, mais je m'étais pliée à la volonté de mon compagnon. Donc sur le chemin du retour en direction de notre domicile, j'ai voulu m'arrêter chez ma mère. Afin d'anticiper une crise de colère de Bastien, je lui avais demandé son accord préalablement. Néanmoins, sous un prétexte fallacieux, le père de mon fils n'a pas voulu m'y déposer.

De colère, je lui ai dit que je rentrerais à pieds chez mon père, s'il le fallait, mais j'étais déterminée à m'y rendre quoi qu'il m'en coute. Lorsque Bastien a compris que j'irais malgré son chantage, il s'est mis à m'insulter de tous les noms grossiers qu'il connaissait. Face à ma détermination, Bastien m'a tout de même déposée mais il a refusé de rentrer saluer mes proches.

Mon compagnon m'a dit « *Tu y restes moins de quinze minutes* ». Pour s'assurer que je tienne parole, Bastien a gardé Lenzo comme « garantie » alors que j'aurais voulu que ma mère puisse embrasser son petit-fils pour fêter son anniversaire.

• Lenzo

Le comportement de mon fils me déroutait. Lenzo était un bébé très violent. Il tapait sans arrêt les autres enfants y compris les plus grands que lui. Dès son dixième mois, tous les matins, en arrivant à la crèche, Lenzo giflait un autre bébé. Un jour, je l'ai même vu cogner la tête d'une enfant sur la vitre en verre de sa section à la garderie. À quatorze mois, il a mis un coup de pied dans la tête d'une petite fille de trois ans car elle ne voulait pas lui donner sa part de gâteau. Automatiquement, lorsque Lenzo voyait d'autres enfants, il frappait. Lors de son premier réveillon du nouvel an, un de ses cousins, âgé de deux ans, s'est caché sous la table toute la soirée de peur que Lenzo ne le frappe.

J'avais toujours eu à cœur le bien-être des personnes et particulièrement des enfants, du fait, l'attitude de mon fils, me faisait honte et surtout je culpabilisais, qu'avais-je mal fait pour que mon fils soit si agressif ? Je m'excusais sans cesse auprès des enfants et de leurs parents. J'essayais, en vain, d'apprendre à mon fils, le respect, les règles sociales et le calme. J'avais même pris rendez-vous avec la psychologue de la crèche. Néanmoins, cette dernière m'affirma qu'avec l'âge, Lenzo se calmerait. Elle trouvait son comportement agressif banal et habituel pour un enfant d'une dizaine de mois. En moi-même, je savais que cette attitude n'était pas normale. Puisque la majorité des autres enfants de son âge n'étaient pas aussi violents.

J'étais accablée par l'agressivité de mon bébé. Je m'interrogeais sur les causes d'un tel comportement. Je demandais même où Lenzo avait pu observer une telle violence, puisque chez nous, pensais-je, il n'y avait pas de violence physique. Je me refusais à accepter que le harcèlement psychologique dont j'étais victime au quotidien pouvait affecter mon enfant. Bien évidemment, je m'en doutais mais j'étais dans un profond déni. Je me refusais à accepter cette terrible vérité, car si je l'avais fait, j'aurais été obligée de prendre les mesures nécessaires. À savoir, fuir mon psychopathe de compagnon mais je n'étais pas encore prête à le faire.

Au contraire de moi, Bastien jubilait de voir son fils frapper tout le monde. D'ailleurs, il n'intervenait jamais pour raisonner le petit. Il aimait dire : « *Mon fils n'est pas une baltringue, c'est un vrai bonhomme !!* ». Mon compagnon était fier que son fils soit agressif et violent comme lui. Je rappelais à Bastien que Lenzo avait quand même moins de deux ans et qu'il fallait agir maintenant afin que son comportement ne se consolide pas dans l'avenir. Mais, le père de mon fils ne m'écoutait pas et me trouvait bien trop alarmiste. Parfois, je pensais qu'avec le père que Lenzo avait, il était préférable qu'il ait une forte personnalité.

En plus, Lenzo était sujet aux terreurs nocturnes. Chaque nuit, mon fils se réveillait en hurlant. Le comportement de Lenzo me faisait penser aux symptômes du syndrome post-traumatique des vétérans de guerre. Je pensais cela en raison de son agressivité, de son irritabilité et de sa violence mais contrairement aux guerriers, mon fils ne vivait pas au milieu d'un conflit armé. Le médecin me disait qu'à cet âge c'était normal. Néanmoins, j'avais l'intuition que notre environnement délétère jouait également un rôle dans ses peurs.

Mon fils vomissait plusieurs fois par semaine sans raison apparente. Lorsque cela arrivé, Bastien me hurlait *« Dépêche-toi de nettoyer, sois réactive. T'es vraiment conne »*. Il me stressait me paniquait. Je tremblais. C'était l'angoisse.

- ## De nouveaux projets

Une année et demie après la vente de mon appartement, nous avons acheté une grande maison à rénover. Bien évidemment, comme d'habitude, je gérais l'ensemble des démarches administratives liées à notre prêt mais également l'avance des frais financiers en plus de la gestion des futurs travaux. Bastien se reposait totalement sur moi.

Dans le même temps, j'avais obtenu, avec d'excellentes notes, mon concours de cadre supérieur de la fonction publique territoriale.

Après mon accouchement, j'avais encore pris beaucoup de poids et à présent je souffrais d'obésité de stade 1. Pour résoudre mon problème, j'avais prévu de me faire opérer en Tunisie, et de subir une sleeve[12]. J'avais déjà une date pour l'opération. J'avais également acheté trois billets d'avion et réservé une chambre dans un hôtel 5 étoiles à Tunis. Mon rêve de redevenir mince allait bientôt se réaliser. J'avais le vent en poupe, tout s'enchaînait à merveille.

Bien sûr, Bastien s'opposait farouchement à ma perte de poids disant que j'étais folle car j'allais claquer du pognon pour rien. Selon mon « charmant compagnon » cette opération contre l'obésité ne fonctionnerait pas pour moi et que je ferais mieux de moins bouffer. Il me répétait régulièrement : « *Si ça se trouve tu vas tomber enceinte avant de partir, ça serait con. Tu seras dégoutée* » et puis il rigolait…

---

[12] *Il s'agit d'une opération bariatrique consistant à l'ablation d'une partie de l'estomac afin de limiter la prise alimentaire*

• Un nouveau Brillant ?

Afin de finaliser mon dossier médical, Il me restait juste à faire une radiographie abdominale pour vérifier la faisabilité de la sleeve. Lors de la prise de rendez-vous, la secrétaire du radiologue me demanda la date de mes dernières règles. Je n'avais pas pu lui répondre car je ne m'en souvenais plus. C'est à ce moment-là que je m'étais rendu compte que cela faisait longtemps que je n'avais pas eu mes règles. J'étais tellement préoccupée par mon concours, le boulot, la recherche de la maison, le financement du crédit immobilier et le petit que je n'avais prêté attention à rien d'autre.

Il faut savoir que trois mois après mon accouchement, je m'étais fait poser un stérilet, aussi appelé DIU (Dispositif Intra Utérin). Toutefois, mon col de l'utérus était complètement fermé puisque je n'avais pas accouché par voie basse. Du fait, mon gynécologue avait galéré pour l'insérer. Si bien que quelques jours plus tard, le DIU tomba pendant que je prenais une douche.

Je ne me souciais guère d'avoir un moyen de contraception fiable puisqu'à l'époque, je pensais que Bastien et moi avions un problème de fertilité. Du fait, nous utilisions des préservatifs avec parcimonie. En plus, lors de mon échographie post-accouchement, mon médecin m'avait expliqué que mes nombreux de fibromes[13], empêcheraient certainement la nidation d'un futur œuf. Par conséquent, je devrais me faire opérer pour qu'une seconde grossesse s'installe.

Sauf que cela ne s'était pas déroulé comme prévu. Suite au constat de mon absence de règles, j'avais décidé de faire un test de grossesse, juste pour avoir bonne conscience, car pour ma part, je ne me sentais pas du tout enceinte.

Je me rappelle qu'en sortant de la crèche le 13 juin 2017 vers 17h30, j'étais rentrée à l'appartement avec Lenzo. Nous étions seuls car cela faisait quelques jours que mon père s'était absenté. J'allai

---

[13] *Il s'agit de tumeurs bénignes au niveau de l'utérus*

donc aux toilettes pour uriner dans un gobelet afin d'y tremper la bandelette du test de grossesse bon marché qui datait de l'époque où je rêvais encore d'enfants. C'était une période bien révolue. Effectivement, ma première année en tant que maman avait été si complexe que j'étais vaccinée contre le désir d'enfant pour de nombreuses années. Durant cette période je souhaitais juste me recentrer sur moi-même.

J'attendis donc les quelques minutes réglementaires pour obtenir le résultat du test. Pendant ce temps-là, j'allai laver Lenzo. Au retour du bain, j'avais constaté que non seulement, il y a deux bandes sur le test, ce qui était le signe d'une grossesse. Mais en plus, la seconde bande était très foncée, signe d'une gestation bien avancée.

J'étais tellement sidérée que j'en tombai genoux au sol en pleurant. En moi-même, je me disais « *C'est une mauvaise blague. Des mecs doivent être cachés dans l'appart avec des caméras espions afin de me piéger. Il doit s'agir d'un nouveau concept de télé-réalité où le but est de faire péter un câble à une mère au bout du rouleau en lui faisant croire qu'elle est en cloque !!! Qui a inventé ce programme télé de merde ?? Quelle putain de blague foireuse ! Ce n'est pas drôle du tout ! "Vous pouvez sortir de votre cachette les mecs !!* » Forcément, à ce moment-là, c'était ma seule explication.

J'ai pensé : « *Bordel de merde ! Je commençais juste à m'en sortir. Cela faisait à peine deux mois que Lenzo marchait. À seize mois, il gagnait tout juste en autonomie. Son traitement médical lui convenait. J'avais réussi l'un des concours les plus difficiles de la fonction publique territoriale. Nous avions enfin acheté la maison de mes rêves et bientôt j'allais retrouver un corps au top. Qu'est-ce que j'avais fait au bon Dieu pour tomber enceinte au pire moment de ma vie ?* »

Quelques minutes plus tard, j'étais encore dans le déni le plus total donc j'ai essayé de marchander avec mon esprit. Je me disais : « *Ben oui !! Banane, le test que je viens de faire était sûrement défectueux, puisque je l'ai acheté il y a deux ans* ». J'ai donc contacté Bastien pour lui expliquer la situation et lui demander de m'acheter des tests de grossesses fiables tels que ceux de la marque Clear Blues Digital.

Mon compagnon est revenu avec les achats demandés. Bien évidemment, les deux tests étaient positifs et en prime ils indiquaient que j'étais enceinte de plus de trois semaines.

• Le bad trip

Une fois ma période de surprise passée, j'ai commencé à hurler sur Bastien lui disant qu'il avait fait exprès de me faire tomber enceinte pour que je ne fasse pas ma sleeve.

Je lui ai dit que je ne voulais pas de l'enfant, qu'il devrait se débrouiller pour s'en occuper. Au lieu de me rassurer, car l'occasion était trop belle pour ne pas la saisir, Bastien m'a crié d'avorter. Alors qu'il savait pertinemment que cela allait à l'encontre de mes valeurs spirituelles et de mon hypersensibilité. Il avait dit qu'à cause de mes conneries nous ne pourrions plus partir en Tunisie et qu'avec la gueule que j'avais déjà une seconde grossesse aller aggraver mes problèmes de poids.

Dans un revirement spontané, je lui ai dit que je n'allais sûrement pas avorter et qu'il devrait assumer son bébé. Il m'a répondu : *« Ah ouais, ben dans ce cas-là, je vais te l'aspirer avec le tuyau de l'aspirateur, ton mioche ».*

Là, j'étais vraiment choquée. Je l'ai poussé car il envahissait mon espace personnel de sa présence menaçante. C'est alors que Bastien m'a mis un violent coup de pied dans la jambe et un énorme coup de poing sur la cuisse.

Lenzo assistait à toute la scène. Il pleurait, je me suis donc tue. J'ai pris notre fils dans mes bras. Je l'ai fait manger puis je l'ai couché en chantant des berceuses pour le rassurer. Mais, à chaque fois que je passais devant Bastien ; il me traitait d'imbécile, de connasse et de folle. Une fois Lenzo endormi, je suis également allée me coucher mais Bastien m'a rejointe.

À partir de cet instant, ce fut l'enfer sur terre. De vingt-trois heure à cinq heure du matin, Bastien m'insulta et me menaça de mort. Chaque fois que j'allais m'endormir, mon compagnon me réveillait en me secouant. C'était surréaliste, car au-delà des insultes classiques du type *« sale merde, salope, grosse pute, connasse, la grosse, t'es moche, mauvaise mère ».* Mon compagnon m'a également menacée de mort. Ces dernières étaient très explicites : *« Je vais te découper, te jeter de l'acide sur le corps puis l'enterrer dans la forêt. Je vais te balancer par la fenêtre du treizième étage de l'appartement, tu seras méconnaissable. Et tu ne reverras plus jamais ton fils. Tu vas souffrir... »*.

Comme lors de ma précédente grossesse, je me suis encore tue et l'ai juste supplié de me laisser tranquille afin que je puisse dormir. Mais Bastien n'a pas voulu m'épargner. J'étais recroquevillée sur moi-même en position fœtale pour protéger le bébé que je portais d'un éventuel mauvais coup. Le père de l'enfant se déchaînait, se montrant encore plus hargneux et excité qu'à l'accoutumée. Il savait que je ne me défendrais pas car je voulais préserver la vie de mon bébé. Sinon, je lui aurais fait fermer sa grande gueule à coup de gifles et menaces. Mes périodes de grossesses étaient des moments bénis pour mon compagnon car j'étais vulnérable et ne me défendais plus.

Au bout de plusieurs heures, à un moment, ma conscience s'était carrément dissociée et déconnectée de mon corps. Si bien que j'avais l'impression de ne plus être actrice de la scène de violence mais d'en être une simple spectatrice. Ma conscience flottait au-dessus du lit, sans moyen de stopper ce massacre. Par la suite, j'ai découvert qu'il s'agissait d'une déconnexion dû au traumatisme psychologique que je vivais.

Le lendemain matin, Bastien a fait comme si rien ne s'était passé. Il a vaqué à ses occupations habituelles et a amené Lenzo à la crèche. Moi, j'étais encore en état de choc. Je tremblais comme une feuille. Je ne sais toujours pas par quel miracle, j'ai réussi à prendre une douche et à aller bosser.

Toutefois, au bout que quelques heures, j'ai craqué au travail. Du coup, j'ai tout raconté à mes collègues sur la nuit passée et ma grossesse. Elles étaient outrées. Pourtant, à la minute même où j'ai osé parler, je l'ai tout de suite regretté. Bizarrement, j'avais le sentiment d'avoir était déloyale envers Bastien. En plus, je ne voulais pas avoir une image de pauvre fille victime de violences conjugales. Car c'était en total décalage avec mon apparence sociale de femme forte que j'affichais dans mon quotidien professionnel.

Suite à tous ces événements, je n'avais plus la force psychique et physique de travailler. C'est pourquoi, mon médecin traitant m'avait prescrit un arrêt de travail. Lors de la consultation, je lui avais raconté l'altercation de la veille et la découverte de ma grossesse. Néanmoins, à cause de la honte, j'avais omis de lui raconter les violences conjugales antérieures. Il s'agissait de notre médecin traitant familial, à ce titre, il connaissait très bien Bastien et Lenzo. Le docteur pensait que Bastien était sympathique mais très maladroit du coup, il m'encouragea à rétablir un dialogue avec mon compagnon.

En sortant de chez le médecin, je suis allée voir ma petite sœur et ma mère. Je leur ai tout raconté en minimisant certaines menaces de Bastien car je commençais déjà à potentiellement entrevoir une réconciliation avec mon bourreau. Toutefois, suite à notre conversation, nous avons conclu qu'il fallait que je quitte définitivement Bastien en emmenant Lenzo avec moi. Ma mère me proposa de venir chez elle. J'acceptai sa proposition. Je pris donc quelques affaires de chez mon père et récupérai Lenzo à la crèche.

- Les aveux

J'avais prévenu mon père qui était absent lors de la crise violente de Bastien. Je lui avais expliqué la situation. Il était très en colère contre Bastien et choqué de la situation car il avait déjà remarqué que notre couple partait au clash lorsqu'il s'absentait. Du fait, mon père soupçonnait fortement Bastien de profiter de son absence pour m'en mettre plein la gueule. Il lui a donc demandé de quitter son domicile.

J'ai enfin raconté le harcèlement perpétuel que je vivais à mes amies proches et à mes sœurs. Mes amies étaient étonnées et choquées. Mes copines étaient surtout déçues que je ne leur ai rien dit. Mes frangines n'étaient pas vraiment surprises. Elles m'ont expliqué qu'elles avaient déjà remarqué l'agressivité de Bastien à mon égard.

J'avais également contacté les sœurs de Bastien. Elles m'avaient dit que cela se voyait que nous étions malheureux ensemble. Elles pensaient qu'il était judicieux que notre relation s'arrête. Elles m'ont conseillé d'avorter et de renoncer à acheter la maison. Mais surtout ses sœurs avaient beaucoup insisté pour que je ne porte pas plainte contre leur frère. En effet, elles craignaient que la justice ne restreigne les droits parentaux de Bastien et notamment son droit de visite concernant Lenzo.

La plupart des hommes de notre entourage comme mon beau-père, mon frère, mon beau-frère, des amis et même mon médecin traitant avaient de la peine pour Bastien. Il y avait une sorte de solidarité masculine. Le père de mon fils paraissait tellement sympathique et triste. Ils me conseillaient de bien réfléchir aux enjeux liés à notre rupture et notamment concernant Lenzo et le futur bébé.

Après analyse de la situation, je pense que la plupart des personnes auxquelles j'ai parlé ne m'ont tout simplement pas crue. En effet, Bastien jouait tellement bien son rôle d'homme prévenant et amoureux, qu'elles ne pouvaient pas croire qu'il soit si cruel et dénué d'humanité. La plupart des personnes qui pensaient connaitre Bastien avaient une haute opinion de lui.

• La main courante

À ce moment-là, j'étais tellement en colère contre Bastien que j'avais décidé de porter plainte dans l'espoir saugrenu que cela lui fasse un électrochoc. Qu'il prenne conscience de la gravité de ses actes et surtout qu'il cesse de m'agresser. Car son attitude ses paroles et ses actes me faisaient souffrir, en plus de me terrifier.

J'alla donc au commissariat de police avec ma petite sœur afin de porter plainte contre Bastien au motif de menaces de mort, de harcèlement moral et de violence physique à l'encontre d'une personne vulnérable (le droit français considère qu'une femme enceinte est vulnérable).

J'expliquai au policier la situation en quelques mots. Ce dernier me répondit que sans preuves de menaces, ni traces de coups, je ne pouvais pas porter plainte mais qu'en revanche, je pouvais déposer une main courante.

J'étais déçue que le policier refuse ma plainte. Car cette dernière peut avoir des répercussions juridiques sur la personne visée. Tandis que la main courante, elle, ne sert qu'à consigner des faits, pour qu'ils puissent être ressortis comme preuves au moment d'une éventuelle plainte. Par dépit, j'ai déposé une main courante. Avant notre départ, le policier me rassura en disant « *Je suis sûr qu'il n'est pas méchant. Vous savez il a dû être choqué par l'annonce de votre grossesse. Vous verrez, il ne fera rien* ».

J'étais doublement médusée. D'une part, parce que le policier défendait Bastien et d'autre part parce que ma détresse et mon harcèlement n'étaient pas pris au sérieux par un représentant des forces de l'ordre.

D'autant que j'avais dû raconter mon histoire aux yeux et aux oreilles des autres usagers de mon quartier, puisque la consignation de ma main courante s'était effectuée à l'accueil du commissariat. Il n'y avait pas la moindre intimité, ni le sérieux et encore moins le professionnalisme nécessaire pour la prise en charge des victimes de violences conjugales.

À présent, je comprends mieux pourquoi en France une femme meurt tous les deux jours et demi sous les coups de son compagnon. J'imagine que la plupart des victimes n'ont pas pu porter plainte et quand bien même elles auraient pu le faire cela n'a pas garanti leur protection. En résumé, la justice se bouge principalement lorsque les victimes sont tuées.

Je me demande si cela a un lien avec le fait que la plupart des représentants de la justice française sont des hommes. Et du fait même de leur sexe, cela les déconnecte complètement des violences domestiques puisqu'ils en sont rarement victimes. De plus, ce type de violence est banal et courant dans leur métier. C'est pourquoi, ils en viennent à minimiser voire à normaliser ce type d'acte.

- Vivre séparément

Bastien ne cessait de me téléphoner car il souhaitait s'excuser et voir son fils. Comme d'habitude, il pleurait, s'excusait, me suppliant de lui pardonner encore une dernière fois. Il voulait absolument faire une thérapie de couple.

Il accepta de retourner chez ses parents en attendant l'achat de la maison. Car le prêt avait été accepté par la banque. Malheureusement, le délai de rétractation du compromis de vente était dépassé. Si nous souhaitions annuler la vente de la maison, il fallait payer 10 % du montant du prix de la maison au vendeur. Ce qui n'était pas envisageable car nous n'avions pas les fonds nécessaires. Je préférais acheter la maison y faire des travaux et la revendre en empochant une plus-value.

Concernant mon opération bariatrique en Tunisie, j'avais pu transformer mon séjour médical en vacances car un remboursement en raison d'une grossesse inattendue était exclu par l'organisme organisateur.

Durant cette période, j'étais toujours chez ma mère avec Lenzo. J'étais encore en arrêt de travail. Chaque matin, j'amenais Lenzo à la crèche. Pendant notre séparation, Bastien ne me laissait pas le temps de réfléchir. Malgré mes demandes, il continuait à me téléphoner au moins dix fois par jour.

Le père de mon fils me martelait à longueur de journée qu'il avait dérapé. Selon lui, cela était dû au stress professionnel et à l'achat de notre maison. Mais aussi, au fait que je l'avais beaucoup négligé. Pour lui, quelque part, j'étais co-responsable des violences qui avaient engendré la dissolution de notre famille. Bastien voulait que je me remettre en question. Il m'interrogeait quant à ma capacité à gérer nos deux enfants en tant que mère célibataire. Et surtout, Bastien me répétait encore et toujours qu'il m'aimait et qu'il allait dépérir sans nous. Il me menaçait de se donner la mort.

Bastien me rendait coupable de son potentiel suicide. Le père de mon fils disait être prêt à tous les sacrifices pour me rendre heureuse et sauver notre famille.

- Garde « alternée »

Du fait de mon extrême fatigue en raison de ma grossesse et du harcèlement téléphonique que je subissais, j'autorisais Bastien à prendre Lenzo chaque week-end.

Quelle erreur !! Car lorsque Bastien me ramenait l'enfant, il se produisait systématiquement une scène déchirante devant le portail de la maison de ma mère.

Bastien pleurait à torrent en disant qu'il avait l'impression que je lui arrachais le cœur en lui reprenant son fils. Son attitude traumatisait le petit. Par conséquent, Lenzo hurlait à la mort me faisant comprendre qu'il voulait rester avec son père. Lorsque je voulais le prendre dans mes bras, mon fils accrochait ses petites mains au portail et se débattait en me mettant des coups de pieds dans le ventre.

En raison de mon émotivité liée à la grossesse, je pleurais, tremblais et culpabilisais de faire souffrir mon fils. Je pensais que j'étais une horrible mère pour infliger cette situation à mon enfant. De plus, Bastien en rajoutait me disant : *« Comment peux-tu nous faire ça ? Tu n'as pas de cœur. Je te jure Joane que tu auras des comptes à rendre à nos enfants et à Dieu ».*

Lenzo pleurait tellement qu'il finissait par vomir. De mon côté, j'étais rongée par la culpabilité et la honte. Quelques heures après son retour auprès de moi, Lenzo ne me regardait même plus dans les yeux. Il me disait : *« Maman t'es pas bô, t'es pas gentille !!! Papa à bobo, t'es pas gentille ».* Lenzo avait de plus en plus de terreurs nocturnes. Pendant son sommeil, mon fils hurlait « papa » plusieurs fois dans la nuit.

J'étais triste de voir mon bébé souffrir. Mon cœur était en lambeau. J'avais l'impression d'être un monstre. À ce moment-là, j'ai commencé à douter de la pertinence de ma décision concernant notre séparation. Je ne voulais plus quitter Bastien. D'une part, je ne me sentais pas assez forte pour élever seule mes enfants en bas âge. Je ne pensais pas avoir les épaules pour gérer quotidiennement et financièrement les enfants. D'autre part, je ne voulais pas que mes enfants m'en veuillent et je souhaitais que ma fille ait la chance de vivre avec son père.

- ## Une thérapie de couple inutile

Toutefois, je menaçais Bastien de rompre définitivement si notre relation de couple ne s'améliorait pas. C'est pourquoi, mon compagnon insista pour entamer une thérapie de couple. Comme d'habitude, j'avais trouvé la thérapeute via Google et surtout je réglais les factures de 130 € la séance.

Lors de la première séance, la thérapeute nous expliqua ses méthodes de travail. Elle nous demanda nos attentes. Puis nous invita à nous présenter en lui expliquant le contexte familial et social dans lequel nous avions respectivement grandis.

Stratégiquement, Bastien s'était mis à pleurer en racontant l'expulsion locative qu'avait subie sa famille durant son adolescence. Il avait aussi abordé sa relation dysfonctionnelle avec sa mère dû à l'alcoolisme de cette dernière. Puis Bastien avait raconté l'escroquerie financière dont il avait été victime de la part de son ancienne compagne. Pour finir, il avait abordé son état de dépression permanent et ses pensées suicidaires. Dès le départ, il avait essayé de se mettre la thérapeute dans la poche.

Je m'étais également livrée, avec parcimonie, car je craignais que Bastien ne se servent de mes confidences contre moi lors d'un potentiel conflit. Du coup, aux yeux de la thérapeute, Bastien semblait fragile et moi forte. Dès le début des séances, il y a eu une inversion des rôles.

Honnêtement, j'étais super confiante lors de notre première séance. Car je trouvais que Bastien semblait réellement s'impliquer. Sa vulnérabilité me touchait. Il disait avoir la volonté de changer, du coup, j'étais hyper contente mais j'attendais la suite des événements. De plus, j'avais eu un super feeling avec la thérapeute. Je la trouvais cool, compétente et surtout très humaine. C'était véritablement les qualités dont nous avions besoin pour nous en sortir.

À la fin de la première séance, elle nous donna des exercices qui consistaient à définir nos attentes concernant l'avenir de notre couple. Malheureusement, Bastien ne pris même pas la peine de lire le document avant de me demander de faire l'exercice à sa place. Malgré ma déception, je m'étais exécutée comme d'habitude. Au-delà de ses belles paroles, Bastien ne semblait pas vraiment impliqué.

D'ailleurs, Bastien arrivait tout le temps en retard aux séances suivantes alors qu'à l'accoutumée, il était extrêmement tatillon sur les horaires. Cela démontrait son manque d'implication. Par la suite, Il parlait peu durant les séances alors qu'il était assez loquace d'ordinaire. Au début, j'avais eu l'espoir que le fonctionnement de notre couple change. Mais au fil des séances, Bastien s'était refermé et mon fol espoir s'est éteint.

La thérapeute avait conseillé à Bastien de voir une hypnothérapeute pour soigner son addiction à la marijuana et calmer ses colères. Il promit à la thérapeute qu'il ferait de l'hypnose, néanmoins, il ne s'exécuta jamais. De même, elle lui avait demandé de sortir de la pièce lorsqu'il commençait à s'énerver contre moi. Et de faire de grandes balades en forêt. Mais par la suite, c'était moi qui suivais les préconisations de la thérapeute de peur que le père de mes enfants n'en vienne aux mains alors que j'étais enceinte. Car, malgré la thérapie, Bastien était encore plus violent.

En effet, quelques semaines après le début de la thérapie on s'était remis en couple. Nous vivions séparés mais nous sortions chaque week-end.

Au bout de quelques séances, Bastien avait commencé à me dire que la thérapeute prenait souvent mon parti. Car une fois, j'avais osé lui raconter que le matin avant la séance, Bastien m'avait crié dessus et balancé un jouet de Lenzo au visage. J'étais enceinte de six mois. Mon ventre était énorme. La thérapeute s'était mise en colère contre mon compagnon. Elle a dit à Bastien qu'il s'agissait de violence conjugale sur une personne vulnérable en plus devant un enfant mineur. Elle avait ajouté que si cela se reproduisait, elle signalerait notre famille à la PMI[14] pour qu'ils mènent une enquête sociale.

Sur le coup, Bastien l'avait regardée avec une haine féroce. Il lui a froidement répondu que toute personne qui ferait du mal à sa famille en paierait gravement les conséquences. La thérapeute s'est mise debout en lui faisant face, telle une guerrière, en lui ordonnant de ne pas la menacer et de se calmer.

À ma grande surprise, très rapidement, Bastien à fait bonne figure en lui promettant que cela allait cesser. Pour ma part, j'étais en larmes, je commençais enfin à comprendre que je faisais vivre à mon fils une vie de violence dans un cadre familial inapproprié. Ce qui me faisait tant de mal, c'est que moi-même, dans mes fonctions professionnelles, j'avais déjà fait des signalements au Procureur de la République pour suspicion de maltraitance envers des personnes vulnérables. Mais bizarrement, j'étais complétement déconnectée et je remarquais à peine que j'étais moi-même victime. Je ne pouvais pas y croire. J'étais complètement perdue.

Comme d'habitude, en sortant de la séance, Bastien m'a accusée. Il me demandait pourquoi j'avais parlé. Il disait qu'à cause de ma grande bouche, on pourrait potentiellement nous enlever la garde de notre fils et même celle de notre fille. Il ajoutait que les services sociaux allaient me prendre mon bébé juste après mon accouchement au sein même de la maternité. Je tremblais de peur à l'idée que l'on me prive de mes enfants.

Il est évident qu'après avoir revu notre thérapeute lors d'une dernière séance inutile, durant laquelle Bastien et moi avions décidé tacitement que j'affirmerais que tout allait bien dans le meilleur des mondes, nous n'avons plus jamais revu notre thérapeute de couple.

J'avais inconsciemment menti à mes proches en disant que notre famille se reconstruisait et que nous avancions dans la bonne direction pour retrouver une harmonie conjugale qui en réalité n'existait pas. Je dis inconsciemment et non volontairement car Bastien, tel un hypnotiseur, m'affirmait sans cesse que nous allions

---

[14] *Protection Maternelle et Infantile, structure départementale de santé publique*

mieux. Du fait, je finissais par le croire. Avec le recul, je pense surtout que j'avais besoin de le croire afin de donner un sens à notre réconciliation. Même si mon quotidien auprès de Bastien restait merdique.

- ## Mon entourage déçu

Ma famille était médusée d'apprendre que je m'étais encore remise avec cet homme malgré tous ce que je leur avais raconté. Mes proches ne comprenaient pas. Et surtout, ils étaient en colère. Car, la majorité d'entre eux avait la conviction profonde que je vivais avec un malade mental qui allait me tuer. D'ailleurs, à cette période, ma mère avait fait un deuil spirituel me concernant en disant à ma petite sœur : *« J'avais prévenu Joane, Bastien est malveillant. Je ne peux rien si elle souhaite rester avec cet homme. Je ne peux pas la sauver contre son gré, j'irais enterrer son corps après son meurtre ou son suicide si Bastien ne le fait pas disparaître. Je suis obligée de me résigner à la perdre ».*

L'une de mes sœurs et mon père souhaitaient organiser une réunion de famille afin de me convaincre de quitter Bastien. J'ai catégoriquement refusé d'y prendre part. De plus, cette initiative m'avait mise très en colère car j'avais l'impression d'être infantilisée. Aujourd'hui, je comprends que c'était une preuve d'amour et de bienveillance de leur part. Mais au moment des faits je ne le réalisais pas.

Globalement, les membres de ma famille m'en voulaient et pensaient certainement que j'étais masochiste et stupide de rester avec cet homme. Ils ne voulaient plus entendre mes plaintes puisqu'il semblait que j'aimais être traitée comme une merde.

Suite à ma réconciliation avec Bastien, j'avais osé demander à mon père de nous reprendre chez lui, le temps que nous finissions l'année de crèche et que nous signions l'acte définitif d'achat de la maison. Mon père catégoriquement refusa que Bastien revienne. En revanche, sa porte était grande ouverte pour Lenzo et moi. Cependant, j'ai décliné son offre car je ne souhaitais plus être séparée de Bastien.

Ma grande sœur avait compris qu'il s'agissait d'un pervers narcissique. De mon côté, j'essayais de trouver des arguments logiques au fait que je me remette avec Bastien malgré la maltraitance que je subissais. J'étais sous emprise de cet homme. Et pire que tout, j'étais en colère contre ma famille qui avait des difficultés à réaccepter Bastien dans leurs vies. Un moment, j'ai même voulu rayer de ma vie les membres de mon clan les plus récalcitrants à l'encontre de Bastien. De son côté, Bastien me disait que nos familles respectives ne connaissaient rien à notre amour et qu'il y avait certainement une jalousie de leur part du fait de l'achat de notre grande maison. Par naïveté, j'ai cru la version de mon bourreau car cela m'évitait encore une fois de me poser les bonnes questions.

Heureusement, j'ai quand même maintenu un contact régulier avec ma famille. Je continuais à être proche d'eux. Mais nous évitions de parler de mon couple ; du coup, je me trouvais dans l'impossibilité de raconter mes problèmes.

• Ça recommence

Donc nous vivions séparés mais Bastien maintenait un contact étroit avec moi via le téléphone et les réseaux sociaux. Il venait le week-end chez ma mère qui accepta qu'il dorme ponctuellement chez elle. Progressivement, il recommençait à me dénigrer concernant l'éducation que je donnais à Lenzo. Son père pensait que j'étais trop permissive. Il ajoutait que je ne l'habillais pas correctement. Bastien disait qu'à cause de mon comportement, le petit avait perdu ses repères. Ses paroles me faisaient culpabiliser davantage car je pensais qu'il avait raison. De même, je commençais à douter de mes facultés à évaluer les violences que je subissais. Etaient-elles réelles ? N'étais-je pas juste trop susceptible ou sensible comme Bastien l'affirmait ?

Malgré tous nos problèmes, j'avais vraiment envie de maintenir notre cohésion familiale. Pour cela, j'avais acheté auprès de mon employeur des billets pour aller au zoo de Paris. Je souhaitais faire découvrir les animaux à Lenzo. C'était un dimanche, j'avais tout planifié comme d'habitude. Néanmoins, je me sentais extrêmement fatiguée et j'avais mal au dos en raison de ma grossesse et du lit clic-clac sur lequel je dormais.

Toutefois, malgré les conseils de ma mère qui me préconisait de rester à domicile. J'avais décidé d'écouter Bastien qui insistait pour que nous sortions. Globalement, cet après-midi, se passa bien. Bien évidemment, je m'occupais seule de Lenzo. Si bien qu'en fin de journée, Lenzo et moi-même étions totalement épuisés. Malgré tout, Bastien voulait absolument aller manger une pizza au restaurant. Je lui expliquais gentiment que Lenzo n'avait pas fait de sieste et qu'il fallait qu'il dorme tôt sachant que le lendemain il devait aller à la crèche.

Bastien a insisté pour prendre « à emporter ». Nous avons mangé chez mes parents. Toutefois, Bastien était toujours chez ma mère vers 22h00. Je fus obligée de lui demander de partir. Là, il m'avoua attendre que Lenzo s'endorme afin d'avoir des rapports sexuels avec moi. Je lui répondis que j'étais fatigué et que le petit n'arriverait pas à dormir en sa présence. Au même moment, Lenzo sautait sur le lit. De peur qu'il se blesse, je lui demandai fermement d'arrêter. Mon fils me répondit " *No no no t'es pas bo*". À cause de ma fatigue, j'étais énervée et ai tenté de le saisir par le bras pour l'arrêter. Du coup, Lenzo m'a esquivée. Ce faisant, mon fils était tombé du lit. Il avait fait une petite chute sans gravité. Toutefois, il pleurait à cause de la peur que cela avait engendrée.

À la suite de cet incident, Bastien a été saisi d'une colère noire. En quelques secondes, ses muscles faciaux se sont raidis et je voyais de la haine dans son regard. Par réflexe, j'ai reculé au moment où il a brandi son poing fermé qui s'est arrêté juste à deux centimètres de mon visage. Le père de mon fils me menaçait : « *Je vais te défoncer la gueule, espèce de connasse !! »*. Médusée, je lui ai répondu en hurlant : *« T'es malade ou quoi ? C'est bon tu me saoules. Dis au revoir à ton fils et dégage !! »*

Bastien était reparti en pleurant et s'excusant. Il se justifiait en disant qu'il n'avait pas réussi à se contrôler. Le lendemain comme à son habitude, il ressortait ses PES (pleurs, excuses, supplications). Evidemment, je n'avais parlé de cet incident à personne et quelques semaines plus tard nous nous envolions vers la Tunisie.

- Nos vacances en Tunisie

Avant notre départ, j'avais préparé toutes les valises, fait faire nos passeports, payé nos billets d'avion et réservé notre chambre d'hôtel. J'avais également préparé des collations et un lecteur DVD portable pour patienter avant le vol.

Afin d'éviter le stress de Bastien, j'avais veillé à ce qu'un membre du staff de l'hôtel tunisien vienne nous chercher à l'aéroport pour nous accompagner sur notre lieu de vacances. J'avais son prénom, son numéro de téléphone ainsi que sa photographie. Tous les détails relatifs à nos vacances avaient été méticuleusement organisés afin que Bastien ne s'énerve pas.

De plus, j'avais demandé à mon beau-père de nous accompagner à l'aéroport de Roissy-Charles-de-Gaulle. Malgré mon organisation minutieuse, Bastien se plaignait sans cesse. Il me posait plein de questions concernant le vol et notre arrivée à l'hôtel. Questions auxquelles je ne pouvais pas répondre puisque je n'étais jamais allée sur place. Du coup, mon compagnon disait que je ne savais pas organiser les vacances et que je ne servais à rien. De plus, il me reprochait de ne pas avoir pris la poussette de Lenzo. En effet, nous aurions pu la mettre en soute à bagages mais je l'ignorais. Comment aurais-je pu savoir ? C'était la première fois que je prenais l'avion avec un bébé et je n'avais pas pensé à poser la question.

À peine arrivés à Tunis, Bastien me remettait la pression. Il disait : « *Je ne vais pas galérer. Tu as intérêt qu'il se pointe ton gugusse* ». Heureusement pour moi, cet homme, très professionnel, était à l'heure. Malgré tout, Bastien continuait en me disant : « *La chambre a intérêt à être nickel chrome. Déjà que leur ville est dégueulasse. Tu m'étonnes qu'ils viennent en France foutre la merde"*. Je rétorquais : *"Ne joue pas les colons et ferme-là un peu. Arrête de critiquer. Tu n'es jamais sorti d'Europe de ta vie et tu crois tout connaitre* ».

Je loue le professionnalisme de l'hôtelier tunisien. Nous avions une magnifique chambre avec vue sur la piscine. Toutefois, cela n'a pas empêché Bastien de continuer à se plaindre durant toutes les vacances. Il était très en colère contre moi. Il me mettait la pression, car en faisant sa valise, j'avais oublié sa perche à selfie. Il disait *« Tu n'as rien d'autre à foutre de tes journées que de t'occuper d'une putain de valise, mais tu en es incapable ».*

Nous étions en pension complète. Nous pouvions nous restaurer au buffet de l'établissement. Mais au lieu de profiter des mets succulents, Bastien critiquait certains clients. Il y avait une équipe de football professionnelle tunisienne qui séjournait à l'hôtel. Selon Bastien, les joueurs étaient des « *morfales* » car ils engloutissaient les meilleurs plats du restaurant.

De la même façon, Bastien disait que les tunisiens étaient tous des voleurs. Nous avions visité Tunis en prenant un taxi stationné devant l'hôtel. Bastien me disait que le gars pratiquait des prix prohibitifs donc mon compagnon l'a payé une misère. Des vendeurs très insistants ont réussi à nous vendre des babioles chères. Le père de mon fils les a traités d'escrocs en leur criant dessus. Puis, mon compagnon m'a traitée de pigeonne. Il a ajouté que par ma faute, il avait gaspillé son argent en achetant 80€ de souvenirs.

À l'hôtel, l'eau minérale en bouteille était payante. Donc à chaque repas, puisque j'avais financé la totalité du voyage, Bastien devait acheter une bouteille à 50 cents d'euros. Cet achat le mettait hors de lui. Pour finir, Il se plaignait aussi de la plage. Selon lui, elle était sale et les vacanciers trop bruyants.

Durant ce séjour, dans notre chambre d'hôtel, Bastien m'avait hurlé dessus et insultée il ne supportait pas que je dorme l'après-midi. Même si ma fatigue provenait de ma grossesse. J'étais désemparée et j'avais très peur. J'avais dû m'enfuir de la chambre en courant. J'avais marché de longues minutes sur la plage pour réfléchir. Je regrettais tellement de ne pas l'avoir quitté mais je pensais qu'il était bien trop tard pour reculer. Je m'étais engagée, il fallait à présent que j'assume et paie le prix fort de mes choix.

Un autre épisode marquant : nous étions dans la piscine intérieure dans laquelle, j'étais plus à l'aise pour cacher mon corps gras. Car, il y avait moins de monde qu'à la piscine extérieure. Lenzo était dans sa bouée. Il barbotait tranquillement. Je crois qu à ce moment-là, je profitais d'un moment fugace de bonheur. J'étais heureuse, détendue et je souriais. Et là, spontanément, Bastien m'a dit *« Tu as les dents jaunes je trouve !! Qu'est-ce qui t'arrive ? »* J'ai instantanément arrêté de sourire. Bastien avait atteint son objectif qui était de me rendre malheureuse et encore plus mal dans ma peau, si cela était possible. Dans ma tête, je pensais que tout le monde devait voir mes dents jaunes. Déjà qu'à cause de Bastien, je me trouvais horrible, alors si mon seul atout, mes dents, devenaient jaunes, j'allais être dans la mouise. Je ne serais bonne qu'à être jetée aux ordures.

Heureusement, en rentrant en France, je suis allée voir un dentiste qui m'a dit que mes dents étaient magnifiques et qu'il n'était absolument pas nécessaire de faire un blanchiment. J'ai tout de même acheté une brosse à dents électrique ainsi qu'un dentifrice blanchissant. Inconsciemment, j'ai évité de sourire durant de longues semaines.

• Retour en France

Ma mère et le reste de ma famille étaient partis en vacances pour quinze jours. Du fait, ils avaient accepté de nous prêter leur maison en attendant que nous signions l'acte définitif d'achat de notre bien.

Bastien avait retrouvé ses mauvaises habitudes de dominant. Il me donnait des ordres. Il était froid et odieux peut-être même plus qu'avant. Je ne me plaignais même plus et j'exécutais ses requêtes. En étant seule, enceinte et en charge d'un enfant de 18 mois, j'étais d'une extrême vulnérabilité. Bastien critiquait la maison de ma famille. Le débit d'eau n'est pas assez fort, la baignoire n'était pas assez grande, le jardin exigu. Bastien se permettait critiquer ma mère et mon beau-père en disant : *« Tes parents sont des radins !! Ils font les beaux en vacances sur la Côte d'Azur après ils se plaignent du manque de tunes. De toute façon, tu es comme eux, tu es une bouffonne puis ton repas c'est de la merde... »*

Je me remettais de plus en plus en question. J'essayais de le contenter en faisant des efforts pour m'améliorer mais cela ne servait à rien Bastien était toujours insatisfait. Il avait pris encore plus l'ascendant sur moi en se servant de ce que la thérapeute m'avait conseillé. C'est à dire d'être plus à l'écoute de mon compagnon, de prendre du temps pour notre couple et d'être moins centrée sur le petit.

• Le mariage de ma sœur

J'avais déjà constaté que Bastien créait toujours des conflits entre nous, lorsque nous devions aller à une fête. En effet, une dispute éclatait souvent avant notre sortie festive. Je pense que mon compagnon souhaitait que je fasse la gueule ou simplement que je ne puisse pas réellement m'amuser à cause de mes préoccupations.

Malheureusement, le mariage de l'une de mes sœurs ne dérogea pas à ce rituel. Ma sœur m'avait proposé d'être sa demoiselle d'honneur. Bien évidemment, j'étais très heureuse qu'elle me fasse ce privilège. Toutefois, cela n'empêcha pas Bastien d'agir méchamment.

J'étais enceinte de cinq mois. Les autres demoiselles d'honneur et moi-même avions fait coudre des robes sur mesure. Et je dois avouer que ce vêtement ne me mettait pas vraiment en valeur. Avant le mariage, lors d'un essayage de la robe, j'avais envoyé à Bastien une photographie sur laquelle je portais le vêtement. Ce dernier s'était amusé à montrer ma photographie à toutes les femmes de sa famille en leur demandant "gentiment" leurs avis. Bien sûr, Bastien m'avait ensuite rapporté que tout le monde trouvait que cette robe n'est pas adaptée à ma morphologie et qu'elle me boudinait un peu. J'étais vraiment vexée et encore plus complexée. Mon bourreau avait atteint son objectif qui était de me faire souffrir.

Quelques jours avant la cérémonie, j'avais dit à Bastien que j'aimerais bien me marier aussi. En effet, comme beaucoup de jeunes filles, depuis l'enfance, je rêvais de me tenir devant Monsieur le Maire pour m'engager solennellement envers l'homme de ma vie. Je souhaitais plus que tout réaliser mon rêve avec Bastien. Mais ce dernier m'avait répondu avec sarcasme : *« Déjà, si j'avais 10 000 balles, je préférerais les investir dans une bagnole ou acheter des meubles pour la maison. Puis, je croyais que tu voulais te marier lorsque tu serais mince ? Ce qui n'est pas le cas actuellement !!! Mais t'inquiète, on se mariera bien un jour, lorsque l'on aura du fric »*. Mes espoirs enfantins furent balayés en quelques secondes par Bastien et ma déception était sans égale.

Ma sœur et mon beau-frère avaient organisé leur mariage dans un château. Des chambres à louer étaient mises à disposition des invités. Comme d'habitude, Bastien n'a pas participé aux frais financiers. J'ai donc payé notre chambre puis donné un cheque comme cadeau de mariage au jeune couple. De plus, nous avons utilisé ma voiture pour nous y rendre car Bastien n'avait pas assez d'essence dans la sienne.

Le jour J, Bastien avait provoqué une dispute entre nous. Apparemment, je prenais trop de temps pour me préparer et je n'avais pas bien ajusté les vêtements de Lenzo. Après cette altercation, j'étais stressée et à bout de nerfs. En contrario, Bastien était magnifique dans son costume, souriant et énergique.

Par ailleurs, lors de la cérémonie, Bastien avait même fait semblant de pleurer devant les invités en me disant qu'il avait hâte de m'épouser. Ses faux-semblants m'écœuraient. Durant le vin d'honneur, le père de mon fils m'a laissé surveiller et courir après Lenzo qui comme d'habitude tapait les autres enfants. Je devais sans arrêt intervenir pour stopper mon boxeur de fils, alors que j'étais épuisée par ma grossesse. De son coté, Bastien fumait, discutait et rigolait tranquillement.

Lors de la fête, j'eus la joie de revoir une cousine après de nombreuses années. Cette dernière avait été victime de violence conjugale. Elle avait quitté son mari en prenant leurs deux enfants après que son époux tente de l'assassiner. J'étais très admirative de son parcours et j'en avais parlé à Bastien. Lorsque je l'ai revue, j'ai vraiment eu envie de lui parler de ce que je vivais afin de connaitre son point de vue concernant ma situation. En effet, adolescentes nous étions très proches. Puis, elle avait vécu le pire donc elle pourrait comprendre ce que je vivais. D'autant qu'elle était restée, malgré de terribles épreuves, solaire et rayonnante.

Malheureusement, à chaque fois que j'essayais de m'isoler avec elle, Bastien venait nous interrompre. Du fait, je n'ai pas pu lui ouvrir mon cœur et partager mes doutes.

D'ailleurs, Bastien tenait tellement à me surveiller qu'en tentant de me suivre, il avait fait tomber Lenzo. En effet, dans une ultime tentative pour parler à ma cousine, j'ai confié Lenzo à son père. Ce dernier l'a mis dans une poussette sans attacher la ceinture. En marchant vite pour nous suivre, Bastien a heurté des cailloux et Lenzo est tombé sur du gravier. Il s'était fendu la lèvre.

En voyant tout ce sang, je m'étais précipitée vers mon petit. Je m'étais excusée auprès de ma cousine car je devais partir pour soigner mon bébé. Puis, j'ai dit à Bastien de porter Lenzo jusqu'à notre chambre où se trouvait ma trousse de secours.

En arrivant dans la chambre, Bastien a posé Lenzo sur le lit. Il s'est tourné vers moi pour dire : « *Putain !! Ça me casse les couilles !! Il y a plein de sang sur ma chemise. Elle est foutue"*. Là, ma fureur a déferlé comme un tsunami. J'ai hurlé : *"Ferme ta gueule connard !! T'es malade ou quoi ? Je m'en bats les couilles de ta putain de chemise. T'es fou toi !! Tu n'en as rien à foutre de ton gamin ? Pauvre merde. Imbécile !! Ton fils se blesse par ta faute et toi tu parles de ta chemise. Tu vis dans quel monde ??* »

J'ai soigné le petit puis je l'ai couché mais il ne semblait pas vouloir dormir certainement à cause de la tension qu'il y avait dans l'air. Pour se venger de mon affront, Bastien m'a insultée durant au moins une demi-heure. Du coup, notre altercation m'a complétement vidée de mon énergie. Je n'avais plus la force d'aller danser pour profiter du mariage. Je suis donc restée prostrée dans la chambre avec Lenzo.

Il était à peine minuit. C'était sûr, je n'étais pas Cendrillon. Cela faisait longtemps que ma relation de couple et ma vie en général ressemblaient à une citrouille pourrie. J'étais plus proche d'une souillon que d'une princesse. De plus, je n'avais aucune perspective d'être sauvée grâce à une pantoufle de verre. J'étais désespérée car prise au piège.

En revanche, Bastien était retourné à la fête pour boire, fumer, danser, discuter et s'amuser. Il avait même eu l'audace de dire aux membres de ma famille que suite à la chute de Lenzo, je préférais aller me coucher. De plus, Bastien a rappelé que ma grossesse me fatiguait.

Voilà, comment Bastien avait transformé tous les moments festifs de ma vie en véritables cauchemars.

• L'achat de la maison

Je suis une personne très organisée et consciencieuse au niveau de la gestion administrative. C'est pourquoi, dans le cadre de l'achat de notre maison, j'étais l'interlocutrice privilégiée de notre banque, de l'agent immobilier, du notaire et du vendeur. D'autant que j'avais utilisé toutes mes économies liées à la vente de mon appartement dans ce projet.

Le jour de l'achat de la maison, notre agent immobilier était en vacances. Nous devions donc vérifier par nous-mêmes que la maison était vidée et qu'elle était conforme à notre achat. Dans ce but, nous avions convenu d'une rencontre préalable avec la vendeuse.

Au moment de nous y rendre, Bastien prenait tout son temps pour se préparer. Il me semblait que mon compagnon faisait exprès de nous mettre en retard pour m'angoisser. Je le suppliais de se lever, de se doucher et lui rigolait en disant « *C'est qu'elle a peur la pauvre fifille gâtée, tu n'es qu'une bouffonne"*. A un moment, je m'étais mise à crier *« Dépêche-toi !! pauvre con !!! »*. Il m'avait répondu « *Il vaudrait mieux que tu te calmes, si tu ne veux pas que je t'avoine la gueule »*. J'avoue m'être immédiatement tue. Du moins, lorsque que nous étions seuls à la maison.

En sortant, j'ai laissé libre cours à mon pétage de plombs. La voiture était de l'autre côté de la rue, Bastien avait traversé seul, sans porter Lenzo, alors qu'il savait pertinemment qu'en raison de ma grossesse, il m'était difficile de porter le petit. De plus, il était dangereux que Lenzo marche en l'absence de passage piéton.

J'ai donc demandé à Bastien de venir chercher son fils. Il a refusé en disant : « *T'as une grande gueule Madame, je sais tout. Donc assume ton insolence et démerde-toi !!* ». Après avoir traversé la rue avec le petit dans les bras, de rage, j'ai jeté son GPS en l'air.

Lorsqu'il m'a vu craquer, Bastien m'a dit que j'étais folle. Il m'a ordonné de me calmer car ma colère pouvait nuire à l'enfant que je portais en moi. Ensuite, toujours très pragmatique, Bastien a ajouté que je devais lui racheter un autre GPS. Quelle ironie ! Il me poussait à bout mais j'étais toujours coupable pour lui.

J'étais en colère et confuse. Je me demandais sans arrêt : « *Est-ce que je DÉLIRE ? Peut-être que c'est moi le problème ?* ». Je doutais de mes propres ressentis. Néanmoins, je savais que face à Bastien, je devais me montrer sûre de moi. Même si au fond, je doutais. Lorsque j'étais devant mon bourreau, je faisais preuve d'un certain aplomb. Je lui disais qu'il était agressif et fou. Lui me rétorquait : *« je te signale que je n'ai JAMAIS été agressif avant de te connaître. C'est TOI qui pousses à bout les gens. D'ailleurs, tu t'es déjà fâchée contre des collègues, des amis, et même de la famille. Donc, tu es bien mauvaise, la vraie fille de Satan ».*

Il racontait n'importe quoi pour me convaincre que c'était moi le problème. Il continuait de dire : *« Tu es responsable, tu n'avais pas à ouvrir ta GRANDE BOUCHE en mentant de surcroit, car tu es une affabulatrice, une mythomane. Et c'est de ta faute si je t'ai insultée ».* Nous étions dans la quatrième dimension, je ne comprenais rien. Bastien me rendait dingo.

J'avais arrêté de « discuter » avec lui. Je savais que le fait d'acheter une maison avec cet homme était une énorme connerie mais je pensais ne plus avoir le choix. En sortant de la voiture, Bastien a mis un beau sourire sur son visage, Lenzo restait impassible. Pour ma part, je souriais mais intérieurement, je hurlais tel un animal à l'agonie.

• Notre nouveau foyer

Nous avions acheté notre bien le 3 août 2017 à 14h30. Date à laquelle je signai mon arrêt de mort psychologique. A partir de l'instant où j'ai emménagé dans notre nouvelle maison, qui se trouvait à plus de 50 km de chez ma famille, l'enfer redoubla. Il y avait eu une sorte de rattrapage des colères auxquelles j'avais échappé durant nos deux mois de séparation. Sauf qu'à ce moment-là, je ne pouvais ni me plaindre, ni raconter mes problèmes. En effet, mes proches étaient arrivés à saturation puis j'avais trop honte de moi pour en parler. Je regrettais de m'être remise en couple mais je me taisais pour ne pas perdre la face.

Je faisais seule la totalité du ménage de la maison de 150 m^2 malgré tous les maux liés à ma grossesse. Je m'occupais de Lenzo et de faire à manger. Bastien ne rentrait que très tard car il travaillait loin. Et durant ses jours de repos, il me laissait seule pour aller voir ses potes ou défricher le jardin.

De plus, nous avions commencé à faire des travaux dans notre maison. Celle-ci était beaucoup plus vétuste que nous le pensions. Notre enveloppe financière destinée aux travaux était insuffisante. Du fait, Bastien me mettait la pression pour que je demande une soi-disant avance sur héritage à mon père pour refaire notre toit. Mon compagnon avait un sacré culot. Heureusement, j'avais refusé fermement de céder à son influence. J'aurais été morte de honte de demander de l'argent à ma famille alors que Bastien et moi travaillions et percevions un salaire correct.

Du coup, nous avions dû embaucher des amis de ma tante, sans les déclarer, pour éviter d'exploser le budget. Du fait, je supervisais tous les travaux. En faisant les plans, en achetant le matériel dans les magasins de bricolage et en gérant le budget et la rémunération des ouvriers.

Toutefois, Bastien se plaignait constamment des travaux et des ouvriers. Il disait que les gars que j'avais embauchés faisaient de la merde. Qu'ils n'étaient ni professionnels, ni rapides, ni soigneux. Bastien était odieux avec les ouvriers. Il leur parlait comme à des chiens. Ces derniers étaient très proches de ma famille. Les ouvriers avaient pitié de moi. Ils disaient qu'une gentille fille comme moi ne méritait pas un homme aussi méchant et froid. Car Bastien s'était vraiment lâché aux niveaux des insultes et de la colère. Et cela ne le dérangeait même pas de m'humilier devant les ouvriers.

- Je continue de l'encourager

Malgré sa méchanceté, j'aimais cet homme et je souhaitais l'encourager à réussir professionnellement. Cela faisait déjà deux ans que Bastien occupait un emploi pérenne dans lequel il s'investissait réellement. Depuis que j'étais cadre intermédiaire, mon compagnon rêvait de me dépasser hiérarchiquement. D'ailleurs, il me rappelait souvent, qu'un jour, il serait amené à gagner plus d'argent que moi. Bien que cette attitude soit malsaine, j'étais fière de son ambition. J'encourageais son envie d'obtenir davantage de responsabilités. Je pensais que cela calmerait sa frustration envers moi, en plus de combler son manque de confiance en lui.

Car en réalité, malgré une apparente supériorité faussement jouée, Bastien doutait cruellement de lui-même. En effet, mon compagnon n'était pas à l'aise avec la lecture et l'écriture, cela le complexait. Lorsqu'un jour, en voulant l'aider à s'améliorer dans ces domaines, je lui avais acheté des livres d'exercices, il m'a violement rejeté car cela lui rappelait trop sa scolarité chaotique. Du coup, Bastien était encore plus en colère contre moi car je maitrisais davantage la langue française. En plus, j'avais eu l'arrogance de vouloir l'aider. Pour Bastien, cela signifiait que je me pensais supérieure à lui. Pourtant, ce n'était pas vrai. Je voulais l'aider à dépasser ses complexes car je l'aimais.

Dans ce contexte-là, lorsque son employeur lui avait proposé de devenir responsable d'un entrepôt situé à l'autre bout de la région, j'ai sauté de joie. Même si cela signifiait que je serais seule avec les enfants de 7h00 à 20h30. Du fait, je devrais, dans un premier temps, mettre ma carrière en stand-by puis dans un second temps, je devrais réduire mon temps de travail pour gérer les enfants. Toutefois, nous n'avions pas réfléchi deux secondes aux conséquences de ce nouvel emploi sur notre vie familiale. Simplement, sa carrière devait passer avant la mienne. Alors qu'à contrario de Bastien, j'avais travaillé dur pour obtenir le statut de cadre supérieur de la fonction publique, mon rêve professionnel devait être mis de côté au profit du sien. Et j'accepta cette situation.

Il faut dire que j'espérais, au fond de moi, que sa colère et sa mauvaise humeur s'abattent sur ses nouveaux subalternes. Mais, Bastien avait assez de haine pour tout le monde. Puis en prenant de l'assurance grâce à son nouveau poste, il devint plus prétentieux et plus infecte encore.

• Seconde grossesse

Comme lors de ma première grossesse, Bastien ne faisait preuve d'aucune empathie. D'ailleurs, il n'était venu qu'une fois chez le gynécologue afin de connaitre le sexe du bébé. Pour justifier son manque d'implication, il disait qu'une fois que l'on voyait une échographie on les avait toutes vues. De son côté, Lenzo était de plus en plus dur avec moi. De jalousie contre sa future sœur, mon fils me mettait des coups de pieds dans le ventre.

Je me sentais très seule et peu soutenue. Je n'avais plus le même engouement que pour ma première grossesse. Je savais que m'occuper des deux petits seraient extrêmement complexe. J'appréhendais l'arrivée du bébé et j'espérais de tout cœur qu'il serait en bonne santé. Car je ne pensais pas avoir le courage de m'occuper d'un second bébé drépanocytaire tout en étant quotidiennement harcelée par mon compagnon.

Pour ma première échographie de datation, j'étais accompagnée de ma mère. Pour l'échographie du second trimestre de Bastien. Pour toutes les autres, j'étais seule ou avec Lenzo. Je me rappelle que mon gynécologue avait de la peine pour moi car il me demandait sans cesse où était Bastien. Je répondais qu'il travaillait. Au fond de moi, j'espérais, du moins au départ, ne pas avoir cet enfant. Si bien que lors de ma première échographie, lorsque l'on m'a dit que j'avais un peu de sang dans l'utérus et que l'œuf était fissuré, j'ai culpabilisé. Je me disais que mon vœu allait se réaliser.

Néanmoins, lorsque j'avais entendu le cœur et vu sur l'écran mon petit fœtus qui luttait pour survivre, j'ai su que je voulais cet enfant de toute mon âme. J'ai donc prié chaque jour de toutes mes forces pour que Dieu m'aide à garder la vie qui se développait en moi. Je demandais également pardon à mon bébé d'avoir voulu qu'il disparaisse. Je le suppliais d'excuser mon moment de faiblesse. Je lui parlais quotidiennement, lui disant que je l'aimais et qu'il fallait qu'il s'accroche. Comme par miracle à la seconde échographie tout était rentré dans l'ordre. J'en pleurai de joie.

Pour autant, ma grossesse n'était pas facile. Chaque matin, j'avais de terribles malaises, peut-être dus à mon diabète gestationnel. Mes médecins n'ont jamais trouvé la cause de mon mal. J'avais également de l'hypertension. Je souffrais de fatigue chronique car je m'occupais seule de mon premier enfant. Cette grossesse a été l'expérience, à ce jour, la plus difficile de ma vie. Car en plus de mes problèmes médicaux, mon environnement était inapproprié.

En effet, notre maison n'était pas bien isolée. Il faisait froid et l'air était humide. À cause des travaux et de la crèche de Lenzo, je restais chez ma mère du lundi au vendredi. Bastien restait seul dans notre maison en semaine. Je rentrais chez nous chaque vendredi soir et je repartais le lundi matin afin de passer du temps "agréable avec Bastien". Mais sa méchanceté était sans égale. Bastien savait pertinemment que je ne pouvais plus partir car j'avais un crédit immobilier d'une durée de vingt ans sur le dos et des enfants à charge.

Lorsque je disais que j'étais fatiguée, Bastien répondait : *« Tu ne fous rien dans cette baraque !!! Arrête de chialer ! Tu n'es qu'une branleuse »*. Il disait cela car dès mon quatrième mois de grossesse, mon gynécologue m'avait arrêtée jusqu'à la date de mon congé de maternité en raison de ma fatigue, de mes malaises et de mon diabète gestationnel. Mais Bastien ne supportait pas que l'on fasse attention à mon état de santé. Il disait que je jouais la comédie.

Lorsque je rentrais chez-moi, nous dormions sur un matelas gonflable fissuré. Si bien que la nuit nous finissions sur le sol. Après de nombreuses supplications de ma part, Bastien avait commandé un lit, avec l'argent qu'il était censé me rembourser pour les frais de notaire et de courtage. Mais il refusa de monter le lit avant mon huitième mois de grossesse. Il prétextait ne pas vouloir salir le lit avec la poussière due aux travaux. Je n'arrivais même plus à me lever le matin.

N'en pouvant plus de cette situation, j'ai dit à Bastien que j'allais demander aux ouvriers de monter le lit. Pour ne pas perdre la face, mon compagnon s'est empressé de l'assembler. Néanmoins, pendant toute la durée du montage, le père de mes enfants m'insultait d'incapable et de connasse sans respect.

- ## Accélération de la violence

C'était une véritable enflure avec moi. Sa méchanceté était encore passée à un stade supérieur. Voici des exemples pour illustrer mon propos.

Un samedi matin, il m'a hurlé dessus en m'insultant pendant plusieurs heures. Il était debout et moi assise sur une chaise et Lenzo était témoin de toute la scène. Bastien s'énervait car je n'avais pas bien plié les serviettes de toilette dans le placard. « *Tu n'es qu'une merde, une incapable, une mauvaise mère. Tu ne sers à rien pauvre conne* ». Je répondis avec les larmes aux yeux timidement et affaiblie par mes malaises matinaux « *Arrête de crier. Tu fais peur au petit. Je fais de mon mieux, je ne suis même pas présente la semaine* » et lui rétorqua : « *Arrête de te chercher des excuses. Tu n'es qu'une laxiste. Hein !! Tu as la belle vie pendant que moi je bosse comme un chien pour te nourrir. Comme ça tu t'en mets plein le lampion hein !!!* ». Puis il me chantait ironiquement la chanson de Sacha DISTEL : *« Oh la belle vie, sans souci, sans problème ... »*

Sur le coup, j'avais posé mon téléphone portable sur le sol et enregistré toute la scène. Je voulais des preuves pour moi-même car souvent je doutais de mes facultés mentales. Etais-je folle ? Imaginais-je toute cette violence ? Malheureusement, non pas du tout. Car j'avais réécouté l'enregistrement en pleurant. Car mon compagnon était d'une violence verbale inouïe. J'avais tellement honte de me laisser traiter de la sorte. Du fait, je ne voulais pas qu'une tierce personne entende ce type d'enregistrement donc j'ai tout effacé.

Un soir, nous mangions sur un plateau posé sur le sol dans notre chambre, en raison des travaux. J'ai voulu tranquillement discuter avec Bastien de ses accès de violences répétés. Et là, mon bourreau m'a regardée avec les yeux du diable puis a planté sa fourchette à 1 cm de ma main. Cet acte me signifiait clairement de fermer ma gueule. Car la prochaine fois que je voudrai parler de ce sujet, Bastien empalerait certainement ma main. À la suite de cet événement, j'ai cessé toutes discussions et nous avons mangé en silence.

Bastien affichait son petit rictus satisfait. Pour ma part, j'avais des sueurs froides tellement son comportement me faisait peur. Heureusement, pour conserver son image de bon père, il avait attendu que Lenzo dorme pour agir de la sorte.

Un matin, j'étais tellement malade que j'ai vomi sur le sol. J'avais chaud et je m'étais donc affalée par terre pour faire baisser ma température. Il était 5 heures du matin. Bastien s'était levé en disant que je lui cassais les couilles à faire autant de bruit. Il est allé chercher une bassine dans la salle de bain. Je continuais à vomir, j'étais vraiment mal en point. Il m'a dit *« Putain meuf ! ! Tu fais chier. À cause de toi, je serai fatigué pour aller bosser. T'as encore bouffé de la merde !! Je te préviens tu as intérêt à nettoyer ton bordel »*. Et le gars est reparti se coucher comme si tout allait bien. Une heure plus tard, je m'étais endormie sur le sol frais, lorsque le réveil de Bastien a sonné. Il s'est levé m'a dit gentiment d'aller me coucher. Puis, comme d'habitude, Il avait pris une douche et est parti travailler. Bien évidemment, mon compagnon ne s'était pas soucié de ma santé, ni de celle du bébé que je portais. Et encore moins, de ma capacité à m'occuper de Lenzo alors que j'étais encore livide au moment de son départ.

Comment peut-on se comporter comme cela envers une femme enceinte que l'on dit aimer ? Et surtout, pourquoi cette haine, cette jalousie et ce déchainement de violence envers moi ?

D'autant qu'après les crises, Bastien redevenait un homme « normal ». Il regardait tranquillement la télévision. Le soir, il exigeait même du sexe et moi plus soumise que jamais j'acceptais toutes ces requêtes et je me taisais.

Heureusement, lorsqu'il s'agissait de mon fils, je ne me soumettais plus. Un matin, j'étais encore enceinte de huit mois. Lenzo avait 40° de fièvre. Il était 4 heures du matin, c'était un samedi, donc Bastien ne travaillait pas.

Lenzo ne bougeait quasiment plus, malgré mes nombreuses stimulations. Ce manque de réactions était très rare chez Lenzo même lorsqu'il était malade donc cela m'alerta davantage. Toutefois, même si l'hôpital se trouvait à cinq minutes de chez nous en voiture, en raison de mes malaises matinaux, je ne voulais pas risquer de conduire dans ces conditions. Je décidai donc de réveiller Bastien en exigeant qu'il nous emmène à l'hôpital immédiatement. Il se réveilla en hurlant *« Quoi ?? Tu me casses les couilles, vous commencez à me faire chier à être tout le temps malade. Je te préviens, je me lève, si Lenzo n'a rien tu vas t'en prendre plein la gueule ».*

Et là, j'ai pété un plomb, Je lui ai dit : *« Ecoute-moi bien Bastien. Tu vas fermer ta grande gueule et m'accompagner aux urgences pour ton fils. Tu sais que je ne blague pas avec la santé de Lenzo. Si tu continues à gueuler, je te mets quarante coups de couteaux, donc ferme-là. File droit. N'oublie pas, je suis une lionne qui protège son bébé ».*

De peur ou de surprise, Bastien s'était préparé rapidement puis s'était installé sur le siège passager de ma voiture. Lorsqu'il constata que je levais les yeux au ciel avec dédain, il dit : *« Ben quoi ??? Vu comme t'as de l'énergie pour me menacer, tu peux conduire. ».* J'étais exaspérée par son je-m'en-foutisme.

J'ai donc conduit puis porté le petit jusqu'aux urgences pédiatriques. Arrivés dans les locaux, Bastien a pris le petit dans ses bras en faisant semblant d'être inquiet. Heureusement, Lenzo avait juste une rhinopharyngite. Bastien s'était montré prévenant et gentil ce jour-là car il savait que je me défendrais.

Mais dès le lendemain, je ne sais plus pourquoi, Bastien a de nouveau chercher un conflit, je l'ai giflé et il m'a poussée. Lenzo qui n'avait pas compris les origines du conflit, pensait que c'était moi l'instigatrice des problèmes. Du fait, il était en colère contre moi car son père lui disait que j'étais méchante.

Suite à cet événement, le lendemain, je me suis fait hospitaliser au sein du service de la maternité, j'avais la tension trop élevée et mon diabète n'était plus équilibré et cela pouvait être dangereux pour le bébé.

Bastien m'a dit : *« Merde !! je suis obligé d'arrêter de bosser pour garder Lenzo. Putain ! Tu restes combien de temps ? Ça me fait chier tes conneries ? »* Ironiquement, j'ai répondu : « Ça *va ma chérie ? Comment allez-vous le bébé et toi ? Vous êtes vivantes ? Ne t'inquiète pas. Je gère la fin des travaux et notre fils. Repose-toi »*. Il me répondit *: « C'est bon. Tu sais très bien... C'est juste que ça me fout dans la merde pour le boulot quoi »*.

En fin de journée, Bastien et Lenzo étaient venus me rendre visite. Malgré mon diabète gestationnel, mon compagnon m'avait apporté mon paquet de bonbons préférés, en dépit de mes restrictions médicales très strictes. Sur le coup, j'ai été touchée de son attention mais avec le recul, je le soupçonne plutôt d'avoir voulu me nuire. Peut-être dans l'espoir que je décède et que l'assurance rembourse la totalité du prêt immobilier ? Il serait ainsi l'unique propriétaire de notre maison puisqu'il aurait la garde exclusive des enfants.

J'étais restée hospitalisée une semaine. Puis mon état de santé s'étant stabilisé, j'ai eu l'autorisation de retourner à mon domicile sous réserve que je fasse pratiquer un monitoring tous les deux jours par une sage-femme à domicile.

Toutefois, Bastien continuait d'être agressif. Une nuit vers 5 heures du matin, j'étais en train de lire un ebook sur mon téléphone, en mode nuit, car je souffrais d'insomnie. Tout à coup, Bastien s'est réveillé pour aller aux toilettes et en revenant se coucher, il m'a dit avec son petit rictus de sociopathe *« Je rêve souvent de te buter. Sérieux, je ne sais pas pourquoi, mais parfois, j'ai vraiment envie de te tuer »*. Puis, tranquillement, il est retourné se coucher puis s'est mis à ronfler en quelques secondes semblant plus détendu qu'à l'accoutumée.

Pour ma part, j'étais totalement paniquée. J'avais une boule au ventre et des sueurs froides dans le dos. J'avais l'impression d'être dans un film d'horreur. J'imaginais que Bastien allait se réveiller et me plantait un couteau de boucher dans le cœur. Sachant en plus, que dans ce genre de film, l'acteur noir meurt toujours en premier, ma peur ne cessait de croître…

J'ai pensé : « *Le père de mes enfants est un psychopathe. Il va me tuer* ». Dans ces circonstances, je n'ai pas retrouvé le sommeil.

Le lendemain matin, j'ai décidé de reparler de cet étrange épisode à Bastien. Mais il m'a répondu « *T'es chiante !! Tu n'as vraiment pas d'humour !!* ». À ce moment-là, je savais que Bastien souhaitait réellement ma mort. Et cela ne me faisait absolument pas rigoler...

• Avant de redonner la vie

Je m'en souviens comme si c'était hier. C'était un lundi, j'étais chez ma mère après un week-end infernal passé auprès de Bastien. Il devait être 20 heures, je venais de faire manger Lenzo et de le mettre en pyjamas.

Depuis le début de la journée, j'avais de petites contractions, confirmées le matin même par la sage-femme. Néanmoins, au fil des heures, ces dernières s'intensifiaient. J'en avais parlé à ma mère. Au regard de mes antécédents médicaux, celle-ci me conseilla de me rendre à l'hôpital au plus vite. Toutefois, la maternité dans laquelle je devais accoucher était proche de mon domicile soit à environ 50 km de chez ma mère. J'ai donc dit à ma mère que j'allais rentrer en voiture immédiatement avec Lenzo et tous nos sacs de la semaine.

Dans un premier temps, ma mère s'y était opposée car elle trouvait cela trop dangereux. Elle souhaitait que j'appelle Bastien afin qu'il vienne nous chercher. Au fond de moi, je savais que c'était une mauvaise idée. Toutefois, au vu de ma situation, il était réellement pertinent que je contacte mon compagnon. J'ai donc téléphoné au père de mes enfants pour l'informer du début de travail et pour lui demander de venir me chercher. Et là, il me répondit : *« T'es sérieuse là ? Putain, je n'ai même pas encore bouffé !! Et ta bagnole on va faire comment pour la ramener ? Tu ne peux pas juste faire l'effort de venir ? »*

Face à un tel manque d'empathie et de conscience du potentiel danger, j'ai compris que je ne pouvais compter que sur moi-même. Mon beau-père, le mari de ma mère, m'a gentiment proposé de m'accompagner. J'ai poliment refusé car j'avais trop honte de lui faire parcourir 100 km de route lors de son aller-retour, en plein hiver alors que les routes étaient verglacées. Sachant que Bastien ne serait ni aimable, ni reconnaissant envers lui. J'ai fait mine auprès de ma famille que je voulais absolument rentrer seule chez moi pour ne pas laisser ma voiture sur place.

Au préalable, j'avais constaté que mes contractions étaient douloureuses mais gérables. Mon beau-père m'avait aidée à charger ma voiture et à installer mon fils dans son siège-auto. Puis, j'ai pris la route en respirant bien à chaque contraction.

En chemin, je m'étais fait arrêter et contrôler par les gendarmes car je roulais trop lentement. Je leur avais expliqué la situation et ils avaient eux aussi gentiment proposé de m'escorter jusqu'à l'hôpital. J'ai décliné leur offre car je devais d'abord déposer Lenzo à Bastien avant de me rendre à l'hôpital. J'étais fière de moi car malgré ma situation, j'étais restée calme et sûre de moi. J'avais géré l'urgence de l'accouchement. De l'autre côté, je bouillonnais de colère contre Bastien.

Lorsqu'après une heure de route, je suis enfin arrivée chez nous, Bastien regardait la télévision en mangeant. Il avait quand même eu « la courtoisie » de monter mes sacs et son fils à l'étage dans notre chambre. Après que j'ai déchargé mon véhicule seule.

Ensuite, j'ai saisi ma valise de maternité, qu'heureusement, j'avais préparé au préalable et je suis repartie seule à l'hôpital, après avoir embrassé mon fils. Avant mon départ, Bastien m'avait tout de même demandé pour la formalité : « *On t'accompagne ?* » J'ai répondu avec une pointe de sarcasme et de déception : *« Non… Je viens de conduire plus de 50 km, seule, sur une route verglacée avec un enfant de 2 ans, donc, je pense que je peux faire 2 km seule.* ». Il m'a répondu : « *Tu as l'air vénère ?* ». J'ai finalisé notre discussion en disant « *On en parle plus tard, je vais juste accoucher*. Bastien me dit « *Oh là là, ne le prends pas comme ça. J'allais venir après avoir mangé. C'est grave d'être susceptible comme ça ».* Je l'ai tchipé[15]. Puis, j'ai claqué la porte.

---

[15] Le tchip, est un élément de communication non verbal, couramment utilisé par la population afro-caribéenne dans le but de signifier son mécontentement.

• À l'hôpital

J'ai garé ma voiture sur une place rose « urgence maternité » puis j'ai sonné à la porte des urgences maternité. Une sage-femme de garde que je connaissais bien, à force de venir, m'a ouvert. On m'a rapidement installée en salle de contrôle monitoring. Le gynécologue de garde m'a examinée et m'a expliqué que mon monitoring était mauvais. C'est-à-dire qu'il y avait une petite souffrance fœtale. Mais le travail n'était pas encore en cours. D'après lui, j'avais de « fausses contractions ». Néanmoins, il avait de nouveau préconisé mon hospitalisation car je devais accoucher dans deux semaines et il voulait contrôler notre état de santé général.

En vérité, je savais que tous les ennuis rencontrés durant ma grossesse étaient dus à la maltraitance psychologique que je subissais. Ainsi qu'à la fatigue liée aux soins de Lenzo. La sage-femme m'avait demandé pourquoi j'étais toujours seule à venir à la maternité. J'avais répondu que je préférais que notre fils de 24 mois reste avec son père afin qu'il ne soit perturbé par l'environnement médical. La vérité étant que j'étais seule car mon compagnon n'en avait rien à foutre…

J'étais hospitalisée jusqu'à l'accouchement. Durant mon hospitalisation, j'ai pu enfin reposer mon esprit à défaut de mon corps car j'avais beaucoup de « fausses contractions ». De son côté, Bastien se plaignait de nouveau d'avoir dû prendre des congés pour garder son fils.

« Mes hommes » me rendaient visite à l'hôpital systématiquement durant mon diner. De plus, Bastien ne donnait jamais à manger à Lenzo avant de venir. Du coup, ce dernier engloutissait une bonne partie de mon plateau repas. Si bien, qu'en milieu de soirée, je crevais de faim, et à cause de mon régime diabétique, je devais attendre le lendemain matin pour manger 30 grammes de pain et un verre de lait, ce qui faisait office de petit-déjeuner.

Toujours sans scrupules, Bastien me laissait garder seule Lenzo dans ma chambre d'hôpital pour aller fumer son joint à l'extérieur. Ce petit coquin de Lenzo ouvrait la porte de ma chambre pour courir dans toute la maternité. Du fait, j'essayais tant bien que mal de le rattraper en courant mais j'avais de grandes difficultés avec mon énorme ventre et mes contractions.

La veille de mon accouchement, j'avais tellement mal, à cause de mes contractions, que je vomi et déféquai en même temps. C'est à dire que, j'étais assise sur les toilettes et que j'avais la poubelle sur les genoux pour vomir dedans. Bastien était présent lors de cet incident. Au lieu de me soutenir comme toute personne normale car je lui disais que je souffrais horriblement, il m'a dit froidement avec son fameux rictus en coin : « *Tout se paye un jour, dans la vie, la roue tourne* ». J'étais choquée. Je lui répondis, le visage décomposé : « *Pardon !! C'est une blague j'espère. Je souffre et toi tu te réjouis* ».

Il rétorqua : « *Mais je n'ai jamais dit que je me réjouissais. Je dis juste qu'il existe une justice divine qui punit les personnes mauvaises. Et, il faut avouer que durant ta grossesse, tu m'as fait les pires crasses !* » Je lui ai dit : « *T'es un ouf, un malade. Si tu ne peux pas me soutenir... Rentrez à la maison. De toute façon, le gynéco dit que je pourrais rentrer demain* ». Bastien et Lenzo sont rentrés et moi j'ai énormément réfléchi entre deux contractions.

Au lieu de fuir cet homme, j'ai eu « l'ingénieuse » idée de contacter, dans le but de sauver mon « couple », une praticienne Wicanne, une sorcière, qui offrait ses services sur Internet. J'étais vraiment désespérée et comme j'ai toujours cru à la divination, j'ai fait appel aux services de cette professionnelle qui était charmante. Bien évidemment, les résultats n'étaient pas garantis, mais ça ne me coutait que quelques centaines d'euros pour essayer de sauver ma famille. Cette dame a pratiqué des rituels à distance qui devaient nous rapprocher environ un mois et demi plus tard....

Ce soir-là, j'avais téléphoné à ma meilleure amie pour lui raconter ce que Bastien m'avait dit. Elle était outrée, comme tout le monde, elle pensait que Bastien ne me méritait pas. Pour elle, je faisais des efforts inutiles. Car si au bout de cinq ans, le gars ne changeait pas, il ne changerait jamais. Je lui ai également parlé de ma « brillante idée ». Évidemment, elle désapprouvait ce type de pratique. D'autant que sur Internet, il existe beaucoup de charlatans.

- Ma souffrance

Cette nuit-là, je n'ai pas fermé l'œil, tant mes contractions étaient insupportables. J'avais l'impression que l'on me poignardait sans répit. À ce moment-là, j'aurais voulu mourir pour que mes douleurs s'arrêtent. J'avais contacté la sage-femme de garde qui me faisait régulièrement des monitorings de contrôle pour l'informer de mes douleurs. Cette dernière m'avait proposé du paracétamol pour calmer mes contractions. Je l'ai toisée de haut en bas, si mes yeux avaient été des armes, je l'aurais abattue d'un seul regard. Dans ma tête, je pensais « *T'es sérieuse connasse ? Je souffre à crever et pour me soulager tu me files des Doliprane. T'es folle ou quoi ? Filez-moi de la morphine que je sois au moins stone !!* ». J'avais tellement mal que j'aurai voulu lui jeter à la gueule ces putains de médocs inefficaces.

J'ai pensé à toutes les mères du monde qui à travers les siècles ont enduré cette douleur sans rechigner. Et là, j'ai réellement pensé que les femmes étaient des héroïnes. Franchement, supporter une telle douleur sans hurler ou demander l'euthanasie relève d'un courage et d'une détermination sans faille à donner la vie.

Donc, pour faire honneur au sexe féminin, j'ai supporté la douleur avec dignité et sans hurlements. Le lendemain matin, ma gynécologue est venue me voir pour me signer l'autorisation de sortie. Mais après m'avoir examinée, elle m'a dit que je devais descendre immédiatement en salle d'accouchement car mon col de l'utérus était ouvert à trois doigts.

Des brancardiers m'ont descendue en salle d'accouchement. Puis, ils m'ont conseillée de contacter mon compagnon. Donc, j'ai téléphoné à Bastien pour lui dire que j'allais accoucher. Je lui ai demandé de déposer Lenzo chez ma mère afin qu'il me rejoigne en salle de travail. Il m'avait dit qu'il devait d'abord aller chez notre médecin traitant puis qu'il déposerait Lenzo chez ma mère après sa consultation.

J'avais donc contacté ma mère pour la prévenir de mon accouchement imminent. Et du fait, qu'elle devrait garder Lenzo durant 24 heures afin que Bastien assiste à la naissance de sa fille.

Une heure ou deux après notre premier échange téléphonique, Bastien m'apprenait qu'il était rentré chez nous avec Lenzo. En effet, il préférait ne pas le confier à ma mère car cela nécessitait trop d'allers-retours. Puis, il me dit qu'ils m'attendront dans ma chambre après l'accouchement.

Cette nouvelle me tomba dessus comme un boulet de canon, je fondis en larmes, lorsque je compris que j'allais donner naissance à notre enfant sans personne pour me tenir la main.

J'étais toujours en salle de travail lorsque j'appelai ma mère pour lui raconter. Elle a eu une réaction de colère à mon encontre. Elle m'a dit : « *Ma fille, il n'y a que toi qui ne sais pas que tu es seule. C'est un connard ton mec. Mais si tu veux, je peux venir avec toi en salle d'accouchement* ».

J'ai refusé car je ne voulais pas qu'elle fasse autant de route. D'autant que Bastien n'aurait jamais accepté qu'elle prenne sa place car je suis persuadée qu'il souhaitait que j'accouche seule. De mon côté, je voulais que Bastien soit présent avec moi.

Ma mère m'a encore dit : « *Ben écoute, tu fais comme beaucoup de femmes haïtiennes et tu accouches seule. Bon courage ma fille !!* ».

• Mon second accouchement

J'ai donc informé l'équipe médicale que personne ne viendrait à mon chevet. Je pleurais à torrent à l'idée de donner la vie toute seule. J'étais très en colère contre Bastien qui me laissait encore tomber alors que c'était l'un des moments les plus importants de ma vie. J'en voulais également beaucoup à ma mère de m'avoir parlé aussi sèchement alors que j'étais dans en position de vulnérabilité extrême. À ce moment-là, je m'étais jurée de ne plus me retrouver en état de faiblesse. J'ai pensé : « *Moi qui suis gentille et serviable, je ne mérite pas d'être traitée comme une moins que rien. Maintenant, je ne veux plus que l'on me demande de l'aide. À présent, c'est chacun pour soi et Dieu pour tous. Personne n'est là pour m'aider au moment où j'en ai le plus besoin. Par contre, ils savent tous où me trouver quand cela sert leur intérêt* ». J'étais super déçue et vraiment aigrie.

De leurs côtés, les professionnels ont essayé de me rassurer en me disant que de temps en temps, ils voyaient des femmes qui accouchaient seules et que tout se déroulait très bien. Toutefois, inconsciemment, je ne voulais pas accoucher seule. Si bien que mon col de l'utérus refusait de s'ouvrir une fois la poche des eaux percée. Par conséquent, ma gynécologue a décidé de me faire une césarienne.

Contrairement à ma première césarienne, l'opération se déroula très mal. En effet, après la naissance du bébé, je fis une hémorragie dont j'ignore toujours la cause. Je me rappelle juste que toutes les machines mesurant mes constantes vitales se sont mises à sonner. La dizaine de professionnels présents dans la salle d'accouchement semblaient paniqués. Le médecin anesthésiste voulait que l'on me fasse une transfusion sanguine. La gynécologue avait dit aux membres de son équipe que j'avais perdu autant de sang que de plasma. Elle avait ajouté « *Il ne faut pas la perdre. Préparer du sang mais attendez avant la transfusion* ». J'avais l'impression de sortir de mon corps par le sommet du crâne. Ma conscience semblait partir. Je me sentais libre, heureuse et si vivante. C'était merveilleux comme d'être sur un nuage.

Toutefois, le médecin anesthésiste m'a secouée comme un prunier en me disant : « *Madame !! Comme il est beau votre bébé !! Comment s'appelle votre fille ? Il faut que vous puissiez la voir car elle a beaucoup de cheveux. Puis, j'ai vu votre fils avec votre mari dans le couloir. Quel âge a-t-il ? Il est mignon. Ils vous attendent vous savez. Il faut vous réveiller !! Vos enfants ont besoin de leur maman* ».

Je voulais vraiment mourir mais l'intervention de mon anesthésiste a été salvatrice. Il est vrai que lorsque j'ai réalisé que Bastien, le psychopathe, allait élever MES enfants seul, je me suis immédiatement réveillée. J'ai eu un regain d'énergie. J'avais de nouveau envie de me battre pour garder la vie. Mes enfants ne méritaient pas d'être orphelins de mère et d'être élevés par un père cinglé et cruel. De plus, je refusais que ma fille se sente responsable de ma mort durant toute son existence.

À l'idée de laisser mes enfants à ce monstre de Bastien, mes signes vitaux ont commencé à revenir à la normale. Même si, je dois l'avouer, j'aurais voulu mourir ce jour-là. En effet, j'endurais trop de souffrance dans ma vie et cela depuis trop longtemps. La mort aurait été si douce et facile. Néanmoins, en tant que mère, je ne pouvais déroger aux obligations et responsabilités que j'avais envers mes petits. Je devais ravaler mes peurs et ma lâcheté pour affronter les épreuves de ma vie.

Après avoir refermé mon abdomen, on m'avait conduit en salle de réveil sous la surveillance du médecin anesthésiste. Je tremblais et claquais des dents. J'avais froid. Les infirmières ont dû mettre un chauffage sous mes couvertures thermiques. J'ai commencé à bien reprendre connaissance. J'avais des courbatures sur le haut du corps. Le médecin m'a appris que j'avais mal car ils avaient dû pratiquer des gestes de réanimation. Toutefois, je n'en avais aucun souvenir. Ce professionnel m'a expliqué, par la suite, que lorsqu'il y avait une complication lors d'une anesthésie liée à un accouchement, il lui suffisait de parler du bébé à ses patientes pour qu'elles se réveillent. Le médecin m'a dit qu'hormis les cas très graves, l'amour d'une mère pouvait la réveiller du coma.

Après plusieurs heures de contrôle, on m'avait montée dans ma chambre. Je n'avais pas encore vu mon bébé. J'avais vraiment hâte de voir ma fille pour lui donner sa première tétée.

- Ma princesse

Lola, Françoise, BRILLANT est née le 1er février 2018 à 17h19 à Coulommiers en Seine-et-Marne. Elle mesurait 49 cm et pesait 3k055 grammes. À contrario de son grand frère, c'était un bébé assez menu. Elle me semblait minuscule. Elle avait de longs cheveux raides et noirs comme ceux de son père et avait un nez large comme celui de sa grand-mère maternelle. Bien évidemment, je la trouvais magnifique. Je lui ai murmuré à l'oreille : « *Alors, c'est toi la petite clandestine qui a squatté mon utérus sans être invitée ?* » En serrant son petit corps chaud contre mon cœur, j'ai ressenti un déferlement d'amour inconditionnel pour ma princesse. C'était merveilleux, j'étais tout simplement heureuse.

Je dois bien avouer que j'avais un doute concernant ma capacité à aimer mon second enfant comme Lenzo. En effet, j'aimais tellement mon premier enfant, d'un amour si fort, sans conditions. Il me semblait presque impossible d'aimer à nouveau de la sorte. Heureusement, j'avais tort, j'ai aimé Lola dès le premier regard. J'avais l'impression de la connaitre depuis toujours. Mon instinct de mère poule est arrivé en force, je savais que je donnerai ma vie pour elle. Je me jurais d'être une mère présente, aimante, loyale et respectueuse envers ma fille.

De plus, j'étais beaucoup plus à l'aise dans mon rôle de maman que lors mon premier accouchement. Pour tout dire, je sais aujourd'hui que même si j'avais trente enfants, je les aimerais tous de cet amour presque parfait. De mon point de vue, l'amour d'une mère pour son enfant est le plus fort qui existe au monde. Même si, je suis consciente que de nombreuses mères n'aiment pas leurs enfants et qu'elles sont défaillantes pour remplir leur rôle car elles ne s'aiment déjà pas elles-mêmes.

Pour la première fois, j'ai mis ma fille au sein en présence de Bastien et de Lenzo. C'était super de pouvoir nourrir mon bébé avec mon propre lait. En revanche, la succion du bébé, a sécrété une hormone appelée l'ocytocine qui a provoqué des contractions utérines. Ces dernières ont eu pour conséquence des saignements abondants qui ont littéralement inondé mon lit d'hôpital. J'ai donc dû appeler des aides-soignantes afin qu'elles changent l'alèse du lit et m'aident à mettre des protections périodiques. Effectivement, le médecin m'avait interdit de bouger du lit durant 24 heures afin d'éviter les chutes.

Lorsque, Bastien a vu, je cite : « *Ce truc trop dégueulasse* », il m'a dit « *Je ramène Lenzo à la maison. Il est crevé* ». Je n'ai pas osé lui rappeler que c'était pour cette raison que le petit aurait dû être gardé par ma mère. Donc vingt minutes après être montée dans ma chambre d'hôpital, j'étais de nouveau seule avec mon nourrisson.

Suite à mon accouchement, j'étais épuisée et courbaturée. C'est pourquoi, j'avais demandé aux sages-femmes de garde de prendre Lola durant deux heures afin que je dorme avant la prochaine tétée. En effet, je souffrais tellement que je pouvais à peine prendre le bébé dans mes bras. Malheureusement, elles ont dû refuser car au sein de la maternité, il n'y avait pas de nursery, je devais donc garder mon bébé.

Néanmoins, comme je ne pouvais pas me lever pour prendre Lola de son berceau, une sage-femme me l'a mise sur le torse toute le nuit. Nous étions en peau à peau, cela me procurait beaucoup de plaisir de sentir ma fille contre moi. De plus, cela facilitait l'allaitement et limitait mes douleurs. La sage-femme avait remonté les barrières de sécurité du lit médicalisé pour éviter que Lola ne tombe au sol. Heureusement, le bébé était tellement fatigué de sa naissance qu'il ne bougeait presque pas hormis pour téter.

• Mon séjour post-accouchement à la maternité

Pareillement à mon premier accouchement, Bastien ne vint jamais apprendre à faire les soins au bébé. Le père de mes enfants ne venait à l'hôpital que vers 19 heures soit une heure avant la fin des visites. Pourtant, il était en congé de paternité et nous habitions juste à cinq minutes de l'hôpital. Comme à son habitude, lors de ses visites, Bastien me confiait Lenzo pour aller fumer. Je devais même lui changer sa couche.

Pourtant, Bastien savait pertinemment qu'à cause de ma césarienne, la gynécologue m'avait interdit, durant plusieurs semaines, de porter des charges lourdes dont notre fils. En effet, Lenzo pesait déjà 15 kilos, le porter régulièrement retardait mon rétablissement en plus d'accentuer mes douleurs.

Néanmoins, je ne pouvais décemment pas laisser le petit mariner dans son urine et ses selles. Lorsque, je demandais à Bastien de changer la couche de son fils, en ma présence, il répondait avec un certain dédain : « *Ouais plus tard. Après si ça te pose problème, fais-le toi-même* ».

En dépit de mes restrictions médicales, je voulais le bien-être de mon fils, je le portais donc sur la table à langer de ma chambre puis lui nettoyais les fesses avant de lui mettre une couche propre. La différence de taille de fessiers et de couches entre Lenzo, le molosse et Lola, la crevette me faisait beaucoup rire.

J'étais constamment pliée en deux, lorsque je marchais. D'ailleurs, je me déplaçais tout doucement car j'avais l'impression qu'il y avait un corps étranger oublié dans mon abdomen. Heureusement, je ressentais juste les sutures faites pour refermer mon utérus. Je bénéficiais d'une surveillance accrue de la part de l'équipe médicale. Afin que je récupère des forces, on m'avait administré une cure de fer par intraveineuse. Les sages-femmes contrôlaient très régulièrement ma tension et ma glycémie pour voir si mon diabète gestationnel diminuait. On me donnait beaucoup de cachets antidouleur. Franchement, j'étais bichonnée par le personnel soignant. Du coup, je n'avais pas envie de rentrer chez moi car je me sentais protégée, sécurisée et entourée à l'hôpital. En clair, je n'étais pas pressée d'affronter toute la merde qui m'attendait chez moi.

Comme l'hôpital était loin du domicile de mes proches, je reçus uniquement deux visites. Ma sœur et mon beau-frère, les jeunes mariés. Et ma mère, son mari et leurs enfants. Du fait, Bastien n'avait pas à faire semblant d'être un père au top car personne n'était là pour admirer sa performance d'acteur.

De plus, Lola avait la jaunisse qui est aussi appelée ictère du nourrisson. Il s'agit d'une maladie très courante chez les nouveaux nés. Cette maladie est provoquée par une concentration anormalement élevée de bilirubine dans le sang. La jaunisse rend la peau et le blanc des yeux des bébés jaunâtres. Pour l'aider à éliminer la maladie, le pédiatre a soigné Lola grâce à la photothérapie qui expose la peau du bébé à une lumière bleu spéciale. La peau absorbe la lumière et transforme la bilirubine. Le corps peut alors s'en débarrasser plus facilement par les selles et l'urine.

Donc, je rêvais de donner exclusivement le sein pour nourrir Lola durant minimum six mois. Comme je le désirais, la mise au sein s'est très bien déroulée. De plus, j'avais d'énormes quantités de lait. Durant mon séjour, j'ai ressenti le syndrome de dépression post-partum notamment la veille de mon départ de la maternité.

J'avais un bon état de santé, je récupérais bien. Toutefois, le jour de mon départ de la maternité, ma tension a dangereusement augmenté. En effet, la veille, le médecin avait demandé que l'on me soumette à une mesure ambulatoire de la pression artérielle. On mesure la pression artérielle au moyen d'un tensiomètre porté par le patient pour une durée de 24 heures. Ce tensiomètre est programmé pour mesurer automatiquement la pression artérielle toutes les quinze à vingt minutes. Cet examen avait pour but de mesurer ma tension en conditions réelles.

Le soir précédent mon départ et le matin du jour J, ma tension était normale, jusqu'au moment où le docteur est venu m'annoncer que je pouvais partir. À partir de cette annonce, ma tension n'a cessé d'augmenter jusqu'à atteindre 19. Du fait, mon tensiomètre à déclencher une alarme qui sonnait dans tout le service.

Le sage-femme de garde est venu me voir pour contrôler mes constantes et pour me demander si je me sentais défaillir. En vérité, j'étais totalement paniquée car j'avais peur de rentrer chez moi. J'avais peur de devoir de nouveau tout assumer (la maison, les enfants, nos finances...). De même, je craignais plus que tout que Bastien se mette en colère contre moi. Je savais qu'il me harcèlerait de nouveau. À ma grande surprise, mon état émotionnel affectait dangereusement ma tension. Inconsciemment, je voulais être malade pour rester plus longtemps à la maternité alors que cela faisait déjà quinze jours que j'y étais. Bien évidemment, je n'ai pas parlé de mes angoisses au personnel médical de peur qu'une enquête sociale et psychologique ne soit ouverte.

La mort dans l'âme, j'ai dû contacter Bastien afin qu'il vienne nous chercher. Lorsqu'il est arrivé, une heure plus tard, il s'est plaint car je n'étais pas encore prête à partir. Puis, mon compagnon ajouta : « *Comment on fait pour ta bagnole ?* » J'ai répondu : « *Ah oui ! C'est vrai que je suis venue seule en voiture jusqu'à la maternité ! Ben, je prends Lola. Je conduirais ma voiture jusqu'à la maison* ». Donc j'ai mis mon bébé dans son siège-auto, j'ai marché doucement jusqu'à ma voiture car j'avais toujours des douleurs et il neigeait. J'ai ensuite conduit jusqu'à chez nous.

- ## Le retour à domicile

Les travaux de la maison étaient terminés depuis une semaine. Toutefois, Bastien n'avait quasiment rien rangé, ni nettoyé hormis notre chambre à coucher. Du fait, notre habitation était poussiéreuse et en désordre. Cela m'étonna car Bastien était tellement maniaque lorsque je devais faire le ménage. Apparemment, cela ne s'appliquait pas à lui. Le proverbe « faites ce que je dis mais pas ce que je fais » lui convenait tellement.

La maison était lugubre. Il faisait très froid à croire que Bastien n'avait pas allumé le chauffage depuis quinze jours. De plus, le lit side-car de Lola n'était toujours pas installé. Heureusement, notre lit faisait 200 cm x 200 cm, il était suffisamment grand pour que l'on y dorme à quatre.

J'étais dépitée par cet accueil. Toutefois, je me taisais afin que Bastien ne s'en prenne pas à moi alors que je pouvais à peine marcher. Je m'étais résignée à ne plus rien attendre de sa part hormis des insultes et de l'humiliation. J'espérais tout de même qu'en faisant profil bas, nous n'aurions pas de conflits.

Le médecin m'avait donné une longue ordonnance de médicaments à récupérer en pharmacie. Toutefois, lors de mon retour à la maison, je n'avais pas pu aller directement à la pharmacie car Lola était trop fragile pour être amenée dans un lieu public rempli de malades. Du coup, j'ai dû demander à Bastien de garder nos enfants. En effet, il ne voulait pas sortir récupérer mes médicaments parce qu'il neigeait.

Néanmoins, je devais impérativement récupérer des médicaments dont un anti-coagulant pour éviter les phlébites. J'ai dû également faire plusieurs pharmacies pour trouver des bas de contention à ma taille. Evidemment, chaque pharmacien me disait qu'il n'était pas prudent de venir prendre mon ordonnance moi-même alors que je venais de subir une césarienne. On me conseillait de faire venir mon mari. Quelle bonne blague !

Du coup, j'ai pris énormément de temps pour rentrer à la maison. Au bout d'une heure, je décidai de téléphoner à Bastien pour avoir des nouvelles des enfants. Lorsqu'il décrocha, il rigolait, alors qu'en arrière fond, j'entendais Lola hurler. Je dis à Bastien : « *Que se passe-t-il* ? » Il me dit : « *Je ne sais pas. Elle doit avoir faim* ». Je lui répondis « *Tu aurais dû m'appeler, je serais immédiatement revenue même si je n'avais pas tous mes médicaments* ». Il rétorqua méchamment : « *C'est bon !! Ne commence pas à me faire chier. Elle apprend à patienter, c'est tout* ». Puis il me raccrocha au nez. J'étais outrée, comment pouvait-on se marrer alors qu'un bébé pleurait à cause de la faim ? Bastien aurait pu au moins lui donner du lait maternisé de Lenzo en attendant mon retour.

Néanmoins, compte tenu de mon état physique, j'avais décidé de ne pas provoquer de disputes. Mais j'avais tellement envie d'expliquer à ce connard, qu'il fallait IMPÉRATIVEMENT nourrir un bébé de quelques jours car son état de santé général était intrinsèquement lié à la régularité de la prise alimentaire surtout dans le cas d'un allaitement exclusif. Néanmoins, je décidai de me taire encore une fois. À compter de ce jour, je me suis jurée de ne plus lui confier mes enfants, sauf en cas de force majeure.

- Lenzo à la varicelle

Deux jours après mon retour de la maternité, Lenzo a commencé à développer la varicelle. En effet, une quantité importante de vésicules remplies de sérosité sont apparus sur l'ensemble de son corps mais surtout sur ses testicules et son dos. De plus, le petit commençait à avoir de la fièvre. Il pleurait en me demandant de le gratter. J'avais beaucoup de peine à voir souffrir Lenzo et je m'inquiétais également pour Lola. En effet, la varicelle représente un plus grand danger, et peut même être mortelle, pour les nourrissons car leur système immunitaire n'est pas encore totalement opérationnel.

Donc, le problème était que je ne pouvais même pas amener Lenzo moi-même chez le médecin car Lola avait besoin de ma présence en ma qualité de source alimentaire. De plus, je ne souhaitais pas l'emmener dans un endroit rempli de germes et de maladies.

Du coup, malgré ma promesse intérieure de ne plus rien demander au père de mes enfants, j'ai dû solliciter Bastien, afin qu'il amène son fils de 2 ans aux urgences pédiatriques. Nous n'avions pas trouvé de médecin traitant sur notre nouvelle commune. Et, je savais que Bastien refuserait de faire 50 km pour aller consulter notre docteur de famille. Je pensais donc qu'il accepterait d'amener son fils à l'hôpital.

Toutefois, à ma grande surprise, il refusa. Le père de mes enfants se justifia en disant : « *C'est bon !! Une petite varicelle n'a jamais tué personne. Tu es vraiment débile ! Je t'ai déjà prévenue Joane, mon fils ne sera pas couvé comme ton frère. Moi, je n'ai pas le temps de me faire chier à l'hosto ! Je suis en train de ranger la baraque parce que TU en es incapable donc ne me casse pas les couilles* ».

Je me suis énervée comme toujours lorsqu'il s'agissait de ma progéniture :

— *T'es con ou tu le fais exprès ? Nous avons un bébé d'une semaine qui risque potentiellement sa vie à cause de la varicelle. En plus, d'un enfant en bas-âge, vulnérable car drépanocytaire, qui pleure à cause de la varicelle, et toi tu me parles de ta putain de salle de bain que tu fais style de nettoyer. J'te jure Bastien que ça va mal finir entre nous. Un jour, je vais te niquer ta race d'enculé. Tu vas mal finir connard. Donc, il vaudrait mieux que tu emmène notre fils à l'hôpital. Je ne rigole pas.*

— *Bff! T'es dingue ma pauvre ! Arrête de m'insulter, tu fais trop ta maligne mais même si tu es une grosse vache, n'oublie pas que je suis un bonhomme. Je peux te défoncer en deux secondes.*

— *Ah ouais, grande gueule ! Si t'as des couilles, je pose le bébé et je t'attends dans la salle de bain. Je te jure que je ne te ferai pas de cadeaux, ne sous-estime pas une mère inquiète et en colère.*

— *Tu cherches vraiment la merde, pauvre conne ! Tu te crois encore dans ta cité à trente-trois ballets. À parler comme une kaïra. Moi je suis un père responsable, je n'ai pas le temps pour tes conneries. Je te massacrerais bien mais après comme toutes les bonnes femmes, tu iras porter plainte, te faire passer pour la victime auprès de ta petite maman. Ne me fais plus chier. C'est bon, J'emmènerai le petit demain.*

— *Non maintenant !!*

— *Tu ne me donnes pas d'ordre. J'irai cet après-midi et ne me casse plus les couilles. Pauvre tarée !*

Après notre dispute, une sage-femme à domicile est venue me rendre visite pour savoir si le retour à la maison se déroulait correctement. Elle contrôla que Lola ne perdait pas de poids, puis elle enleva les agrafes qui refermaient l'incision de ma césarienne.

Bastien, comme d'habitude est venu jouer son rôle de père exemplaire, alors qu'à l'exception de notre dispute, je ne l'avais pas revu de la matinée, il m'avait bien évidemment laissé les deux petits. J'en ai donc profité pour parler de la varicelle de Lenzo et surtout de la conduite à tenir pour éviter la contagion de Lola.

La sage-femme nous a expliqué qu'il fallait porter des gants jetables, lorsque nous nous occupions de Lenzo. De même ce dernier ne devait pas s'approcher de sa sœur. Et il fallait que le père emmène Lenzo chez le docteur immédiatement afin qu'il commence son traitement médical au plus vite. Bien évidemment, en présence de la sage-femme, Bastien habilla Lenzo, pris son carnet de santé et partit tout de suite à l'hôpital.

La sage-femme me dit que j'avais beaucoup de chance d'avoir un mari aussi impliqué dans l'éducation de ses enfants.

Deux heures plus tard, “mes hommes” revinrent avec le traitement médical de Lenzo. Le pédiatre qui s'était déjà occupé de Lola lors de sa naissance, avait indiqué à Bastien que l'allaitement exclusif protégerait le bébé de la varicelle en lui fournissant les anticorps de sa mère.

Bastien n'administra jamais le traitement médical de son fils. D'ailleurs, il ne s'occupait jamais de ses enfants sauf pour crier. Je devais tout prendre en charge comme d'habitude et cela n'empêchait pas mon compagnon de me dénigrer constamment.

Par conséquent, l'une de mes plus grandes peurs s'était réalisée. Je devais gérer seule un nourrisson et un enfant en bas-âge. Je dois avouer que cela était loin de ressembler à des vacances au soleil. Toutefois, puisque je n'avais pas d'autres options, j'ai réussi à tout mener de front. J'ai alors réalisé que j'avais toujours sous-estimé ma capacité d'adaptation ainsi que ma force morale et physique.

- Il agresse Lenzo

Je me rappelle qu'un soir, Bastien regardait un match de foot, sur lequel il avait parié. Je pense qu'il était en train de perdre son argent car lorsque Lenzo qui avait encore la varicelle est passé devant la télévision, son père lui a hurlé: « *Dégage petit enculé !!* » Le petit a éclaté en sanglots face à l'agressivité de son père. D'autant qu'à deux ans, il n'était pas en capacité de comprendre le motif de sa colère. D'ailleurs, à trente-trois ans, je ne le comprenais pas non plus.

J'étais en train de débarrasser la table du diner lorsque j'ai entendu les mots prononcés contre son fils. J'ai pété un câble, je suis transformée en l'Incroyable Hulk tellement la colère m'envahissait. J'ai couru vers Bastien en brandissant mon poing et en hurlant :

— *T'es sérieux là ! Tu insultes mon fils. Tu sais quoi, j'arrive, je vais chercher un couteau de boucher et je vais te faire la peau, fils de pute. Je n'en peux plus de toi ! Connard, pauvre merde, drogué !! Eteins ma télévision immédiatement, je vais te tuer. T'es fou ou quoi ?*

— *T'es folle, je m'excuse, je ne voulais pas insulter le petit. Calme toi Jojo, je regrette. Respire, Lenzo te regarde et tu lui fais peur.*

— *Moi ? Je lui fais peur ? Petit enculé que tu es. C'est toi qui effraies un gamin de 2 ans pour un putain de match. Je n'en peux plus de toi, tu ne sers à rien ici hormis pour gueuler et te plaindre. Bastien, je te le jure sur la tête de mes enfants, si jamais j'entends de ta bouche une seule insulte prononcée sur ou contre eux, je te bute et j'enterre ton corps. De toute façon personne ne recherchera ta dépouille tellement que tu es une merde.*

— *C'est grave ce que tu dis ! Je ne le referai plus. Je te le jure.*

— *Ne t'approche plus de mes enfants. Connard !! Tu me dégoutes !! Quelle déception... tu es pour moi.*

J'avais la respiration saccadée et les oreilles chaudes. Si Bastien ne s'était pas excusé à ce moment-là, je pense que je lui aurais fait du mal.

Heureusement, Bastien a pleuré, il s'est excusé auprès de Lenzo en lui demandant pardon. Le petit lui a pardonné. Puis il a fait un câlin à son père. Pour ma part, je l'avais encore en travers de la gorge.

En ma présence, Bastien n'a jamais plus insulté l'un de nos enfants. Je pense qu'il a dû avoir un peu peur de ma réaction parce que j'étais devenue folle. Je refuse que l'on fasse du mal à mes enfants. Celui qui osera, devra assumer le déferlement de ma colère. Je serai intraitable et sans pitié.

En fait, depuis que j'avais accouché seule et que Bastien s'était réjoui de la douleur engendrée par mes contractions, je haïssais cet homme. Il me dégoutait, je ne cédais plus à tous ses caprices. À présent, je nous priorisais, les enfants et moi. J'avais vraiment envie de lui défoncer la gueule, une fois pour toute. Je voulais lui faire payer le mal qu'il m'avait fait durant toutes ces années. Néanmoins, j'étais économiquement dépendante de lui puisque j'allais de nouveau prendre un congé parental d'un an donc je remettais ma vengeance à une date ultérieure...

• Je deviens de plus en plus lucide et un peu folle aussi...

Un autre matin, je ne sais plus pour quelle raison, alors que mes agrafes venaient justes d'être retirées, Bastien m'a agressé physiquement. Mon compagnon et moi-même nous étions disputés dans notre lit. Lola dormait sur son lit à ma droite et Lenzo dormait au milieu de son père et moi.

Subitement, Bastien a effectué une technique de soumission. De son bras, il m'a attrapé par le cou puis a replié son coude dessus empêchant ma tête de bouger. J'ai été surprise et angoissée par son agression. J'avais le cœur qui battait la chamade. Comme nous étions à proximité des enfants, j'évitais de trop bouger pour ne pas les réveiller.

Bastien se réjouissait de mon immobilisme. Il me chuchotait à l'oreille : *« Ah ! Tu fais moins ta maligne. Tu es faible ! Tu ne peux même pas te comparer à ma puissance »*. A cause de son impertinence, de l'adrénaline et de la haine se sont déversées dans mon organisme. Du coup, je lui ai saisi les testicules et j'ai serré de toutes mes forces, en lui chuchotant de me lâcher. Bien évidemment, il me lâcha. Je lui ai dit : *« Je ne veux pas réveiller les petits, si tu as un problème, viens discuter dans la salle de bain »*.

En entrant dans la pièce, j'ai tout de suite analysé mon environnement à la recherche d'armes potentielles. J'ai repéré le fer à repasser à ma gauche. C'était réglé, j'avais sélectionné mon arme. En quelques secondes, j'avais visualisé un scénario possible. Si Bastien me frappait, j'attraperais le fer à repasser et je le taperais avec sur la tempe gauche de toutes mes forces et à de multiples reprises jusqu'à l'assommer.

De son côté, mon compagnon voulait me soumettre. Du mien, je rêvais de le massacrer, de lui faire du mal. J'étais déjà en position de boxeuse, les poings serrés à hauteur du visage et les jambes fléchies, comme Sonya Blade, mon personnage préféré du jeu vidéo de la série Mortal Kombat. Adolescente, j'adorais ce jeu et je m'identifiais beaucoup à mon héroïne, une femme forte et courageuse.

J'avais tellement d'adrénaline dans le sang que je n'avais plus peur de rien ni de personne. J'étais de nouveau la jeune fille d'un quartier chaud de banlieues parisiennes prête à se battre pour sauver sa fierté et sa peau.

Bastien parut surpris par ma position. Mon compagnon s'était mis à rire en m'expliquant que d'un seul coup de poing, il pouvait facilement me mettre K.O. Il disait que je n'avais aucune chance face à un homme de sa stature.

Ces propos ne m'intimidaient nullement car dans mon ancienne cité, on disait toujours, lors d'une bagarre de rue, que le physique était accessoire. Le principal était d'avoir un bon état d'esprit, de la tactique et surtout d'avoir la rage de gagner. J'avais beau afficher de bonnes manières extérieures et habiter un quartier résidentiel, je restais cette adolescente de cité qui n'avait pas peur de se battre.

Je lui répondis avec une bonne dose de folie et un sourire carnassier : « *Si tu me touches, assure-toi bien que je sois morte. Parce que je te préviens, et tu me connais, je tiens toujours mes promesses, je vais te MA-SSA-CRER à coup de fer à repasser. Si bien que tes collègues ne te reconnaitront plus car tu ressembleras à Bozo le clown. Je ne vais pas te faire de cadeaux et serai sans pitié* ».

Lorsque Bastien comprit que je n'avais pas peur de lui et que j'allais me défendre, son air arrogant à subitement disparu. Il s'était calmé. Puis m'a dit : « *Non mais, c'est n'importe quoi !! Je ne te ferai jamais de mal. Je suis un homme bien. Tu crois que je bats les femmes ? Vous êtes trop fragiles. Oublions tout ça et surtout arrête de créer des conflits ma chérie. C'est grave quand même d'être toujours à chercher des problèmes là où il n'y en a pas* ».

Je n'ai rien répondu. Il s'est préparé pour aller travailler puis m'a embrassée sur la bouche avant de quitter la maison. Je suis allée me recoucher. Lorsque le pic d'adrénaline a disparu, je me suis rendu compte de la gravité des actes commis. J'avais une boule d'angoisse qui me plombait l'estomac. Mes mains tremblaient et je continuais à me sentir en danger. Je n'ai pas réussi à me calmer durant plusieurs jours. Néanmoins, devant Bastien, j'affichais un semblant de sérénité et de force. Après ça, il n'a plus essayé de me brutaliser durant quelques mois.

Suite à cet épisode de violence, durant lequel Bastien m'aurait surement tabassée, si je ne me m'étais pas montrée offensive, le père de mes enfants me demandait sans cesse de ne pas parler de nos disputes. Il arguait que cela ne regardait personne et que les gens, d'une mauvaise foi évidente, nous jugeraient trop vite et ne comprendraient pas. De plus, notre vie privée ne concernait que nous.

- ## Après « ma convalescence » je redeviens esclave

Suite à son congé de paternité de onze jours, Bastien avait repris son travail. Néanmoins, durant son break professionnel, il n'avait quasiment pas nettoyé la maison. De mon côté, je devais attendre que mon interdiction médicale de douze semaines concernant le ménage et le port de charges lourdes soit levée. J'avais hâte car je souhaitais ardemment que ma maison soit propre et sécure pour les enfants.

Ma mère avait de la peine à l'idée que je fasse le grand ménage seule alors que je venais d'accoucher. Elle a donc tenu à venir m'aider. J'ai eu honte, lorsqu'elle est rentrée chez nous. La saleté de la maison était choquante. D'ailleurs, ma mère a pleuré en voyant ce capharnaüm. Elle était médusée que mon compagnon nous laisse vivre, les enfants et moi dans de telles conditions. Surtout, sachant que Bastien disait régulièrement à qui voulait l'entendre qu'il était maniaque de la propreté. Mais il était surtout fainéant et égoïste. Il voulait un lieu de vie propre sous réserve que je nettoie moi-même le domicile. De toute façon, je n'étais que partiellement étonnée de son attitude car Bastien ne faisait jamais d'efforts pour nous.

Ce jour-là, ma mère et moi avons passé près de cinq heures à tout nettoyer. Sachant que nous devions, en parallèle, gérer les enfants. J'ai raccompagné ma mère chez elle avant que Bastien ne rentre du travail. En effet, ma mère savait que sa participation active au nettoyage de la maison poserait un problème à Bastien. Il aurait piqué une crise de colère car son image de personne méticuleuse serait ébranlée.

Au retour de Bastien, je lui ai donc dis que j'avais nettoyé seule, notre domicile de 150m², durant plusieurs heures et que j'étais très fière du résultat. Au lieu de me féliciter, Bastien a inspecté l'ensemble de la maison puis m'a fait une liste de reproches concernant de soi-disant imperfections. J'étais très en colère contre lui. Le père de mes enfants était d'une mauvaise foi évidente. Si j'avais récuré notre habitation seule, j'aurais pu douter de ma capacité à nettoyer correctement mon domicile, sauf que là, mère était présente. Je savais que c'était une ménagère exceptionnelle donc le comportement et les remarques de Bastien étaient injustifiés. Simplement, Il ne souhaitait pas reconnaitre la qualité de mon travail.

Durant les mois qui suivirent, je devins l'esclave de ma propre maison, y compris concernant les travaux. Bien évidemment, Bastien ne me remerciait jamais, pire il dénigrait systématiquement toutes mes actions. En effet, je m'occupais des enfants, du ménage, de l'administration et de notre situation financière. Je continuais à colmater le budget défaillant de Bastien en avançant de l'argent dont je ne verrai plus jamais la couleur. J'étais de nouveau en congé parental. Je n'avais de nouveau que de maigres ressources en comparaison de celles de Bastien qui avait bénéficié d'une bonne augmentation de salaire grâce à sa promotion. Le peu d'économie qui me restait avait fondu comme neige au soleil.

De cette période, de nombreux souvenirs assez désagréables m'ont marquée.

Le portail de notre maison était très abimé. Par conséquent, régulièrement, je demandais à Bastien de le repeindre et d'en lubrifier les gonds ; en attendant d'avoir le budget pour le changer. Néanmoins, il ignorait chacune de mes requêtes.

Pour tout dire, toute la partie entre le portail d'entrée et la maison était dans un état pitoyable. J'étais lassée d'attendre que Monsieur veuille bien entretenir sa maison. Donc un jour, après avoir regardé plusieurs vidéos YouTube sur la manière de peindre un portail, je suis allée dans un magasin de bricolage avec Lola en porte-bébé et Lenzo dans le caddie. J'ai acheté du matériel de peinture. J'ai pris de la peinture extérieure sans solvant car j'allais travailler à proximité des enfants.

En rentrant chez moi, j'ai voulu peindre mais Lola âgée de trois mois pleurait sans cesse car elle voulait être en ma présence. Donc, j'ai dû la mettre dans son porte-bébé en position dorsale pour commencer à travailler. Heureusement, nous étions en extérieur et la tête de Lola était nichée au milieu de mon dos, j'espérais donc que le bébé n'inhalerait pas les émanations de peinture. Pendant ce temps, Lenzo faisait la sieste.

J'ai donc repeint le portail et l'un des murs extérieurs. Je trouvais que je m'en sortais bien pour une novice qui, en plus de son inexpérience, portait un nourrisson sur le dos. J'étais super fière du résultat de mon travail. Repeindre mon portail m'a permis de restaurer un peu de confiance en moi. En effet, savoir que j'étais capable d'accomplir "un truc de ouf à mes yeux" et de sortir de ma zone de confort m'a procuré beaucoup de joie.

En rentrant de son travail, Bastien est devenu fou en voyant ce que j'avais réalisé. Comme d'habitude, Il m'a dit que j'avais fait de la merde. Bastien a ajouté que ce n'était pas mon rôle de faire cela. Il m'a dit que j'aurais dû me contenter de sortir les poubelles et de m'occuper des gosses.

Je lui ai répondu que si j'attendais que l'homme de la maison fasse le boulot, Lenzo aurait le temps d'avoir quatre enfants. Après mes remarques désobligeantes, Bastien s'était de nouveau énervé puis m'a m'insultée. Ses reproches m'ont de nouveau fait douter de moi. Néanmoins, je ne m'étais pas découragée et quelques jours plus tard, j'ai fini la peinture de tous les extérieurs. J'ai également fixé une sonnette de porte d'entrée et accroché des cadres dans le salon.

Bastien s'était alors permis de contrôler la pose des tableaux en prenant un niveau à bulle. Bien évidemment, les tableaux n'étaient pas totalement droits d'un ou deux centimètres mais cela ne se voyait pas. La pose n'était pas irréprochable malgré mes efforts démesurés pour que Bastien n'ait rien à dire. Toujours sur les nerfs, Bastien m'a dit : *« Tu vas pouvoir faire ta belle devant les gens. Tu vas dire que tu gères tout. Tu vas encore me faire passer pour un incapable. Madame, je me crois supérieure aux autres ».*

Je lui ai répondu :

— *Tu es sérieux ? Pourquoi tu dis ça ? Tu es déconnecté des choses essentielles... Tu crois vraiment que j'ai passé autant d'heures à embellir notre maison pour des gens qui ne viennent quasiment jamais ? Non, je voulais juste que les membres de notre famille se sentent bien à la maison. Accessoirement, tu auras peut-être plus envie de rester avec nous le week-end au lieu d'aller chez tes potes.*

— *Putain !! Tu es la pro des reproches. Et arrête de faire style la nana qui se soucie de sa famille. J'te connais ! Tu aimes bien faire ta bourgeoise devant les gens. De toute façon, et ne me dis pas le contraire, tu te sens mieux que les autres à tous les niveaux.*

J'étais encore attristée que Bastien pense cela de moi. J'aurai voulu qu'il voit la sincérité de mon cœur. Mais, mon compagnon avait juste l'impression que j'étais le mal incarné. Du moins, c'était comme cela qu'il me décrivait.

Pour lui, je devais tout le temps être en mouvement. Je pouvais me reposer uniquement lorsque j'accompagnais les petits à la sieste. C'était mon seul moment de répit journalier dont je profitais allégrement. Bastien détestait que je dorme ainsi en plein milieu de la journée même lorsque je voulais récupérer des forces pendant mes grossesses. Lorsque je le faisais, mon compagnon me réveillait en me traitant de fainéante. Selon lui, c'était inadmissible car je n'avais aucune raison d'être fatiguée. Le père de mes enfants connaissait pourtant ma charge de travail harassante. En effet, je m'occupais seule de deux enfants en bas âge ne faisant pas leurs nuits ainsi que d'une grande maison, 24 heures sur 24 et 7 jours sur 7.

Au-delà de son mécontentement lors de mes siestes, Bastien exigeait que notre maison soit astiquée du sol au plafond. D'ailleurs, il contrôlait régulièrement mon "travail". Bastien était un tyran domestique, rien de ce que je faisais n'était assez bien, et quoi que je fasse, je me heurtais à un avis négatif de sa part. C'était ainsi, qu'il se fichait de mes efforts. Quand bien même, j'exécutais les tâches qu'il m'avait demandées, cela n'était jamais bien fait. Son ultime plaisir était de me casser. Bastien trouvait à redire sur tout. Peu importe si cela était avéré ou non, le but étant de me dire quelque chose de rabaissant.

• Comportements dangereux

Bastien était irresponsable et immature. Il conduisait super vite, se collant systématiquement aux véhicules de devant. Il fumait en présence des enfants, malgré mes demandes répétées d'arrêter ce type de comportement. Mes enfants et moi-même étions victimes de tabagisme passif.

Une fois, Bastien a installé Lenzo dans son siège-auto. L'enfant avait tout juste deux ans. Nous devions faire plusieurs kilomètres. En arrivant à destination, je voulus détacher la ceinture de sécurité de mon fils mais je me suis rendu compte que son père ne l'avait pas attachée. Lorsque, je lui en ai demandé la raison, Bastien m'avait simplement répondu que nous avions peu de chemin à faire et qu'il avait la flemme de lui mettre sa ceinture de sécurité. J'étais stupéfaite de sa réponse. Pour éviter de perdre quelques secondes de son temps, le gars mettait la sécurité de son gamin en péril. Dès lors, aux moindres trajets, j'attachais moi-même les enfants.

Un autre jour, Bastien a conduit avec Lenzo sur ses genoux. Je m'étais férocement opposée à cette pratique. Néanmoins, mon compagnon avait passé outre mon mécontentement. Il avait même autorisé Lenzo à diriger son véhicule grâce au volant et ce sur plusieurs kilomètres. J'étais très en colère contre le père de mon fils. Je lui ordonnais sans cesse de reprendre le volant, en vain. Du coup, Bastien me disait « *Arrête de faire ta meuf coincée du cul. Tu me saoules. Toujours à nous empêcher de profiter de la vie celle-là* ».

De même, un après midi, j'ai laissé Bastien seul avec Lenzo pour faire une course. Lola était avec moi. En revenant, j'ai découvert Lenzo dans notre chambre située à l'étage. La fenêtre de la pièce était grand ouverte. Il été assis sur une chaise à roulettes à proximité de la fenêtre. Cela faisait déjà quelques mois que notre fils pouvait y grimper et se mettre debout dessus. Pendant ce temps-là,

Bastien prenait tranquillement une douche laissant ainsi l'enfant sans surveillance.

Lorsque j'ai vu cette situation, mon sang n'a fait qu'un tour. Après avoir fermé la fenêtre, j'ai poussé violemment la porte de la salle de bain pour demander à Bastien de s'expliquer. Je lui ai rappelé qu'en l'espace d'une seconde, le gamin aurait pu se défenestrer et mourir sans que nous puissions intervenir et que malheureusement ce type de drame arrivait tous les jours en France.

Au lieu de faire son mea-culpa et de s'excuser, Bastien s'est énervé contre moi en disant que j'étais folle, que je faisais une montagne d'un rien et que je cherchais systématiquement à foutre la merde entre nous. Une dispute terrible éclata car je voulais absolument lui faire comprendre la gravité de sa négligence et des conséquences néfastes qui auraient pu arriver. Malheureusement, Bastien ne voulait rien entendre et pour continuer à me provoquer, il avait de nouveau ouvert la fenêtre. Lassée de ce dialogue de sourds, j'ai emmené les enfants dans le salon et je n'ai plus adressé la parole à Bastien durant plusieurs jours.

- ## Un climat pesant

Lorsque Bastien était absent de la maison, je me sentais légère, heureuse et spontanée. En effet, je mettais sur la télévision des vidéos YouTube. Les enfants et moi regardions de comptines à gestes. Je sortais de la pâte à modeler et de la peinture sans stresser. Nous étions enfin libres. Nous pouvions danser, rigoler et salir sans crainte de remontrances et de jugements de la part de Bastien. Lenzo participait activement à toutes nos activités ludiques sous les yeux admiratifs de Lola. Il y avait une ambiance festive. Nous étions momentanément heureux.

Toutefois, le retour de Bastien sonnait toujours le glas de notre bonheur. D'une part, il fallait que j'efface toutes traces de nos jeux. D'autre part, je devais cacher notre bonne humeur. Car Bastien ne supportait pas de me voir heureuse. Si j'avais le malheur, de me montrer joyeuse, Bastien déversait un flot de paroles injurieuses à mon encontre. Son objectif était que je plonge dans les abysses de la dépression.

J'angoissais toujours avant son arrivée. Car je ne connaissais jamais d'avance son humeur du moment. Lorsque, l'incertitude m'était insupportable, je le contactais par téléphone pour jauger son tempérament. En effet, le comportement de Bastien déterminait l'ambiance générale de la soirée.

Avec lui, on ne savait jamais à quelle sauce nous serions mangés. Parfois, il était jovial. Dans ces moments-là, Bastien ramenait de la nourriture chinoise ou du fast-food la maison. Tout était permis, nous passions une superbe soirée. Mais souvent, Bastien rentrait d'une humeur massacrante. Dans ces cas-là, j'essayais de me faire discrète. Je prétextais une excuse bidon pour aller me coucher tôt. Il finissait tout de même par trouver un prétexte fallacieux pour m'en mettre plein la gueule.

Son humeur avait également une influence sur les enfants. Lenzo et Lola étaient plus nerveux lorsque leur père était présent. Mon fils m'obéissait moins. Cela pouvait se comprendre puisque son père était agressif et grossier à mon encontre. Bastien ne me respectait pas. Il était donc logique que Lenzo m'éprise mon autorité en sa présence.

Je redoublais d'efforts pour que Bastien n'ait rien à me reprocher lorsqu'il rentrait du travail. Avant son arrivée, je faisais tout le ménage. Je passais l'aspirateur chaque jour de peur qu'il me fasse une réflexion ou m'insulte. J'avais la boule au ventre à l'idée qu'il pique encore une crise de nerfs. Donc, je faisais tout pour qu'il soit de bonne humeur. Malgré mes efforts, environ une à deux fois par semaine mon compagnon piquait des crises de colère démesurées. Le motif des crises était obscur. Je crois qu'il jouissait juste de notre peur.

Un jour de canicule, en rentrant du travail, Bastien a voulu prendre une bouteille d'eau dans le réfrigérateur mais il n'y en avait plus. En effet, j'avais pris la dernière et avait oublié d'en remettre une autre au frais. Je souhaitais juste hydrater les enfants.

Du fait, j'étais assise sur le canapé entourée des enfants, lorsqu'il a accouru vers moi pour m'insulter « *Espèce de grosse pétasse. Tu as bu la dernière bouteille d'eau fraiche. Egoïste, tu n'en as même pas remis une autre. Tu me dégoutes. Tu es affalée comme une grosse merde sur le canapé à regarder des émissions foireuses. Tu n'es pas une femme ! Tu es une moins que rien* ».

Je lui répondis : « *Va te faire enculer. Tu me saoules, j'ai oublié ça arrive non ? Dégage de devant la télé et ne m'adresse plus la parole, pauvre merde* ».

Bastien a continué à être méchant mais je l'ai ignoré. Environ une heure plus tard, il s'est enfin calmé mais ne s'est pas excusé. Je faisais la femme forte en prétendant ne pas être affectée par ses paroles. Mais au fond de moi, j'étais dévastée. Pour calmer mes émotions, je mangeais davantage. Chaque fois que j'étais en présence de Bastien, j'avais la nette impression qu'il me siphonnait mon énergie vitale et une partie de mon âme.

Je me souviens d'une fois où Bastien était devenu fou car le camion poubelle n'avait pas vidé notre container. En effet, mon compagnon ne l'avait pas mis sur le trottoir d'en face, à l'endroit habituel. À cause de cet incident mineur, Bastien était comme possédé par un démon. Il avait les yeux rougis et le souffle court. Il hurlait comme le diable en vociférant des insultes « *Ce fils de pute d'éboueur, il a ramassé toutes les poubelles des voisins et pas la mienne. Je souhaite que sa mère et ses gosses crèvent. Qu'il se fasse renverser par une bagnole. Joane ! Demain puisque tu n'as rien d'autre à foutre, tu appelles la mairie pour te plaindre. Pour prélever les impôts, ils sont là hein. Par contre pour bosser, il n'y a personne ! Vous me dégoûtez les fonctionnaires que des branleurs !!* ».

J'ai décidé d'ignorer ses vociférations. Je n'ai jamais contacté la mairie pour me plaindre mais j'ai menti à Bastien en disant que j'avais exécuté sa requête. Cela m'évita un énième conflit. Je pouvais seulement constater que Bastien n'aimait pas être heureux. J'avais l'impression qu'il avait peur de la joie. Sinon, pourquoi se provoquer un tel stress pour une poubelle qui serait ramassée dans deux jours maximum ?

• Ma meilleure amie nous rend visite

Bastien m'avait éloignée de la majorité de mes amis. Heureusement, j'avais réussi à entretenir, via le téléphone, les amitiés qui me tenaient le plus à cœur. Je contactais donc ma meilleure amie régulièrement et je la voyais environ une fois par an parfois moins. Notre amitié était importante pour moi car nous nous connaissions depuis nos seize ans. De plus, c'était une femme intelligente, franche et elle ne mâchait pas ses mots. Elle me disait toujours la vérité concernant ma relation de couple.

Je voulais également qu'elle devienne la marraine de Lola. Symboliquement, cela me permettait de lui prouver à quel point je tenais à elle. Donc, afin que mon amie puisse rencontrer sa filleule, je l'ai invitée à la maison. J'avais opté pour des jours en semaine afin d'éviter qu'elle soit témoin de nos conflits de couple. Car Bastien, n'hésitait plus à me rabaisser devant mes proches.

La présence de mon amie m'a fait réellement prendre conscience que j'étais sous l'emprise de mon compagnon.

En effet, le premier jour de sa visite, après notre déjeuner, je me suis excusée auprès de mon amie car je pensais ne plus avoir de fruits pour le dessert. Cette dernière m'a fait remarquer qu'il me restait des oranges dans ma corbeille à fruits.

Je lui répondu naturellement : « *Mais non ! Tu ne peux pas les manger se sont des oranges à jus et non à dessert.* » Elle m'a rétorqué : *« Mais on s'en fout !! Des oranges, c'est des oranges. »* Sur le coup, je me suis trouvée conne car elle avait tout à fait raison.

Cela faisait tellement longtemps que Bastien me martelait qu'une orange à jus ne se mangeait pas que j'avais fini par le croire. Combien de fois m'étais-je privée d'oranges « à jus » y compris en l'absence de « mon boss » parce que j'étais conditionnée ?

Si cet homme avait réussi à modifier mes croyances concernant de simples fruits, qu'en était-il de mes autres schémas de pensées ? Et quelle était l'étendue réelle de mon endoctrinement ?

Lorsque mon amie a mangé cette orange non seulement, j'ai n'ai pas voulu transgresser les règles stupides de Bastien en mangeant le fruit défendu mais en plus, au fond de moi, je culpabilisais comme si nous commettions un crime.

Je pensais intérieurement : *« Heureusement que Bastien ne voit pas ça. Il serait outré qu'elle mange son orange à jus. »* Ce type de préoccupation semble tellement dérisoire lorsque l'on sait que des millions de personnes à travers le monde souffrent chaque jour de malnutrition... Pourtant à ce jour, n'étant jamais totalement sûre de manger le bon type d'oranges, j'évite de consommer ce fruit. Même si je suis consciente que Bastien m'a manipulée pour que j'agisse de la sorte. Le fait de prendre conscience d'un endoctrinement n'annule pas ses effets. Seul, un travail sur soi peut endiguer ce phénomène.

Cette histoire a au moins eu le mérite de me faire comprendre que j'étais complétement lobotomisée. D'autant que le soir, lorsque Bastien était en présence de mon amie, j'étais très mal à l'aise. J'avais peur que le père de mes enfants dise ou fasse une connerie. J'angoissais à l'idée qu'il me rabaisse ou se mette en colère. Déjà, il lui avait montré mes cadres « pas vraiment droits ». Puis, il essayait de parler d'arts alors que ce domaine lui était totalement étranger. J'avais vraiment honte de lui.

Durant sa visite, mon amie m'a fait remarquer que Bastien ne s'occupait pas du tout des enfants. Elle était célibataire et sans enfants. En rigolant, mon amie m'a dit : *« Ta vie de couple ne donne pas envie. Nous sommes loin du conte de fée... Je ne comprends pas qu'une fille intelligente comme toi, puisses rester avec un tel con ».* Je lui ai répondu : *« C'est sûr que nous sommes loin des livres romantiques Harlequin ».* J'avais fait référence à ce type d'ouvrages, car autrefois nous étions fans du genre. De plus, il était vrai, que j'étais à mille lieues de vivre une histoire d'amour belle, romantique et passionnée.

Elle est revenue un mois plus tard, mais cette fois-ci, Bastien a commencé à se méfier d'elle. En effet, c'était une femme plutôt cash. Elle n'avait donc pas peur de montrer que mon compagnon l'agaçait.

- Bastien se dispute avec son frère

Le frère cadet de Bastien avait une fille de 3 ans. Il était séparé de la mère de l'enfant. Il semblait souffrir de cette situation car il était encore amoureux de son ancienne amie. Apparemment, ils s'étaient séparés en raison de l'agressivité, l'oisiveté et l'immaturité du frère de Bastien. Après avoir fait appel à de multiples reprises à la Gendarmerie Nationale en raison de violences domestiques, son ancienne compagne l'avait quitté. Quelque temps après, cette dernière avait refait sa vie et était même enceinte de son nouveau compagnon.

La nièce de Bastien vivait dans notre commune. Celle-ci était mal desservie par les transports en commun. Du fait, le frère de Bastien qui n'avait pas son permis de conduire, voyait rarement sa fille.

J'appréciais beaucoup ce jeune homme. Parfois, il me faisait de la peine car il semblait un peu perdu dans la vie. Je souhaitais l'aider. Lors d'un repas au sein de la famille Brillant, son cadet demanda à Bastien s'il pouvait rester un week-end chez nous avec sa fille. Bastien ignora totalement la demande de son frère. Du coup, ce dernier se tourna vers moi pour me demander si j'acceptais sa présence. J'ai tout de suite acquiescé. Par la suite, Bastien me l'avait reproché me disant que j'assumerais ma connerie.

Quelques semaines plus tard, un week-end fut organisé à notre domicile. Bastien se déchargea complétement de son frère et de sa nièce sur moi. J'ai dû aller les récupérer à la gare, payer un repas à emporter, préparer l'une des chambres et gérer toute l'intendance. J'avais également dû mettre à disposition de la cousine de mes enfants des affaires de rechange car son père n'avait rien prévu.

Ce week-end fut désagréable. Primo, Bastien boudait sans raison apparente. Il ne parlait pas du tout à son frère. Du fait, je devais constamment meubler la conversation. Secundo, son frère était trop autoritaire et rigide avec sa fille. Il lui criait dessus, la punissait et lui mettait des fessées pour un oui ou un non. Cela avait pour conséquence que l'enfant se faisait pipi dessus.

Cela m'agaçait profondément. Je ne comprenais pas l'attitude de mon beau-frère. En effet, il ne voyait pas souvent sa fille. Ils auraient dû passer des moments de joie ensemble. Pourtant, sa fille était vraiment adorable. J'avais l'impression que mon beau-frère reportait sa frustration sur la gamine. Car il venait d'apprendre que sa mère était enceinte de sept mois.

Lors d'un repas, mon beau-frère a puni sa fille car elle refusait de manger un légume. Elle a pleuré à chaudes larmes. Ne supportant plus cette situation d'injustice, je lui ai fait un câlin pour la consoler. Le frère de Bastien me rétorqua avec un ton dédaigneux : *« Arrête de faire ça car après elle gagne ».* Je lui ai répondu ironiquement *« Elle gagne quoi ? Vous êtes en compétition ? »* Il commençait franchement à m'agacer celui-là. Surtout que je sentais qu'il désapprouvait ma façon d'éduquer mon fils.

Lenzo avait deux ans et sa cousine trois ans. J'avais installé un atelier de peinture pour leur apprendre les couleurs. J'avais protégé les vêtements des petits, en leurs enfilant un sac poubelle. J'avais également recouvert la table pour éviter les dégâts. Malgré mes précautions, Bastien avait commencé à gueuler me disant que j'avais intérêt à ne pas salir et tout ranger correctement. Son frère renchérissait en me disait de faire attention à ne pas salir les vêtements de sa fille.

Je les ignorai. Ils pensaient au matériel alors que je pensais à faire plaisir aux enfants. En plus, il s'agissait de peinture à l'eau qui disparaissait bien au lavage et non pas d'encre de Chine indélébile.

Pour rajouter à tout cela, au moment de prendre une douche, j'ai entendu distinctement mon beau-frère qui surveillait les enfants, dire à Lenzo qu'il était mauvais car il ne voulait pas prêter ses jouets à sa cousine. Lorsque, j'ai entendu cela, ma colère a atteint son paroxysme. J'étais à deux doigts de le foutre dehors. J'ai dû contacter ma mère par téléphone pour me calmer.

Quel sournois ! Il profitait de mon absence pour attaquer verbalement un enfant en bas âge. J'avais la gentillesse d'ouvrir ma porte à mon beau-frère. Mais au lieu de se montrer reconnaissant, il se montrait condescendant, critique et insultant en plus de se décharger sur moi du soin de sa fille. Alors que je croulais déjà sous les corvées avec mes propres enfants. Cela était extrêmement perturbant car je ne reconnaissais pas mon beau-frère. Il était très différent de l'image du garçon fragile qu'il véhiculait lors de mes visites chez leurs parents.

Dans cette atmosphère tendue, Bastien m'a de nouveau agressée verbalement. Je ne l'ai plus supporté. Je lui ai dit de fermer sa gueule. C'est à ce moment-là que son frère s'est permis de me dire de ne pas dire des gros mots devant sa fille. Je lui ai répondu sèchement que j'étais chez moi.

Par conséquent, je parlais comme je voulais et qu'il pouvait aller dans une autre pièce si cela lui posait problème. En réponse, il a voulu me faire la morale concernant le mauvais exemple que je donnais aux enfants. Du coup, je l'ai tchipé. Quelle arrogance d'oser me donner des leçons sous mon toit alors que lui-même était agressif !

Au moment où mon beau-frère voulut rentrer en conflit avec moi, Bastien s'est violemment interposé. Il a pété un plomb en disant à son frère : « *Ferme ta grande gueule. Tu es chez nous ici. Ma femme parle comme elle veut. Si tu n'es pas content tu dégages !* » Ensuite, Bastien a enchaîné un flot de méchancetés. Il l'a insulté : « *Ta fille fais pipi sur elle car tu lui fais peur. Père indigne, connard. T'es pas capable de garder un boulot, ni d'avoir le permis de conduire. Espèce de clochard, sale parasite. Et je comprends pourquoi ton ex s'est barrée. Tu n'as aucune leçon à nous donner* ».

Sur frère lui a répondu « *Vu comment tu parles à Joane, tu vas finir seul comme moi et revenir chez les parents.* » Bastien l'a alors saisi par le col de son tee-shirt puis l'a plaqué contre le mur En lui disant : « *T'as de la chance qu'il y ait ta fille. Sinon, je t'aurais défoncé la gueule.* » Effectivement, sa fille mettait les mains sur ses oreilles en pleurant et criant : « *papa, papa.* ». En revanche, Lenzo et Lola ne réagirent même pas... Ça devait être l'habitude...

À la suite de l'altercation, son frère a pris toutes ses affaires et est parti avec sa fille. Vingt minutes après leur départ, j'ai pris ma voiture pour le rattraper. Je voulais m'excuser et trouver un terrain d'entente afin qu'il finisse le week-end. Il a fini par revenir mais sans sa fille. Car il l'avait déjà déposée chez sa mère. Ce week-end-là, un lien fraternel s'était brisé entre nous. D'ailleurs par texto, mon beau-frère m'avait accusée d'être responsable du week-end gâché. Au-delà de leur ressemblance physique, les frères Brillant avaient en commun le fait de ne pas prendre leur responsabilité. À présent, je savais que Bastien n'était pas le seul être bizarre de sa fratrie.

Un jour après la visite du frère à Bastien, ma sœur et mon frère sont venus passer deux jours chez nous. Durant son séjour ma sœur cadette a piqué trois tablettes de chocolat à Bastien dans le placard. Je ne l'ai remarqué qu'après son départ. De peur des représailles de la part de mon compagnon, alors que je n'étais pas responsable, je lui ai rapporté le méfait de ma frangine puis lui ai remboursé ses chocolats.

J'étais très en colère contre ma sœur qui m'avait volée alors que je m'étais pliée en quatre pour que leur visite soit royale. De plus, son acte qui n'était pas si répréhensible à première vue me mettait en porte-à-faux avec Bastien. Ce qui aurait pu avoir des conséquences disproportionnées et fâcheuses pour ma vie.

- Le barbecue part en fumée

Quelques semaines plus tard, j'avais organisé un barbecue, auquel j'avais convié mes amis et ceux de Bastien. Comme je savais que j'aurais beaucoup de choses à gérer seule, j'avais demandé à ma meilleure amie de venir me prêter main forte.

En amont, j'avais quasiment tout organisé seule. J'avais même acheté un barbecue avec les enfants. Ce qui était une forme d'exploit. En effet, le barbecue était si imposant que j'avais dû improviser. J'avais installé Lenzo dans le caddie sur l'assise dédiée aux enfants et je portais le cosy de Lola. J'ai placé l'énorme barbecue dans le caddie. Donc d'une seule main, je poussais le chariot et de l'autre main, je tenais le cosy du bébé. Ce jour-là, j'ai vraiment galéré car Lola commençait à peser lourd. Guider le caddie d'une seule main sur un parking en pente était extrêmement complexe. D'ailleurs, les autres clients du magasin me regardaient comme une extraterrestre. Pour autant personne n'a proposé de m'aider.

De la même façon, j'avais fait les courses alimentaires. Malgré mes faibles ressources financières, toutes les dépenses étaient à mes frais y compris les cadeaux de naissance destinés à nos amis jeunes parents. J'avais invité une quinzaine de personnes.

Le jour du barbecue, je m'étais réveillée très tôt. J'étais descendue à la cuisine pour faire la vaisselle de la veille et commencer à préparer le repas. Bastien prenait un café dans la même pièce. Il m'avait hurlé dessus car j'avais mis une partie de la vaisselle sur le plan de travail pour l'égoutter. Il n'y avait plus de place dans l'égouttoir. Néanmoins, cela ne convenait pas à mon cher et tendre car l'eau pouvait abîmer le plan de travail qui était pourtant étanche.

Je lui ai demandé de baisser d'un ton et de diminuer la musique dont le volume était au maximum. En effet, les enfants et mon amie dormaient. Et je ne voulais pas qu'ils soient réveillés. Bastien a catégoriquement refusé en disant qu'il était chez lui et que ce type de décision lui appartenait. Par conséquent, il faisait ce qui lui plaisait. Puis, il m'a traitée de rabat-joie.

À ce moment-là, mon amie est arrivée dans la cuisine en disant « *Le volume de la musique est trop fort. Ça va réveiller les gamins* ». Puis spontanément, elle a baissé le volume de la musique.

Bastien était énervé. Il marmonnait dans sa barbe mais n'a rien dit ouvertement. Il a juste changé de pièce. J'étais contente qu'elle soit intervenue même si ce n'était pas son rôle. Mais je savais, que pour Bastien, elle était devenue l'ennemie à abattre.

Effectivement, lors du barbecue devant nos amis, Bastien avait été agressif et cassant avec mon amie. Je n'étais pas présente à ce moment précis. Mais il m'a été rapporté que Bastien avait agressé verbalement mon amie car son verre était au sol dans le jardin au lieu d'être sur la table. Cette dernière aurait rétorqué à Bastien, tout en portant Lola dans ses bras : « *Tu préfères que je lâche ta fille pour poser le verre sur la table ?* »

- Embrouille fraternelle

Ce même jour, j'avais également invité mon frère, ma sœur et le copain de cette dernière. Initialement, Bastien s'était opposé à cette invitation, prétextant qu'ils faisaient partie de la famille et non des amis. J'étais passée outre son avis. Je finançais la totalité de l'évènement donc j'étais en droit d'inviter qui je voulais chez moi. Toutefois, Bastien s'est vengé de mon impertinence en provoquant des conflits. En premier lieu, il a fait une remarque désobligeante à ma sœur, devant nos invités, concernant le vol de des tablettes de chocolat. En second lieu, il s'est brouillé avec mon frère et ma sœur concernant un ballon de foot. De nouveau, je n'étais pas présente au moment de l'altercation. Je changeais les couches de Lenzo et Lola. Quelle miraculeuse coïncidence....

Apparemment, Bastien aurait demandé à mon frère de 16 ans d'arrêter de jouer avec le ballon de foot de Lenzo. D'après mon compagnon, le ballon excitait le chien d'un couple d'invités. Ce chien venait déjà de crever le ballon de la fille d'une de mes amies. Néanmoins, mon frère n'aurait pas écouté Bastien. Du coup, l'animal avait mordu et abimé le ballon de foot neuf que Bastien venait d'acheter à notre fils.

Cet incident a mis le père de mes enfants hors de lui. Il s'est donc mis à engueuler mon frère devant tout le monde. Son attitude et sa colère étaient totalement disproportionnées. Ma sœur a défendu notre frère en hurlant et insultant Bastien. Ce dernier est redevenu aussi calme qu'un serpent. Il laissait juste la possibilité à ses amis de constater l'insolence et l'impolitesse de ma sœur.

En entendant les cris, je suis intervenue immédiatement leur demandant le motif du conflit. Chacun m'a raconté sa version de l'histoire. Néanmoins, j'ai pris la défense de mon frère et ma sœur. J'avais la conviction que Bastien essayait d'évincer ma meilleure amie, mon frère et ma sœur d'une pierre deux coups.

Et il a réussi, puisque mon frère, ma sœur, son copain et mon amie ont rapidement quitté notre domicile. En partant, ils m'ont fait comprendre qu'ils n'étaient pas près de revenir chez nous. Les autres invités étaient choqués qu'un moment cens, être léger et festif, tourne au pugilat verbal. Du coup, cela a jeté un tel froid que la majorité des invités sont rapidement partis.

J'étais dégoutée car je n'avais même pas pu profiter de la présence exceptionnelle de mes amis. De plus, il me restait plein de nourriture sur les bras. Finalement, je m'étais échinée toute la semaine pour rien. En quelques secondes, Bastien avait ruiné des heures de labeur. Il avait encore gagné. Il m'avait mise échec et mat. Voilà ce qu'il m'en coûtait de m'opposer à lui.

Ce manipulateur avait encore réussi à chasser définitivement mes proches grâce à sa stratégie du conflit. J'étais tellement en colère contre lui. J'aurai juste voulu que, pour une fois, Bastien ferme sa grande gueule. J'attendais le départ des derniers invités pour lui en mettre plein la tête.

Néanmoins, après la « fête », Bastien s'est confondu en excuses. Me disant qu'il avait juste été maladroit dans ses propos et qu'il adorait ma famille et mes amis. Toutefois, il a habilement retourné la situation en disant que mon amie était tout de même culottée d'avoir coupé la musique et d'avoir dit à Lenzo de ne pas manger trop de bonbons. De même, à cause de mon frère, le ballon de mon fils était abimé alors qu'il avait très peu joué avec. Pour finir, ma sœur était une voleuse de chocolat et une personne très méchante et vulgaire. Elle donnait une très mauvaise image de moi-même en se comportant de la sorte. En fin de compte, Bastien se servait de mon amour pour mon fils et de mon image sociale pour atténuer ses propres responsabilités.

Son monologue puait l'hypocrisie et le mensonge. Je ne lui ai plus adressé la parole durant quelques jours. Putain !! J'en avais marre car toute action était inefficace pour le pousser à changer.

- Pourquoi suis-je restée ?

Tout d'abord, j'ai toujours eu de hautes valeurs familiales. En effet, pour moi, la famille nucléaire[16] était un refuge. Je pensais qu'une famille pouvait donner un socle solide pour la construction psychique et affective des enfants.

De plus, je souhaitais ardemment rester en couple car j'avais peur que mes enfants se sentent abandonnés comme moi-même je l'avais été. Effectivement, je n'ai vu mon père biologique que deux fois dans ma vie. De surcroit, nos retrouvailles père-fille ne se sont absolument pas déroulées comme je l'avais rêvé. D'ailleurs, depuis de nombreuses années, je n'ai plus jamais revu, ni eu de nouvelles de mon géniteur. Cet abandon a déclenché chez moi un profond sentiment d'insécurité et un manque croissant d'estime personnelle.

C'est pourquoi, j'essayais, inconsciemment, au travers cette pseudo-vie de famille de réparer mes blessures infantiles. Pour cela, je m'efforçais de satisfaire Bastien pour lui montrer que j'étais digne d'être aimée. Je redoublais d'efforts afin de lui prouver ma valeur. Car aucun de mes précédents compagnons, ni même mon propre père, ne m'avaient réellement aimée et je voulais absolument que Bastien m'aime. Pour atteindre cet objectif, je me rendais corvéable à merci.

De même, je souhaitais impérativement que mes enfants grandissent avec leurs deux parents. Je pensais donc qu'il était de ma responsabilité de mère de me sacrifier pour le bien-être de mes petits. Pour moi, à partir du moment où une femme devenait maman, il était de son devoir de consacrer sa vie, quitte à la mettre entre parenthèse, pour sa famille.

Mon mode de pensées était en partie dû à mon éducation religieuse car j'étais catholique. Cette religion valorise le sacrifice que Jésus Christ a réalisé pour sauver l'humanité. Donc à mon

---

[16] Structure familiale fondée sur le couple. Qui aurait la volonté de former une communauté affective et matérielle

humble échelle, j'avais également tendu l'autre joue lorsque Bastien me faisait du mal. Par mon attitude, j'avais voulu être digne du Messie en me laissant « crucifier psychiquement ».

C'était un point de vu un peu désuet mais cela m'a retenue dans cette relation. J'avais toujours trouvé que cette notion puritaine du sacrifice était héroïque. Il fallait bien avouer que cela avait donné du sens à mon existence que je trouvais minable. Je me sentais enfin investie d'une mission. Afin de la réaliser, je devais apprendre à cuisiner, être disponible 24h sur 24 et 7 jours sur 7 pour mes enfants et pour Bastien. Toujours en faisant une analogie avec la religion, je devais porter ma croix comme une fatalité. Même si je regrettais le choix de mon compagnon, je m'obligeais à assumer mon erreur de jugement à vie.

D'ailleurs, l'une des plus grandes forces de Bastien était de se servir de mon sens des responsabilités pour me garder sous contrôle. De plus, mon compagnon me disait sans cesse que rien ne clochait entre nous et que je me faisais des idées. Bastien me répétait que la seule chose qui n'allait pas était ma paranoïa. Il disait que j'avais tendance à voir le mal partout. Il aimait jouer avec mes nerfs. Bastien m'attribuait constamment des propos que je n'avais pas tenus, me mettant sur le dos des faits dont je n'étais pas l'auteure. J'ai même longtemps pensé qu'il aimerait me faire passer pour folle.

Bastien m'avait martelé que je n'étais qu'une moins que rien. Durant des années, il dégradait mon estime de moi-même par petites touches. C'était une agression sournoise. Le père de mes enfants avait fini par me convaincre qu'il fallait que je fasse des efforts pour le garder. Je pensais même avoir de la chance qu'un homme aussi attirant daigne m'aimer vu la merde que je croyais être. À la fin de notre relation, je manquais tellement de confiance en moi-même que je n'avais plus aucun amour propre.

- Suis-je folle ou mauvaise ?

À la suite de l'histoire suivante, j'avais commencé à visualiser régulièrement la mort imminente et violente de Bastien. Dans mes visions, Il se faisait écraser par le train en allant au boulot ou parfois il était victime d'un accident vasculaire cérébral (AVC). C'était terrible d'avoir des pensées mortifères envers la personne que l'on avait aimée, mais la vérité était que cela me soulageait d'imaginer que Bastien soit mort ou paralysé. Comme cela j'aurais pu prendre soin de lui sans me faire insulter, rabaisser et violenter.

J'avais conscience que c'était extrêmement grave d'avoir de tels souhaits. Et je n'en étais pas fière. Pour tout dire, j'avais honte de moi car il s'agissait tout de même du père de mes enfants et de l'homme avec qui je souhaitais finir ma vie.

Voici l'histoire. C'était un samedi, nous avions fait les courses. Nous étions sortis en fin de matinée. Et étions revenus en début d'après-midi. Nous avions une organisation bien rodée pour tout gérer. Je faisais la liste de courses et gérais les enfants. Lenzo était assis dans le caddie poussé par Bastien. Je portais Lola grâce au porte-bébé. Bastien remplissait le chariot. Nous traversions l'ensemble des rayons au cas où j'aurais oublié un élément sur la liste de courses.

Nous avions toujours des sacs pour ranger nos courses. Après avoir payé nous devions immédiatement tout ranger militairement. Les denrées alimentaires dans un sac spécifique et les denrées non alimentaires dans un autre sac. Régulièrement, Bastien me houspillait en public car je rangeais mal ou trop lentement les courses selon lui. J'étais stressée à l'idée de mal faire car je savais qu'il me ferait des remarques humiliantes.

Arrivés sur le parking, Bastien rangeait les sacs dans le coffre de la voiture. Au même moment, j'attachais les petits dans leur siège-auto respectif. J'allais ranger le caddie et rendait le jeton à Bastien. Il fallait aller vite, sinon Bastien râlait. Sur le trajet du retour, Bastien se plaignait constamment du coût élevé de la vie surtout lorsqu'il payait les courses seul. Le père de mes enfants disait que c'était de ma faute si nous avions des problèmes financiers. Il affirmait sans cesse que j'étais une grosse fainéante qui ne voulait plus bosser pour profiter de sa générosité et des allocations familiales.

En arrivant à la maison, Bastien déchargeait et rangeait les courses. De mon côté, je devais gérer les enfants. Je préparais le repas, ils déjeunaient et je nettoyais la salle à manger. Ensuite, je changeais leurs couches puis j'allais les coucher.

Ce jour-là, Bastien avait décidé de nous faire un plat de moules-frites. Comme j'étais fatiguée et que je ne cuisinais pas ce repas, j'avais fait la sieste avec les enfants. À notre réveil, j'avais mis Lola au porte-bébé dorsal. J'étais descendue voir Bastien pour lui proposer mon aide.

Je lui ai juste dis : « *Tu as bientôt fini ou tu veux de l'aide ?* ». Sans raison apparente, Bastien s'est déchaîné contre moi. Il m'a dit : « *Ça la grosse pour bouffer, elle sait comment faire ! Pour s'en mettre plein le lampion, tu es une professionnelle ! Grosse merde, tu crois que je suis ton boy ? Tu as la belle vie, toi ! Tu bouffes gratos. Je te fais à manger, je range les courses et toi ?! Tu ne me sers à rien, grosse conne.* »

Son déferlement de haine m'a fait péter un plomb. J'ai hurlé : « *Je vais te tuer espèce de connard... Attends ! J'arrive, je pose le bébé* ». J'ai mis Lola dans son cosy dans le salon auprès de Lenzo qui regardait un dessin animé. J'ai pris la hache de feu son grand-père ainsi qu'un grand couteau de boucher. Et je me disais : « *Je n'en peux plus de sa méchanceté et son agressivité. Ce soir, c'est lui ou moi. Je vais me le faire cet enculé* ! »

Je suis précipitée vers lui avec les objets contondants en main. J'avais clairement l'intention au moins de le blesser si ce n'était de le tuer. J'avais perdu toutes notions de réalité. J'étais dans un autre monde. Je ne mesurais plus la portée de mes actes. Pourtant, je ne suis pas une personne violente. Bastien m'avait poussée dans mes retranchements jusqu'à ce que je souhaite qu'il crève. Je voulais une fois pour toutes que mon compagnon comprenne que je n'en pouvais plus de son caractère acariâtre et versatile. Son manque de respect et d'amour envers moi m'était devenu insupportable. Je voulais en finir, à ce moment-là, l'homicide conjugale semblait être la meilleure solution.

Heureusement, comme d'habitude, Bastien s'est immédiatement calmé en voyant mes armes. Il m'a affirmé qu'il rigolait et que je n'avais pas le sens de l'humour. Il m'a dit s'inquiéter pour ma santé mentale. Car il fallait être folle pour en arriver à sortir une hache et un couteau de boucher dans le but de blesser ou tuer son compagnon. Il souhaitait sérieusement que j'envisage de consulter un psychiatre. Autrement, selon ses pronostics, je finirai internée à l'hôpital psychiatrique de Saint-Anne à Paris.

Je tremblais de tous mes membres. J'ai posé les armes. Exceptionnellement, Bastien m'a pris dans ses bras pour me calmer. Par la suite, il a couché les enfants. Il a mis la table et servi le repas. Dans le calme, nous avons ensuite mangé des moules-frites autour d'une bouteille de vin.

J'étais complètement confuse comme droguée. Je me sentais devenir folle. J'étais à moitié outrée par son comportement et à moitié heureuse qu'il s'occupe des enfants et me fasse un câlin. Durant le repas, Bastien m'avait dit que j'étais paranoïaque comme sa mère. En effet, cette dernière venait de sortir d'un hôpital psychiatrique, suite à un internement contraint par son mari. Bastien me répétait sans cesse qu'il m'aimait mais qu'il fallait que je me fasse soigner par un psychiatre.

Je pensais effectivement que je devais voir un professionnel. J'avais juste besoin de parler. Je ne me sentais pas au stade de la médication et encore moins de l'hospitalisation. Je savais que Bastien était plus dingue que moi. En y réfléchissant, j'ai pensé qu'il n'était pas pertinent que je consulte un psychiatre dans l'immédiat. En effet, en cas de séparation, Bastien se servirait de cet élément devant le juge pour attester de mon incapacité à gérer mes enfants.

Entre autres, je dois avouer que j'avais cherché sur Internet le moyen de supprimer une personne en faisant passer sa mort pour un décès naturel. Heureusement, je n'étais jamais passée à l'action, car, j'avais ouvert mon cœur à ma mère concernant ces pensées mortifères. Elle avait évité de porter un jugement sur mes paroles. Ma mère m'a rappelé que c'était un péché religieux, un crime judiciaire et que je devrais rendre des comptes à mes enfants concernant l'assassinat de leur père adoré. De plus, j'irais en prison et surtout que je ne ferais jamais grandir mes enfants. Ces derniers ne méritaient pas de vivre une telle tragédie. De plus, une ordure comme Bastien ne valait pas la peine que je gâche ma vie.

Ma mère m'avait dit : « *Si tu en es là, tu dois absolument le quitter. C'est très grave d'oser penser à des trucs pareils concernant l'une des personnes que tu aimes le plus au monde* ». Bien évidemment, ma mère avait raison.

Je ne savais plus si j'aimais encore Bastien. En revanche, la chose dont j'étais certaine, c'est qu'il m'était impossible de m'imaginer vivre sans lui. J'étais totalement dépendante de lui et je ne pensais pas avoir la force de m'en séparer.

• La rencontre de nos familles respectives

J'avais décidé d'organiser un barbecue familial. Je souhaitais que nos familles respectives se rencontrent enfin. Cela faisait déjà six ans que nous étions en couple Bastien et moi. Nous avions deux enfants et une maison pourtant nos familles ne se connaissaient toujours pas. C'était pour cela qu'il était temps que j'organise cette rencontre.

Pour les invitations, j'avais envoyé un texto général environ un mois avant la date du barbecue. La majorité de mon clan avait répondu rapidement. Parfois, pour me dire qu'ils me donneraient une réponse définitive ultérieure. Néanmoins, suite à l'altercation avec Bastien, mon frère et ma sœur refusèrent de venir.

Du côté de la famille Brillant, personne ne répondit sauf l'une des sœurs de Bastien. Du fait, je ne savais pas s'ils avaient reçu ou non mon message. Du coup, je leur envoyai d'autres messages pour vérifier. Certains individus de cette famille semblaient agacés et me répondirent froidement.

Apparemment, ils avaient déjà répondu à Bastien qui ne m'avait pas donné les informations. Au départ, le frère cadet de Bastien refusa de revenir chez nous au regard du mauvais traitement que « nous » lui avions infligé. Par la suite, il accepta de venir avec sa nouvelle copine.

De mon côté, pour lui faire plaisir, j'avais contacté la maman de sa fille afin que cette dernière assiste à la fête en présence de sa famille paternelle. Bastien alla même chercher sa nièce chez elle.

Donc, hormis quelques personnes indisponibles, nos deux familles furent réunies. Il y avait environ quarante personnes à notre domicile. Le clan Brillant était tellement à l'aise que je ne me sentais presque plus chez moi. De son côté, ma famille s'était réfugiée au fond du jardin.

Ma mère qui était très sociable avait essayé d'entamer la conversation avec certains membres de la famille Brillant mais elle s'était heurtée à une forme d'indifférence et de condescendance. Au contraire, elle s'était très bien entendue avec la mère et la tante de Bastien.

Pour ma part, j'essayais d'être une hôtesse bienveillante. J'allais vers tous mes invités, sans exception, pour discuter et m'assurer qu'ils ne manquaient de rien. Néanmoins, je sentais un mépris larvé de la part de certains Brillant. D'ailleurs, certains d'entre eux étaient venus les mains vides au mépris du respect des conventions sociales. Alors même que pour la majorité des invités, c'était la première fois qu'ils rencontraient Lola. En général, ils étaient généreux surtout pour une naissance. À travers cette attitude inhabituelle, je comprenais que l'on voulait me transmettre un message d'hostilité.

En effet, depuis que j'avais déposé la main courante contre Bastien, toute sa famille me haïssait. Peu importait que je sois gentille et serviable avec eux. J'étais perçue comme une traîtresse doublée d'une hypocrite. D'ailleurs, j'étais persuadée que Bastien avait dressé de moi un portrait peu flatteur. Mon compagnon avait dû omettre de raconter à sa famille que j'avais déposé une main courante parce qu'il m'infligeait un harcèlement moral quotidien ainsi que de la violence physique.

Dans la même dynamique, sans surprise, la famille Brillant avait totalement ignoré la nouvelle copine du frère cadet de Bastien. C'est pourquoi, je discutais régulièrement avec elle afin d'éviter qu'elle se sente trop mal à l'aise.

À contrario, même si les membres de ma famille n'appréciaient pas particulièrement Bastien, personne ne se montra hostile envers lui. D'ailleurs, plusieurs membres de ma famille avaient même voulu l'aider à préparer son barbecue. Mais, Bastien les avait sèchement rejetés.

Mon compagnon faisait semblant, devant sa famille, de se montrer froid et distant envers la mienne. Bastien avait tellement dû critiquer ma famille devant la sienne qu'il fallait bien que son attitude soit cohérente avec ses propos mesquins. Cet homme était hypocrite. D'ailleurs, au départ du clan Brillant, Bastien est venu discuter et rigoler avec les membres restants de ma famille. De plus, il a allègrement critiqué sa propre mère et son frère cadet.

Pour couronner le tout, plusieurs personnes de ma famille avaient entendu des membres du clan Brillant me dénigrer. Cela énervait certaines personnes que le chapeau de Lola lui retombe systématiquement sur le visage quand je la portais sur mon dos. D'autres étaient rebutés par l'ampleur des travaux restants à faire dans la maison. Pour finir, je n'avais pas acheté assez de glaces pour le dessert.

Bastien avait trouvé que ma famille était restée dans son coin. Selon lui, je n'étais pas assez présente pour sa famille. Pourtant, je n'avais pas lésiné sur mes efforts pour discuter avec chaque membre de sa famille, même les moins chaleureux. Heureusement, que l'une des sœurs de Bastien était très sympathique. D'ailleurs, elle m'avait aidée à servir les invités.

En fin de compte, la famille Brillant avait longuement remercié Bastien de les avoir invités. Alors que ce dernier n'avait rien fait hormis le barbecue. En plus, il avait même brûlé certains morceaux de viande. Comme d'habitude, j'avais tout organisé et payé de A à Z et je ne récoltais que dénigrement et mépris.

Malgré tout, j'étais contente d'avoir pu présenter notre fille et notre maison à nos proches. Toutefois, je savais que je ne réitèrerai pas l'expérience. Il y avait trop de boulot pour organiser ce type d'événement pour peu de joie en retour. Après le départ de tout le monde, Bastien était venu me remercier en pleurant de joie. Quelle comédie ! Ce type méritait vraiment de remporter un César…

- ## L'atmosphère se tend ponctuellement

J'étais tellement désespérée par notre relation toxique et conflictuelle que j'avais demandé à une praticienne en magie blanche trouvée sur Internet de pratiquer un soin énergétique pour améliorer notre vie de couple.

À ma grande surprise, je dois avouer que quelques semaines plus tard, comme la praticienne me l'avait prédit, notre relation allait de mieux en mieux. En effet, Bastien me m'insultait plus et ne me critiquait plus. Nous étions complices. Nous cuisinions même ensemble sans que cela ne finisse en violente dispute. Je me sentais vraiment mieux. Je reprenais espoir. J'espérais sincèrement que notre famille sortirait grandie de toutes ces épreuves. Mais je me faisais encore des illusions...

Nous allions partir tous les quatre en vacances au même endroit que ma mère, mon beau-père, mon frère, ma sœur et son compagnon. Nous partions quinze jours dans un camping cinq étoiles, situé dans le Bassin d'Arcachon en Gironde. Notre camping se trouvait à six heures de route de notre domicile. Bastien avait même payé les vacances. Quel exploit !! Bien sûr, le père de mes enfants s'en vantait sans cesse. Comme si payer des vacances à sa compagne et ses enfants était un acte héroïque ! Nous avions en plus bénéficié de réductions tarifaires via mon employeur.

Comme à l'accoutumée, je m'occupai de toute l'intendance, préparai les valises. J'avais acheté des barres pour le coffre de toit de la voiture de Bastien. J'avais également cuisiné des denrées alimentaires pour le voyage et notre arrivée. J'avais élaboré l'une de mes fameuses check-lists pour ne rien oublier.

Malheureusement, l'accalmie au sein de notre couple fut de courte durée. Cela dura environ trois semaines. Effectivement, la veille de notre départ en vacances, Bastien m'avait hurlé dessus en disant que j'étais débile et portais la poisse.

Le nouveau GPS que je venais d'acheter ne fonctionnait pas correctement. Ne voulant pas gâcher mon bien-être, je n'ai pas répondu à ses provocations. D'ailleurs, il était certain que Bastien créait une ultime dispute avant notre départ afin de compenser pour les jours de vacances durant lesquels, il ne pourrait pas m'agresser. Mon compagnon se sentait certainement obligé de ne pas chercher de conflits durant nos congés. Il souhaitait encore garder une bonne image devant mon beau-père. Il fallait avouer que c'était le seul membre de ma famille avec lequel Bastien n'avait pas eu de conflits. Heureusement, pour Bastien nous avions un bungalow séparé de ma famille. Du coup, Il pouvait piquer quelques crises de colère en toute discrétion.

- ## Les vacances

À l'inverse de nos premières vacances, Bastien me proposa de conduire juste une heure. Il semblait que Bastien veuille faire comme mon beau-père qui conduisait tout au long du trajet. Ma mère ne pouvait pas conduire car elle n'était pas à l'aise sur l'autoroute.

J'étais écœurée de son attitude plus « sympathique ». Lors de nos premières vacances, Bastien m'avait obligé à conduire alors que j'étais enceinte et épuisée. À présent, j'avais la pêche mais prétextant me ménager, mon compagnon déclina ma proposition de faire la moitié du chemin. Bastien jouait encore son rôle de conjoint aimant et prévenant. D'un autre côté, le fait que je ne conduise pas lui évitait de s'occuper des gamins.

Globalement, durant notre séjour, il n'y eut pas de crises majeures entre nous. Bastien était malin. Nous étions dans le même camping que ma famille, par conséquent, il faisait profil bas. Néanmoins, cela ne l'a pas empêché d'être sournois. Il me mettait la pression et me sommait de me dépêcher pour tout et pour rien. Nous étions en vacances mais je devais rapidement préparer les repas, ranger le bungalow et habiller les enfants. Si je manquais à mes obligations pour me détendre, j'avais droit à de terribles remontrances de sa part. Bien évidemment, les reproches se faisaient à huis clos. Devant ma famille, Bastien semblait adorable.

Nous allions voir ma famille chaque jour. Nous étions souvent ensemble au restaurant, à la piscine, à la plage et au minigolf. Nous nous amusions bien. Néanmoins, ma mère venait rarement nous rejoindre. Cela m'attristait car je n'en comprenais pas vraiment la raison. Pour ma part, la présence de ma famille avait égayé mes vacances.

Lorsque que nous étions seuls, Bastien les critiquait sans cesse plus au moins subtilement. Mon compagnon disait :

« Ta mère ne va que rarement à la plage avec son mari, il doit se sentir seul. »

« Il y a des cheveux partout dans leur bungalow. Ça se sont les rajouts de ta mère. On dirait qu'ils ont un clébard. »

« Le maillot de bain de ta sœur est trop échancré. T'as pas vu tout à l'heure, son père a failli faire une attaque cardiaque quand il l'a vue. »

« Tes parents sont cons d'avoir payé les vacances au copain de ta sœur. Ils sont majeurs maintenant. Ils doivent bosser comme tous les jeunes de leur âge. »

« Ton frère, ta sœur et son copain n'aident même pas tes parents. Je ne sais pas comment ils font pour accepter que les jeunes ne nettoient pas le bungalow. »

« Tu as remarqué que c'est nous qui ramenons toujours le plus de viande pour le barbecue. Ils sont un peu radins. Je n'ai pas la bourse à Rothschild. »

Parfois, j'étais en accord avec ses propos sur le fond. En revanche, je le trouvais méchant sur la forme. C'est pourquoi, je lui demandais de se mêler de ses affaires.

Lors de conversations anodines, Bastien s'opposait systématiquement à tout ce que disait ma famille. Il avait constamment envie d'être en contradiction sur tout et n'importe quoi. Il voulait avoir raison, il alla jusqu'à dire qu'il enverrait Lenzo et Lola lui acheter des clopes lorsqu'ils auraient cinq ans afin de les rendre plus autonomes. Quel abruti ! Du coup, à de ce comportement provocateur, j'avais constamment peur que ça tourne au vinaigre à cause de la prochaine bêtise qui sortirait de sa bouche.

Durant notre séjour, ma petite sœur fit une remarque agressive et blessante à mon compagnon. Elle dit devant toute le monde qu'à cause de Bastien leur bungalow puait la clope.

Sur le coup, j'étais extrêmement surprise de ne pas voir Bastien démarrer au quart de tour pour se défendre. Mais, une fois seuls, Bastien ne manqua pas de me faire remarquer à quel point ma sœur était irrespectueuse envers lui, moi, Lenzo et ses parents. Il me dit qu'à ma place, il ne supporterait jamais d'avoir une sœur aussi impertinente. Puis, il a valorisé son self-control et sa maturité car il n'avait pas eu de réaction agressive. Bastien a insisté pour que j'affirme qu'il avait changé. Il voulait que je dise qu'il était mature et ne s'emportait plus pour rien. Malheureusement, je ne pouvais pas confirmer ses propos car le matin même, Bastien m'avait engueulée, comme du poisson pourri, à propos de la vaisselle que je n'avais pas encore faite…

Par la suite, ma mère m'avoua que durant les vacances, elle n'était pas beaucoup sortie avec nous et les enfants car elle craignait que Bastien ne cherche encore des problèmes. Finalement, je me rendais compte que tout le monde marchait sur des œufs avec mon compagnon.

Pour ma part, j'avais perdu toute spontanéité depuis longtemps. Je contrôlais chacune de mes paroles et de mes actions pour éviter de déclencher un conflit de couple. Toutefois, ma stratégie était d'une inefficacité criante puisque Bastien me tombait régulièrement dessus pour des broutilles.

Un soir, nous avions organisé un barbecue pour manger dans le bungalow de ma mère. Le père de mes enfants semblait s'amuser. Néanmoins, en rentrant, Bastien m'avait dit que ma famille était radine. Car c'était lui qui avait apporté la majorité de la viande et que ma sœur, qui ne lui parlait même pas, s'était jetée dessus. Il me disait être dégoûté pour ce type de comportement. Je lui avais fait remarquer que depuis six ans, ma famille nous invitait régulièrement à manger sans rechigner, ni analyser les dépenses. Je n'approuvais pas du tout qu'il fasse des comptes d'apothicaire, alors qu'il était lui-même près de ses sous.

Néanmoins, son soi-disant dégoût, ne l'a pas empêché de passer toute la journée suivante avec mon beau-père, mon frère, ma sœur et son copain à jouer à la pétanque, faire du minigolf et à regarder les matchs de la coupe de monde de football au bar du camping. D'ailleurs, lorsque Bastien allait au bar, mon beau-père lui payait systématiquement l'apéro.

Pendant ce temps-là, les enfants et moi étions avec ma mère dans son bungalow. En raison des fortes températures, nous activions le système de climatisation. Je préférais rester au frais car la chaleur était trop importante pour les petits. De plus, cela me permettait de passer du temps avec ma mère sans avoir l'impression d'être surveillée par la Gestapo.

Comme à la maison, je gérais seule mes enfants. De son côté, Bastien profitait pleinement de ses vacances. À contrario, avec toutes les corvées quotidiennes à accomplir, je n'étais pas vraiment en vacances, j'avais juste changé d'environnement.

Lors de notre séjour, Bastien avait même réussi à ébranler émotionnellement mon beau-père alors que ce dernier n'était pas du genre fragile. Un soir, mon beau-père et lui étaient seuls pour boire l'apéro. Apparemment, Bastien avait profité de la situation pour lui parler de ma sœur et de leur relation conflictuelle. Il avait fait culpabiliser mon beau-père en raison de sa soi-disant sévérité envers sa fille. Pour atteindre son but, mon compagnon s'était servi de mes confidences à ce propos et de ce que lui-même avait pu observer durant toutes ces années.

Par la suite, ma mère me confia qu'en vingt-deux ans de mariage elle avait rarement vu son mari aussi mal. Elle était triste. J'en parlai à Bastien qui nia toute implication dans histoire. Je savais que Bastien avait déstabilisé mon beau-père intentionnellement. En effet, depuis quelques jours, nous avions beaucoup complimenté mon beau-père qui avait réussi un concours de la fonction publique. Mais, Bastien ne le supportait pas. De jalousie, il l'avait attaqué sournoisement tout en faisant mine de se soucier de sa relation père-fille.

Au fond de moi, j'ai pensé : « *il est fort cet enculé de Bastien pour nuire aux autres* ». En effet, je n'aurais jamais imaginé, qu'en l'espace de quelques heures, il aurait déstabilisé celui que l'on appelait amicalement Vladimir Poutine en référence à des caractéristiques physiques communes mais surtout à un caractère fort.

À la fin des vacances au moment de quitter le bungalow, Bastien était parti boire un verre avec des vacanciers belges rencontrés sur le camping avec qui il avait sympathisé. Pendant ce temps-là, j'ai quasiment tout rangé et nettoyé seule. Pour couronner le tout, les enfants chialaient.

En fin de compte, les vacances s'étaient déroulées sans grosse catastrophe. Néanmoins, le fait d'être constamment sur le qui-vive était épuisant.

À chaque parole de dénigrement sur ma sœur, Bastien me démontrait sa vérité avec des exemples : « *T'as vu comme elle a agressé ton fils pour un jeu de cartes ? Qu'en penses-tu ?* »

« En fin de compte, si tu continues à lui adresser la parole, tu valides son mauvais comportement non ? Tu as vu comme elle a parlé à son père, imagine Lola te parle comme ça ? Que ferais-tu ? »

« Attention, je ne t'incite pas à couper les ponts avec ta sœur mais bon franchement c'est inacceptable. »

Au bout du compte, à force que Bastien me bourre le crâne me montrant qu'elle était indigne de mon amour, j'ai décidé de ne plus adresser la parole à ma petite sœur.

En rentrant de nos vacances, j'ai contacté ma sœur reprenant la liste que Bastien m'avait dictée concernant tous ses comportements irrespectueux. Puis, je lui ai dit qu'à présent je souhaitais l'éviter.

Ma sœur était triste que je la rejette. Elle pleurait en me présentant des excuses. Puis, elle m'a demandé d'être son témoin de mariage.

En effet, ma sœur de dix-huit ans et son futur mari de vingt ans qui étaient en couple depuis de nombreuses années, avaient décidé de faire un petit mariage. Au bout quelques jours de réflexion, j'ai accepté sa proposition avec joie.

- De retour chez nous

Nous étions rentrés à la maison. Bastien avait laissé de la nourriture, pendant ces quinze jours, dans le four. J'ai immédiatement pensé que si j'avais commis une telle erreur, mon compagnon m'aurait hurlé dessus durant des heures en me traitant d'incapable. Mais il s'agissait de son oubli pas du mien donc je n'avais rien à dire si. Je devais juste nettoyer la moisissure collée aux parois du four pendant que Bastien allait voir la finale de la coupe du monde de football chez un pote. J''avais quand même pu lui imposer de prendre Lenzo. Effectivement, je ne pouvais pas ranger et nettoyer toutes nos affaires de voyage en plus de gérer les deux enfants.

J'ai pourtant regretté de lui avoir confié le petit car ce dernier était rentré blessé à la jambe en plus d'être épuisé. Apparemment, l'enfant était très agité et n'écoutait pas les consignes de son père. Voulant échapper à la vigilance de Bastien, Lenzo était tombé violemment sur des cailloux.

Du fait de cette blessure, les garçons étaient rentrés plus tôt à la maison. Du coup, Bastien n'avait pas pu voir la totalité de la finale de la coupe du monde de football 2018. Lorsqu'il apprit que l'équipe française avait gagné, il pleura.

Il était très en colère contre moi car en lui confiant son fils, mon compagnon avait certainement raté l'un des meilleurs matchs de football de la décennie. Il priorisait encore le football au détriment de sa famille. Son attitude m'énervait mais en même temps il réussissait à me faire culpabiliser. J'étais dans la confusion la plus totale. J'en venais à me demander si c'était normal que je confie le petit à son père.

Étais-je si horrible de priver un homme de sa passion pour le football au profit de sa chair et son sang ? J'étais tout de même effarée de constater que Bastien était plus sensible à un match de football qu'à la blessure de son fils.

- Le dernier masque tombe

Je ne sais vraiment pas pour quelles raisons, les dernieres inhibitions sont tombées. Mais le degré de violences est encore monté d'un cran. Il était fou de rage que j'accepte d'être la demoiselle d'honneur de ma petite sœur. Il a commencé à me dire que nous ne resterions pas longtemps au mariage. Il a dit : « *je déteste ta sœur. Quelle bande de clochards ceux-là !! Ils n'ont pas une tune et ils veulent se marier. Je suis mort de rire. Ce sont encore tes parents, les pigeons, qui vont encore payer. Vous me faites rigoler dans cette famille. La petite princesse décide de se marier dans un mois et tout le monde s'exécute. Dans ma famille, nous ne cédons jamais aux caprices. N'imagine même pas que tes gosses pourront faire* ça ».

Je lui rétorquai : « *Déjà, ta famille est loin d'être exemplaire donc ferme un peu ta gueule. Sache que tu n'es pas obligé de venir. Je te garantis que tu ne manqueras à personne. Et n'oublie pas que j'ai le permis de conduire et une voiture. Donc je suis libre de mes déplacements. En tant que demoiselle d'honneur, je resterai le temps qu'il faudra* ».

Il essaya vainement de me menacer :

— *Ne fais pas la maligne sinon je te garantis que les gamins n'iront pas à ce putain de mariage !*

— *Tant mieux comme ça je n'aurai pas à faire la boniche en gérant les enfants. Pour une fois dans ta vie, tu sauras ce que c'est que de t'occuper de deux gamins en bas âge.*

— *T'es vraiment une connasse.*

• Opération : destruction psychique de la grosse

La violence de Bastien à mon encontre montait crescendo. Les attaques morales étaient de plus en plus perverses et sournoises. Régulièrement, Bastien disait que cela serait simple pour lui refaire sa vie car lui n'avait pas pris de poids. De plus, il était cadre, sa nouvelle situation professionnelle attirerait les jeunes femmes minces et sans enfants. Bastien se moquait de moi en disant qu'à contrario, aucun homme ne voudrait d'une grosse femme avec deux gamins en plus sans argent.

Un soir en rentrant, Bastien m'a raconté qu'une très jolie métisse d'une vingtaine d'années n'avait cessé de lui faire des œillades dans le train. Il disait qu'elle était magnifique et sexy. Il ajouta que j'avais de la chance car il m'aimait sincèrement sinon il l'aurait sûrement draguée.

Il m'a dit : « Je *comprends pourquoi tu veux m'épouser. Comme ça grâce à une alliance, les filles vont se calmer. Mais ne t'inquiète pas. J'ai des valeurs. Je suis fidèle. Même s'il faut bien l'avouer, tu ne donnes pas envie avec ta prise de poids et tes fringues »*.

Je portais un débardeur bleu large pour camoufler mon ventre. En plus, d'un gilet noir pour cacher mes bras, un legging noir et une paire de tongs noirs. J'étais en tenue d'intérieur. J'étais lavée, habillée et parfumée mais pour lui j'étais dégueulasse. Toutefois, cela ne l'empêchait pas de me solliciter sexuellement.

Il ajouta : *« Mais bon ! fais gaffe car vu comme tu te négliges, tu ne vas pas tarder à avoir des cornes ».*

Je ne connaissais pas cette expression. Il m'avait dit de chercher sur Internet sa signification. En fait cela voulait dire qu'il allait me tromper avec une autre femme.

Lorsqu'il me disait tout cela, je ressentais un profond mal-être. J'avais l'impression d'être la dernière des merdes. Je me taisais. J'écoutais, faisant mine de ne pas être touchée par le fait que Bastien me trouve moche et envisage de me tromper. Je ne savais pas ce que j'avais fait au ciel pour mériter un tel traitement. Peut-être étais-je mauvaise ? Je n'avais plus la force de me battre pour me faire respecter. J'envisageais d'accepter la tromperie sans rien faire.

Mon estime personnelle était devenue inexistante. Je me sentais comme un déchet. Je n'étais plus une femme. Je me trouvais tellement grosse et laide. J'aurais voulu me tirer une balle dans la tête pour disparaître et ne plus supporter cette souffrance mais je ne pouvais pas me résoudre à abandonner mes enfants.

En même temps, j'étais incapable de quitter Bastien. J'étais morte de peur et ne me sentais pas compétente pour affronter la vie sans lui. Je préférais avoir la peste et le choléra que ne plus vivre avec mon bourreau.

Je savais que même si je quittais Bastien, je ne pourrais jamais envisager de me remettre en couple. J'avais la trouille qu'un autre homme valide les propos de Bastien. Ses dénigrements quotidiens m'avaient marquée au fer rouge. Il m'avait détruite.

J'avais d'autant plus peur qu'en début de relation, Bastien qui était un bel homme grand et bien bâti se faisait tout le temps reluquer par des jeunes femmes et même parfois par des hommes. Cette situation me rendait à la fois fière car j'avais la chance d'être à son bras mais en même temps, je me sentais en insécurité d'être en concurrence avec toutes ces personnes. Bastien entretenait volontairement mon insécurité en disant qu'il pourrait partir à tout moment. Néanmoins, au fil de ans, sa consommation excessive de marijuana, de tabac, d'alcool en plus de sa méchanceté lui avaient fait perdre beaucoup de charme et de sex-appeal. Toutefois, je redoutais qu'il m'abandonne.

- Mon bourreau est conscient du mal qu'il me fait

Un soir en rentrant du travail, Bastien m'expliqua avoir passé sa visite médicale professionnelle. En rigolant, Il me montra une photographie sur son téléphone et dit : « *J'ai pensé à toi, lorsque j'ai vu cette affiche de prévention contre le harcèlement moral. Je pense que je te harcèle un peu quand même. Qu'en penses-tu ?* »

Mon compagnon a commencé à lire la photographie tout en pouffant de rire. Il lit : « *Le harcèlement moral s'exprime par des insultes, des brimades, des menaces, des messages hostiles ou encore des critiques infondées et incessantes qui dégradent les conditions de vie de la personne et portent atteinte à sa dignité.* »

Bastien ajouta : « C'est *vrai que je te harcèle un peu. Je suis con parfois. Mais bon, je ne te frappe pas quand même. C'est l'essentiel...* »

— *Donc, si je comprends bien, ça fait des années que tu es conscient que tu me harcèles. Tu as un sacré culot pour me montrer cette affiche. Tu te fous de ma gueule ou quoi ? Tu cherches quoi ? Que je te tue à coup de pelle ?*

— *Oh calme toi meuf... Tu crois que tu ne me harcèles pas toi en me traitant d'éjaculateur précoce, de grosse merde, d'enculé, de drogué et de fainéant ?*

— *Je ne fais que me défendre !*

— *Ben moi aussi. Car tu prends toujours les gens de haut.*

— *Je ne vais pas me mettre dans le caniveau pour être à ton niveau et satisfaire ta médiocrité. Si seulement tu sais ce que ça veut dire. Pauvre connard !*

Cette nuit-là, j'ai beaucoup cogité. Je me suis dit qu'il fallait que je parte sans jamais revenir. Car avant cette période, je pensais que Bastien n'était pas réellement responsable de ce qu'il me faisait subir. Dans mon esprit, il ne se rendait pas compte du mal qu'il faisait autour de lui. Mais en réalité, non seulement, Bastien était parfaitement conscient de ses actes, mais pire, il jouissait de me voir souffrir. Le salopard !!

- ## J'étais découragée par la vie

Mon amour propre en prenait un sacré coup, je m'en voulais de m'être trompée de compagnon. Je pensais avoir trouvé l'homme de ma vie mais finalement il m'avait juste bernée. Je rêvais d'être en couple comme beaucoup de femmes de mon âge. Malheureusement, je m'étais retrouvée avec un chtarbé. C'était terrible de devoir assumer l'une des plus grosses erreurs de mon existence. J'avais l'impression d'être une ratée qui avait gâché sa vie.

Durant quelques jours, j'essayais encore, lors de mon dialogue interne, de minimiser les faits liés à la maltraitance que je subissais. Je me taisais ne voulant toujours pas accepter cette réalité. Mon rêve de famille aimante était brisé. J'avais honte de moi. Sachant qu'à de multiples reprises, mes proches m'avaient conseillée de quitter cet homme. Je n'avais pas écouté pensant encore et toujours qu'avec beaucoup d'amour et de bienveillance mon cher et tendre changerait de comportement.

J'étais d'une naïveté exaspérante. Je me croyais vraiment dans le monde des bisounours dans lequel l'amour triomphe de tout ! En réalité, Bastien était un prédateur et j'étais sa proie. Il voulait me chosifier et me détruire. Lorsque l'on est face à un prédateur, il y a deux options : fuir ou se battre. Dans ce type de situation la négociation n'existe même pas.

Le pire, c'est que malgré mes découvertes, je me retenais encore de partir de peur de perdre la face devant mon entourage. J'étais une femme fière et forte qui réussissait la majorité des choses qu'elle entreprenait. C'est pourquoi, mon orgueil m'empêchait d'admettre publiquement l'échec de ma relation de couple. J'avais fait des efforts démesurés pour que ma famille reste unie. J'étais allée à contre-courant de mes principes et de mes valeurs pour Bastien. Je refusais d'accepter que ma vie fût une mascarade un simple jeu de miroirs où l'apparence comptait plus que la vérité. J'avais d'énormes œillères qui m'empêchaient de voir que ma famille volait en éclats.

En plus de tout, je refusais de faire partie de ces familles monoparentales à problèmes et sans le sou. Ce qui risquait fort de m'arriver si je quittais cette ordure. Je voulais absolument préserver l'image de ma vie de famille. Ainsi que mon image personnelle de femme de caractère. J'avais la hantise de basculer du côté des victimes vulnérables qui font peine à voir. D'ailleurs, les femmes maltraitées sont souvent critiquées par la société. Il faut bien avouer que sous-couvert de compassion ou de pitié, tout le monde se demande pourquoi elles restent si longtemps auprès de leurs compagnons.

- Il continue de grimper sur l'échelle de la violence

Son contrôle sur ma vie s'intensifiait. À présent, lorsque j'osais demander du respect, Bastien me hurlait de fermer ma grande gueule devant les enfants. Ces derniers avaient très peur de leur père. De mon côté, je vivais sous tension permanente et m'affaiblissais chaque jour un peu plus. J'acceptais la maltraitance comme faisant partie de la norme. Du fait, Bastien repoussait de plus en plus les limites de la violence. Il me menaçait sans arrêt afin d'exercer un contrôle absolu sur ma vie. Bastien disait souvent :

« Si tu n'es pas contente, dégage chez ta petite maman. Tu ne sais faire que ça, fuir. Espèce de connasse. Prends tes valises roses, bon marché et casse-toi. Par contre, je te préviens, tu ne remettras jamais tes pieds ici. Et tu ne reverras jamais plus tes enfants. Vu comme tu es folle, j'obtiendrai facilement la garde des enfants devant un juge. Puis n'oublie pas que ma mère travaille depuis trente ans au tribunal. Elle peut me trouver l'un des meilleurs avocats de la région. Et je n'hésiterai pas une minute à te démolir. Je pourrais aussi te butter, jeter ton corps dans notre puits et le faire disparaître grâce à de l'acide. Mais je n'aurai même pas à le faire... Tu es tellement faible que tu auras envie de te suicider sans tes gosses. Ce qui peut m'arranger d'un côté, comme ça j'aurai la baraque pour moi... »

Les périodes d'accalmie entre deux crises étaient de plus en plus courtes. Et les colères de plus en plus violentes.

Au fond de moi, j'avais l'angoisse que Bastien kidnappe les enfants si je le quittais. Sa mère avait-elle réellement un pouvoir de nuisance juridique ? Mes pensées n'étaient plus rationnelles. J'étais uniquement dans l'émotionnel. Mon humeur oscillait au rythme des colères de Bastien. Parfois, j'essayais quand même de prendre toutes ses menaces à la rigolade. Je luttais pour préserver mon caractère enjoué en regardant des vidéos de développement personnel sur

YouTube. Toutefois, j'étais de plus en plus maussade. La lumière que je portais au fond de mon cœur s'éteignait progressivement.

• J'étais censée reprendre le travail

Au bout de 6 mois de congé parental, j'avais prévu de reprendre mon activité professionnelle. J'avais trouvé une nourrice agréée pour garder Lenzo et Lola. Néanmoins, je ne me sentais pas prête à retourner au travail. En effet, Lola était encore allaitée et je la trouvais très petite. De plus, la garde allait nous coûter la moitié de mon salaire. Je n'avais toujours pas trouvé de boulot près de chez moi pour procéder à une mutation. Je devrais faire 100 km de route par jour pour aller travailler. Sachant que, financièrement, nous pouvions tenir encore un an. En effet, la banque nous avait accordé un différé d'emprunt, dans le cadre des travaux pour la maison. Par conséquent, nous ne payions que les intérêts du crédit immobilier. Je pouvais donc continuer à régler la moitié de nos dépenses grâce aux versements des indemnités du congé parental. Je savais déjà que mon compagnon refuserait de m'entretenir. Malgré tous mes arguments, Bastien refusa catégoriquement que je reste à la maison. Il me disait : « *Tu as pris goût à te branler les couilles mais tu vas retourner bosser, espèce de fainéante. Quoique, dans la fonction publique, vous n'en ramez pas une* ».

Ce jour-là, j'ai cru que j'allais le buter. Pour qui se prenait-il d'oser me dire que j'étais fainéante ? Depuis le début de notre relation, je travaillais, je payais toutes les factures et ce connard vivait à mes crochets. Cela faisait juste quelques mois qu'il m'aidait pour la nourriture et la moitié des intérêts du crédit immobilier. Je n'étais pas en vacances mais en congé parental. Je m'occupais 24h/24 et 7j/7 de deux enfants en bas âge sans aucune aide. Pour couronner le tout, je me faisais harceler par un imbécile. J'étais courageuse et forte mais sûrement pas fainéante.

Toutefois, je m'étais calmée et comme j'avais encore besoin de son aide financière, je me suis pliée encore une fois aux exigences de Bastien. J'allais donc reprendre le travail, la mort dans l'âme.

- Je recherche un nouveau travail

Du coup, pour être plus proche de mon domicile et de la nounou des enfants, j'ai commencé à chercher un poste de cadre supérieur au sein des collectivités territoriales environnantes de notre domicile. J'ai postulé sur une vingtaine d'offres d'emploi qui pouvaient correspondre à mon profil. Malheureusement, je n'ai décroché qu'un seul entretien recrutement et je n'ai pas obtenu le poste. J'étais découragée car je savais que je devrais reprendre mon poste d'origine.

En rentrant, un soir, Bastien a récupéré le courrier et m'a transmis une énième lettre de refus pour un poste qui m'avait beaucoup plu. Il avait les yeux rieurs et son fameux petit rictus en coin. Lorsque Bastien a su que de nouveau l'une de mes candidatures avaient été rejetée, il a explosé de rire. Il m'a dit : « *C'est bien fait pour ta gueule... Ça te remettra un peu dans le droit chemin, tu arrêteras de croire que tu es supérieure aux autres. Et tu reconnaîtras enfin que tu n'es qu'une merde* ».

À ce moment précis, j'ai enfin accepté la vérité. Bastien, l'homme que j'aimais, me voulait du mal et il était heureux que j'échoue. Et heureux que je souffre. En fin de compte, je vivais et couchais avec mon pire ennemi. Quelqu'un qui me détestait tellement qu'il jouissait de ma détresse.

• Et s'il m'avait tué ?

Depuis quelques jours, l'atmosphère était de nouveau tendue. Je savais qu'une terrible dispute allait éclater. Afin d'éviter l'inévitable, j'avais rangé la maison de fond en comble et préparé le repas. De même, j'essayais de calmer Lenzo avant l'arrivée de son père.

À plusieurs reprises, Lenzo avait secoué violemment le cosy dans lequel se trouvait Lola. Je l'avais puni mais il continuait à maltraiter sa sœur. À bout de nerfs, j'avais donné une fessée à mon fils. J'ai immédiatement regretté mon geste. En effet, cela avait eu pour seul effet de le faire pleurer, sans stopper son comportement agressif.

Suite à mon emportement, j'ai tenté de parler gentiment et calmement à Lenzo. Je lui ai expliqué que s'il était en colère, il pouvait hurler et taper sur les oreillers. J'ai ajouté qu'il devait trouver un moyen de se calmer sans faire du mal à sa sœur. Ma nouvelle stratégie l'avait momentanément calmé.

Au retour de Bastien, qui était déjà d'une humeur massacrante, Lenzo avait recommencé à secouer Lola. Son père lui a hurlé d'arrêter mais notre fils continuait encore et toujours. De colère, et pour asseoir son autorité, Bastien avait mis quatre ou cinq fessées à Lenzo.

Immédiatement, j'étais intervenue en lui demandant fermement d'arrêter. J'ai essayé d'expliquer à Bastien que les châtiments corporels ne servaient à rien si ce n'était d'augmenter le degré de rancune de Lenzo envers sa sœur.

En substitution des fessées, j'ai demandé à Lenzo d'aller au coin. Mon fils m'a obéi de mauvaise grâce. Il pleurait et disait : « *Maman, t'es pas belle, t'es pas gentille* ». J'ignorai les réflexions de l'enfant. Le principal étant qu'il obéisse et se calme.

Tout à coup, Bastien commença à rire méchamment en me disant : « *Tu n'es même pas crédible devant le gamin. Personne ne t'obéit de toute façon.* »

— *Ferme-là et arrête de me décrédibiliser devant le gosse.*

— *T'es nulle !! Tu veux que je fasse quoi ? T'essayes de te donner un genre autoritaire. Je suis mort de rire... En fait, tu n'arrives à rien ma pauvre fille.*

Du fait de notre dispute, Lenzo a refusé de rester au coin et Bastien continuait à se marrer. J'étais vraiment en colère. J'avais peur de perdre la face devant Lenzo et Bastien. Donc, afin que mon fils ne puisse esquiver la punition, je l'avais installé sur une chaise de bar. Cette dernière se trouvait dans notre cuisine. Comme l'assise de la chaise était à environ un mètre de hauteur, je savais que Lenzo ne pourrait plus déroger à sa punition.

Je connaissais suffisamment mon fils pour savoir que jamais il ne sauterait de la chaise. Le petit n'était pas téméraire. Il avait trop peur de la hauteur. Mais bien sûr, je le surveillais. Je le savais en sécurité.

Néanmoins, Bastien avait commencé par me traiter de folle et d'inconsciente. Il disait que le petit pouvait se briser la nuque. Ses propos étaient disproportionnés et ridicules. Bastien lui-même le laissait dans une pièce, la fenêtre ouverte, sans surveillance et il n'avait pas peur. Mais moi, j'étais cinq mètres de mon fils. Je le surveillais constamment. Pourtant, Bastien me traitait de mauvaise mère.

Au bout de deux minutes, mon compagnon s'était extrait du canapé afin de lever la punition de son fils. Je lui ai hurlé de ne pas défier mon autorité devant mon enfant. J'avais suivi Bastien pour le retenir par la manche de son tee-shirt mais il continuait à avancer. J'ai donc pris la tablette de la chaise haute de Lola puis l'ai balancée sur sol à proximité des pieds de Bastien. Cela avait produit un terrible vacarme.

Bastien s'est retourné. Il m'a brutalement empoignée de sa large main, par le cou. Ensuite, mon compagnon a exercé une forte pression pour me faire reculer vers la porte d'entrée. En même temps, qu'il me poussait, il ajoutait : « *Tu es devenue hystérique ma pauvre. Je vais te foudre dehors, ça va te calmer, pauvre folle. T'es vraiment débile toi ! »*

J'ai commencé à hurler : « *Lâche-moi. Tu n'as pas le droit de me virer de chez moi ! »*

Néanmoins, Bastien restait sourd à mes injonctions. Du coup, je l'ai également saisi par le cou en serrant de toutes mes forces. Je l'empêchais de me pousser en allant à contre-courant. À cause de la pression exercée sur mon cou par Bastien, je commençais à suffoquer. J'avais l'impression que mes yeux allaient sortir de leur orbite. Malgré mon manque d'oxygène mais grâce à la force de mon désespoir, je lui donnais des coups de pieds et de poing de ma main libre.

Les enfants hurlaient et pleuraient en même temps. Lola assistait à toute la scène de son cosy. Lenzo était encore sur la chaise de la cuisine mais je l'entendais crier à m'en fendre l'âme. Finalement, après plusieurs minutes qui me parurent être des heures, Bastien me relâcha. J'étais essoufflée, sonnée et abasourdie par ce qui venait de se passer. De plus, j'avais très mal au cou. Je réalisais peu à peu que mon compagnon venait de m'étrangler. C'était juste surréaliste.

En revanche, Bastien n'avait pas l'air surpris et encore moins choqué. Au lieu de regretter ses actes et de s'excuser, le père de mes enfants me disait en rigolant : « *Regarde, tout est de ta faute. Tu as voulu m'agresser avec le plateau devant tes enfants. Tu es une mauvaise mère. Tu es folle, espèce de débile, débile, débile, débile, débile, débile, folle, débile, mère indigne. »*

Je tremblais de tous mes membres. Il fallait pourtant que je m'occupe de mes enfants. Je devais les faire manger, changer leur couche et les endormir. Bastien continuait de m'insulter et se moquait de moi. Il voulait me faire craquer.

Je n'osais plus parler. J'étais en état de choc. Je n'ai pas réussi à dormir cette nuit-là. Après avoir couché les enfants, je m'étais enfermée quelques minutes dans la salle de bain. Je m'étais recroquevillée sur moi-même et m'étais bercée d'avant en arrière comme un enfant. Les larmes coulaient sur mon visage. Je n'émettais aucun sanglot. Je ne voulais pas que mon ennemi sache qu'il avait détruit une partie de mon âme, de mon cœur et de mon corps. Ce psychopathe jouirait trop de sa victoire.

Le lendemain matin, Bastien m'a dit : « *T'as bien foutu ta merde ! Arrête de faire la gueule maintenant.* » Comme je refusais de lui adresser la parole et que j'étais prostrée dans mon lit, il m'a mordu la cheville comme pour marquer son territoire et sa victoire. Puis, il est parti travailler.

- Que dois-je faire ?

J'étais à bout de force, des larmes qui coulaient toutes seules. Je n'arrivais plus à les arrêter. Néanmoins, j'hésitais encore à parler. Ce matin-là, j'avais un rendez-vous à la PMI[17] pour faire vacciner Lola.

Au cours du rendez-vous, j'aurai voulu parler de ma situation au pédiatre. Je ne l'ai pas fait car je connaissais trop bien le système social français. Si j'ouvrais ma bouche, le médecin aurait été obligé de faire un signalement aux Services départementaux de l'Aide Sociale à l'Enfance. Une enquête sociale aurait été diligentée pour voir si les enfants n'étaient pas en danger avec nous. Cela aurait pu déboucher sur un placement temporaire des enfants en famille d'accueil.

Pour moi, il était inimaginable que l'on me prenne mes bébés. Ils étaient ma force et ma raison de vivre. Par ailleurs, je ne voulais pas être fichée auprès des services sociaux. Cela aurait pu être un frein supplémentaire à ma carrière professionnelle. Il fallait donc que je me débrouille seule.

J'étais la cause du climat malsain dans lequel je faisais vivre mes petits. Il n'y avait pas trente-six mille solutions, je devais fuir pour sauver mes enfants des séquelles psychologiques irréversibles que Bastien leur faisait subir.

Ce jour-là, en rentrant chez moi, je cogitais toujours. Il me fallait des réponses immédiates mais je ne souhaitais parler à personne de l'étranglement.

---

[17] *Protection Maternelle et Infantile*

- ## J'ouvre les yeux grâce à un livre audio

Je faisais des recherches pour trouver un livre sur la manipulation dans le couple. Se faisant, je suis tombée sur un livre audio via l'application Audible. Ce livre s'appelle : « Les manipulateurs et l'amour, » D'Isabelle Nazare-Aga, psychologue et auteure spécialiste de la manipulation.

En écoutant ce livre, j'ai été sidérée. Il faut dire que la description de ce type de relation ressemblait trait pour trait à mon histoire « d'amour ». Cette psychologue avait-elle caché des caméras à la maison pour connaître notre vie de couple ? Impossible, le livre avait été publié des années avant même que je ne rencontre Bastien. L'ouvrage donnait beaucoup d'exemples de manipulation et de perversion conjugales. J'étais soulagée d'apprendre que je n'étais pas responsable de l'agressivité, l'égoïsme et la méchanceté de Bastien. J'étais également rassurée de ne pas être la seule personne à s'être fait couillonner.

Ce livre traitait des trente caractéristiques du pervers narcissique. L'auteure donnait également des conseils. Dont celui d'observer attentivement son conjoint afin de l'analyser au travers des caractéristiques spécifiques aux pervers narcissiques. Ce livre audio m'a convaincue de quitter définitivement cet homme. Le fait qu'une auteure non impliquée par mon histoire conseille à ses lecteurs de quitter leur conjoint manipulateur avait plus de poids à mes yeux que n'importe quel conseil provenant d'un proche bienveillant. C'était simple, je savais que Madame Nazare-Aga était une experte dans son domaine. Du fait, ses conseils étaient impartiaux et sans jugements de valeurs. J'ai donc été plus réceptive à l'écoute du message.

Suite à cette prise de conscience, j'ai commencé vraiment à aller régulièrement sur les forums Internet pour y glaner des informations. Je tapais des mots-clés comme en « couple avec un pervers narcissique ». Quelques mois auparavant, l'une de mes sœurs m'avait parlé de PN (pervers narcissique) pour qualifier Bastien.

Les différents témoignages des victimes étaient assez similaires à ma vie de couple. Néanmoins, je n'arrivais toujours pas à l'accepter. C'était tellement violent que je ne pouvais pas croire que l'homme de ma vie était un pervers narcissique.

J'étais encore dans un semi-déni, une forme de négociation interne. En effet, j'acceptais qu'il soit manipulateur mais pas PN. Pourtant la définition du PN trouvait sur Internet correspondait bien à Bastien. Selon les forums *le pervers narcissique est une personne qui au fond à une mauvaise image d'elle-même. Elle se valorise en rabaissant les autres. Cette personne se donne l'apparence d'un être supérieur et a un besoin exacerbé de se faire admirer. Elle manipule son entourage et ne ressent aucune culpabilité lorsqu'elle blesse les autres.*

Je savais pertinemment que cette définition correspondait à la personnalité de Bastien, je ne voulais tout simplement pas l'admettre car ce type de personnage ne s'améliore jamais. En acceptant cette réalité, je faisais du même coup, le deuil de ma relation et surtout de ma vie de famille.

Effectivement, un PN n'a pas la capacité ni même la volonté de se remettre en question. Il accuse et culpabilise toujours les autres. Par conséquent, il ne peut pas changer. Je devais accepter que mon histoire d'amour n'en fût pas une. Cette révélation m'avait anéantie.

- Le test

Il y a un test très connus élaboré par Isabelle Nazare-aga, qui permettrait de reconnaître les pervers narcissiques. Ce test est composé de trente caractéristiques permettant de savoir si l'on a affaire à un PN. Néanmoins, il faut un minimum d'objectivité pour répondre honnêtement. Voici le test et mes réponses.

1	Il culpabilise les autres au nom du lien familial, de l'amitié, de l'amour, de la conscience professionnelle.	oui
2	Il reporte sa responsabilité sur les autres, ou se démet des siennes.	oui
3	Il ne communique pas clairement ses demandes, ses besoins, ses sentiments et opinions.	oui
4	Il répond très souvent de façon floue.	oui
5	Il change ses opinions, ses comportements, ses sentiments selon les personnes ou les situations.	oui
6	Il invoque des raisons logiques pour déguiser ses demandes.	oui
7	Il fait croire aux autres qu'ils doivent être parfaits, qu'ils ne doivent jamais changer d'avis, qu'ils doivent tout savoir et répondre immédiatement aux demandes et questions	oui
8	Il met en doute les qualités, la compétence, la personnalité des autres : il critique sans en avoir l'air, dévalorise et juge.	oui
9	Il fait faire ses messages par autrui.	non
10	Il sème la zizanie et crée la suspicion, divise pour mieux régner.	oui
11	Il sait se placer en victime pour qu'on le plaigne.	oui
12	Il ignore les demandes même s'il dit s'en occuper.	oui
13	Il utilise les principes moraux des autres pour assouvir ses besoins.	oui
14	Il menace de façon déguisée, ou pratique un chantage ouvert.	oui
15	Il change carrément de sujet au cours d'une conversation.	oui
16	Il évite ou s'échappe de l'entretien, de la réunion.	non
17	Il mise sur l'ignorance des autres et fait croire en sa supériorité	oui
18	Il ment.	oui
19	Il prêche le faux pour savoir le vrai.	oui

20	Il est égocentrique.	oui
21	Il peut être jaloux.	oui
22	Il ne supporte pas la critique et nie les évidences.	oui
23	Il ne tient pas compte des droits, des besoins et des désirs des autres.	oui
24	Il utilise souvent le dernier moment pour ordonner ou faire agir autrui	oui
25	Son discours paraît logique ou cohérent alors que ses attitudes répondent au schéma opposé.	oui
26	Il flatte pour vous plaire, fait des cadeaux, se met soudain aux petits soins pour vous.	oui
27	Il produit un sentiment de malaise ou de non-liberté.	oui
28	Il est parfaitement efficace pour atteindre ses propres buts mais aux dépens d'autrui.	oui
29	Il nous fait faire des choses que nous n'aurions probablement pas fait de notre propre gré.	oui
30	Il fait constamment l'objet des conversations, même quand il n'est pas là.	oui
Total 28/ 30 caractéristiques du pervers narcissique pour Bastien		

La première fois que j'avais réalisé le test, j'avais trouvé quinze caractéristiques. Cela signifiait que Bastien était un manipulateur. À l'époque, je n'étais pas consciente de la maltraitance qu'il me faisait subir. Après notre rupture, j'étais plus objective donc j'ai effectué le test une seconde fois. J'ai trouvé que Bastien avait vingt-huit caractéristiques sur trente. Au regard de ce test Bastien était bel et bien un pervers narcissique.

- Quand vais-je partir ?

Suite à mes découvertes, je savais que je quitterais cet enfer quotidien. Néanmoins, il me fallait du temps pour organiser ma fuite. Je ne devais pas éveiller les soupçons de Bastien car il m'empêcherait de partir. Pire, Bastien était bien capable de me tuer s'il connaissait mes plans. Même si j'avais peur, ma décision était irrévocable, j'allais quitter ce dégénéré.

Comme conseillé dans le livre audio, durant quelques jours, j'avais décidé d'observer mon compagnon pour être sûre à 1000% qu'il était nuisible. Durant cette phase, je restais neutre et calme. Je ne criais plus pour me défendre.

Bastien voyait que je ne lui répondais plus. Il a certainement cru que j'étais devenue docile par peur des coups. De fait, mon compagnon m'insultait et me poussait à chacun de mes refus quand il essayait de me forcer à l'embrasser. Mais je continuais à me taire. J'essayais juste d'esquiver la violence physique.

Le lendemain soir de l'étranglement, Bastien était allé cueillir des noisettes dans notre jardin pour en distribuer gratuitement aux voisins. Bien évidemment, il se montrait avenant et sympathique auprès de ces personnes. Son attitude nonchalante et détendue me faisait presque douter de la véracité de mon agression. Ce type de revirement comportemental était tellement déstabilisant. Personne ne pourrait croire que cet homme si gentil, en apparence, m'avait étranglée vingt-quatre heures auparavant.

Après sa distribution, Bastien m'avait dit : « *Tu vois tout le monde m'apprécie dans le voisinage. En revanche, toi, personne ne te connaît. Tu es sauvage, tu ne parles jamais à tes voisins. De nous deux, c'est moi qui suis une bonne personne. Mais tu me provoques donc je me défends. De toute façon, tu n'es qu'une connasse. Tu fais tout le temps la gueule. T'es vraiment chiante.* »

Face à mon stoïcisme, mon compagnon était sorti faire les courses avec notre fils. Pour ma part, je n'ai pas nettoyé la maison de fonds en comble comme d'habitude. À travers mon inaction, je faisais de la résistance passive.

• A-t-il des limites ? Ai-je atteint les miennes ?

Le dimanche midi nous devions déjeuner chez la sœur de Bastien afin de fêter l'anniversaire de son fils. Au vu de mon état psychologique désastreux, je n'avais pas la force de m'y rendre. Je ne me voyais plus faire semblant de jouer la mélodie du bonheur. Je ne voulais plus mentir aux autres ni à moi-même.

J'ai donc averti Bastien du fait que je ne souhaitais pas venir à l'anniversaire de son neveu en raison de mon mal être. De plus, je savais que mon absence ne manquerait à personne. Tant que mes enfants et leur père étaient présents, la famille Brillant serait contente. Le clan serait au complet, sans la pièce rapportée.

À peine avais-je fini de parler, que Bastien me toisa de son regard froid. Il me menaça en brandissant son poing à quelques centimètres de mon visage : « *Tu as intérêt à venir connasse. Sinon, je te défonce la gueule à coups de poing et je te traine par les cheveux jusqu'à la voiture. Tu te prends pour qui ? Tu crois que tu vas me faire honte devant ma famille. Tu fais trop de chichis. Bouge ton cul, va te préparer immédiatement !!* »

Il m'a dit ces paroles alors que je faisais des câlins aux enfants dans notre lit. Lenzo a senti mon angoisse car il m'a immédiatement serrée très fort contre son petit cœur. Ce câlin m'a fait prendre conscience que mon fils de deux ans et demi cherchait à me protéger. Pourtant, c'était à moi de protéger mes enfants et non l'inverse. C'est à ce moment précis que je me suis dit : « *Demain, je me barre, tant pis si je ne suis pas prête. Je prends toutes mes affaires et je quitte cet enfoiré en prenant mes enfants.* »

Une fois ma décision prise, j'ai fait mine de me soumettre et me suis préparée. Je dois avouer que depuis qu'il m'avait étranglée, j'avais vraiment la trouille de Bastien. A présent, je me rendais compte que le père de mes enfants était capable de me tuer. Il ne s'excusait même plus après ses actes de violence. Nous étions passés à un autre stade de la violence conjugale. J'avais commencé à étudier les cycles de la violence, je savais qu'à ce moment-là, nous avions mis le pied dans un engrenage qui ne s'arrêterait jamais. Pire, cela allait s'amplifier. Car Bastien était incapable de se remettre en question.

Pour ma part, je n'étais plus que l'ombre de moi-même. Je ne pouvais plus être en couple avec cette personne-là au détriment de ma santé psychique et de celle de mes enfants ; Juste pour montrer aux autres, lors de quelques sorties mensuelles, que tout allait bien dans ma vie. J'ai donc fait le deuil de mon rêve de l'amour qui dure toujours et de la famille *Ricoré.*

En arrivant chez la sœur de Bastien, je n'ai quasiment pas ouvert la bouche de l'après-midi. A un moment, l'une de mes belles-sœurs m'a prise en photo. Les Brillant avait créé un groupe famille sur l'application de communication WhatsApp. Ils y partageaient des informations et des photos. Lorsque l'une des cousines a vu ma photo via l'application. Elle a écrit : *Joane fait la gueule ou quoi ?* Ma belle-sœur m'a montré la photo. En effet, je ne me reconnaissais plus. J'avais l'air aigrie et méchante. Où était passée la femme drôle et enjouée que j'avais été ? J'ai pensé : « *Voilà comment je suis devenue à force de rester avec cet homme.* »

• Ma fuite

Le lendemain, j'ai contacté ma tante pour lui raconter toute la violence que je subissais. Elle était outrée, presque sans voix. Ma tante m'a conseillé de tout raconter à ma mère. Je n'osais pas la contacter. Cela me rendait malade de lui causer encore du chagrin. Je la savais tellement sensible. Pourtant, j'allais être obligée de lui dire puisque nous devions fuir chez elle. Je l'ai donc appelée. Ma mère est restée à l'écoute et m'a proposé de venir le lendemain matin.

J'ai également contacté une amie pour lui expliquer ma situation. Elle m'a conseillée de prendre un avocat pour éviter les complications juridiques avec mes enfants. J'ai donc appelé plusieurs avocats pour avoir des conseils sur la démarche à suivre en rapport à ma séparation. J'ai trouvé un avocat proche du domicile familial. Ce dernier m'a incitée à porter plainte contre Bastien pour violence conjugale. De même, il a préconisé de déposer une main courante au commissariat de mon domicile pour prévenir les autorités que je partais avec les enfants chez ma mère.

Donc, le lundi 14 août 2018, je suis allée déposer une main courante au commissariat. J'étais avec les enfants. J'ai été accueillie par une femme policière qui m'a déconseillée de porter plainte. Elle m'a dit : « *Vous voulez réellement que le père de vos enfants aille en garde à vue ? Qu'il ait un casier judiciaire ?* »

J'avais les larmes aux yeux. Je ne souhaitais pas nuire à Bastien. Je voulais juste que mon statut de victime soit reconnu afin que j'obtienne rapidement la garde des enfants. Au regard de mon état de vulnérabilité du moment, je me suis laissé convaincre de ne pas porter plainte. J'ai donc juste déposé la main courante pour éviter d'être accusée de soustraction de mineurs.

Après, je suis rentrée chez moi. J'ai vaqué à mes occupations habituelles. Bastien ne devait rien soupçonner. Heureusement, Lenzo et Lola n'étaient pas encore en capacité de raconter notre journée à leur père.

Nous avons diné tous ensemble en regardant un film à la télévision. Bastien essayait de se montrer gentil envers moi. Toutefois, je restais indifférente de peur qu'il me sollicite sexuellement.

Le lendemain matin après le départ de Bastien au travail. J'ai commencé à assembler toutes nos affaires (papiers administratifs, vêtements, produits cosmétiques, biberons, couches, jouets...). En quatre allers-retours, j'ai déposé mes enfants chez ma mère puis j'ai amené la majorité de nos affaires dans mon ancienne chambre d'adolescente.

Mon dernier aller-retour de voiture était le plus déchirant. J'étais au bord du gouffre émotionnellement. Je réalisais que je quittais l'homme que j'aimais, ma vie de famille, ma maison mais aussi mes années de souffrances et de sacrifices. Cela marquait la fin d'une étape importante de ma vie. Un peu comme un clin d'œil du destin, la radio avait diffusé la chanson « Les meilleurs ennemis » de Pascal Obispo et Zazie. En écoutant cette chanson qui parlait d'une histoire d'amour qui finissait mal, mes larmes ont franchi mes barrières émotionnelles. J'ai pleuré et hurlé ma tristesse et mon amertume durant de longues minutes.

Le soir même, avant qu'il n'arrive à domicile, j'avais contacté Bastien pour lui dire que je le quittais. Je lui avais indiqué que j'avais pris toutes nos affaires. Bastien m'avait dit : « *Espèce de gamine. Je te donne deux jours maximum pour que tu reviennes. Je sais que tu vas revenir comme une bouffonne. Tu n'es plus rien sans moi.* »

Le père de mes enfants ne prenait pas mon départ au sérieux. D'ailleurs, ma famille non plus en raison de mes nombreuses tentatives de rupture infructueuses. Il y avait une forme de scepticisme concernant mon départ définitif. Malgré les doutes de mes proches, j'étais déterminée.

- J'ai brulé les vaisseaux

En théorie, les enfants devaient aller chez la nourrice et moi je devais reprendre le travail quinze jours plus tard. Je ne souhaitais plus me laisser de porte de sortie pour un éventuel retour en arrière. J'ai donc annulé les places chez l'assistante maternelle. Dans le même temps, j'ai prolongé mon congé parental d'une année auprès de mon employeur. Je savais que les enfants et moi n'aurions pas le courage de nous séparer pour que je reprenne mon activité professionnelle. Car je devais garder de l'énergie pour la bataille que j'allais mener concernant la garde des enfants. Mon ennemi était coriace et sans pitié. Par conséquent, je devais être forte pour nous défendre.

La fin d'une histoire d'amour qui n'en était pas une. Mon rêve d'avoir un couple aimant et une famille unie s'était effondré. Néanmoins, j'éduquerai mes enfants avec de hautes valeurs morales telles que l'amour inconditionnel, la générosité, le partage et la bienveillance. Je n'oublierai pas la force, le courage et la persévérance.

Je décidais de faire preuve d'exemplarité en sortant de cette expérience grandie. J'assumais ma part de responsabilité dans cette situation dont j'ai été pleinement l'actrice. Après cette histoire, j'étais sortie de mon rôle de victime. J'étais une femme forte, rien ni personne ne pouvait m'arrêter. J'irai au bout de mes ambitions pour prouver à mes enfants qu'au-delà des mots, seules les actions concrètes permettent de réaliser une vie parfaite pour soi.

Lorsque j'ai quitté Bastien, je me croyais enfin libre et en sécurité mais j'avais tort....

- Voici une liste non exhaustive d'insultes, de moqueries, de coups et de dénigrements proférés à mon encontre par mon compagnon, durant six ans.

Insultes : Salope, pourriture, fouteuse de merde, connasse, sale pute, pétasse, va te faire enculer, tu n'es qu'une merde, débile, pauvre conne, ferme ta gueule, tu baises avec ta mère ou quoi ? je n'ai jamais senti une meuf qui pues autant de la chatte ni de la gueule. Dégueulasse, branleuse, suce boule, décevante, gamine, ridicule, minable, imbécile, nulle, jalouse, haineuse, méchante, bête, menteuse, folle, lamentable, bizarre, égoïste, irrespectueuse, grosse vache, grosse bouffe, mauvaise mère, débile, fainéante, baleine.

Moqueries, dénigrements : Cruella d'Enfer, t'as pris super cher avec ta grossesse, tu marches comme un cow-boy. Tu ne te laves jamais les cheveux ou quoi ? Tes seins tombent, tu ne sais rien faire. Tu ne sais même pas cuisiner ni faire le ménage. Tu ne sers à rien, tes vergetures font peur.

Menaces : Je peux te défoncer la gueule ; je peux me barrer et te laisser dans la merde avec tes deux gosses ; je vais te prendre tes enfants et tu ne les reverras plus jamais ; j'ai envie de te tuer ; je vais te balancer par la fenêtre ; je peux faire disparaitre ton corps grâce à de l'acide en forêt et personne ne te retrouvera ; je vais te trainer dans la voiture par les cheveux et te massacrer à coups de poing, je peux te mettre K.O d'un seul coup de poing.

Physiquement : claques, bousculades, séquestrations, maintiens des bras, défoncer un mur en me faisant comprendre que ça aurait pu être moi, planter une fourchette à un cm de ma main, pincer, mordre, coups de poing, coup de pieds et strangulation.

PARTIE 2 : post rupture

Distorsion de la réalité

• Le harcèlement se renforce

"On ne peut gagner sa liberté qu'en montrant à l'ennemi que l'on est prêt à tout pour l'obtenir" Malcom X

Au bout d'une semaine, Bastien ne me voyait toujours pas revenir. Il est donc venu chez mes parents afin de me convaincre de lui pardonner. Il pleurait à chaudes larmes. J'ai catégoriquement refusé de lui donner une énième chance.

Du fait, il avait commencé par me harceler en m'envoyant parfois jusqu'à cent textos par jour. Il m'inondait également d'appels téléphoniques. Lors de nos échanges, mon ancien compagnon oscillait entre des déclarations d'amour et des insultes. Pour lui, j'étais responsable de tous nos maux de couple. Il disait que j'étais une mauvaise mère car je privais nos enfants de leur père.

Sur les conseils de mon avocat, j'avais bloqué la réception des appels et des textos de Bastien. Alors, mon ancien compagnon m'a envoyé des emails. Pour ce mode de communication, je ne l'ai pas bloqué. J'ai conservé tous ses mails. Ils pourraient toujours être utilisés comme preuves juridiques. Bastien en était conscient donc il restait « soft » dans ses mails.

J'ai aussi dû lui bloquer l'accès à mes réseaux sociaux car Bastien commentait ironiquement et méchamment toutes mes publications puis il a fini par m'insulter de *« pourriture »* sur Facebook.

Il m'a même surveillée. On se serait cru dans un mauvais téléfilm de l'après-midi des chaines de télévision de TF1 ou de M6.

En effet, à plusieurs reprises, Bastien stationnait son véhicule plusieurs heures devant la maison de mes parents. Mon ancien compagnon me guettait comme un prédateur qui attend le meilleur moment pour attaquer sa proie. Il avait même déjà dormi sur place dans son véhicule. Même si son attitude était très flippante, je n'avais pas porté plainte car Bastien était en droit de rester sur la voie publique.

Ce harcèlement avait mis mes nerfs à rude épreuve. Je me sentais comme un animal traqué. J'avais l'impression d'être tout le temps surveillée. J'étais perpétuellement sur le qui-vive. Je ne le rencontrais jamais seule car j'avais peur qu'il me tue. Du coup, je lui remettais toujours les enfants devant la maison de ma mère. Cette dernière ou mon beau-père saluait Bastien pour lui signifier leur présence. Avec cet homme, il me fallait être blindée psychologiquement.

Paradoxalement, durant environ trois mois, je ressentais une réelle dualité sentimentale pour mon bourreau. Je voulais qu'il disparaisse de ma vie et en même temps sa présence me manquait terriblement. J'étais clairement dans une relation de dépendance affective.

Il fallait dire que j'avais tellement investi dans mon couple, qu'une partie de moi, ne voulait pas lâcher l'affaire. En plus, j'étais mortifiée et honteuse de ma nouvelle situation de mère célibataire. D'ailleurs, j'ai mis plusieurs semaines voire des mois avant de dire à l'ensemble de mon entourage que j'avais quitté Bastien.

Une partie de moi culpabilisait toujours d'avoir mis un terme à notre relation. Je continuais encore et toujours à me demander si je n'étais pas responsable de l'échec de mon couple et de la violence que mon ancien compagnon avait eue à mon encontre. Ne méritais-je pas un tel traitement ? Bastien faisait écho à ma propre culpabilité en ne cessant de dire que c'était de ma faute.

- Pourquoi me fait-il cela ?

J'avais l'impression que m'insulter était devenu une drogue pour Bastien. Il avait besoin de son shoot quotidien. Durant notre relation, il avait pris l'habitude de décharger sa colère et sa frustration sur moi. Maintenant que je l'avais quitté, Bastien n'avait plus son punching-ball à domicile. Pour couronner le tout, j'avais eu l'audace de rompre notre relation donc mon ancien compagnon souhaitait se venger de moi. C'est pourquoi, sa rage à mon encontre a redoublé. A chacun de nos échanges, il avait besoin de m'en mettre plein la gueule. Un jour, il était tellement enragé contre moi qu'il a hurlé au téléphone :

« *Espèce de salope. Tu gâches ma vie. Je veux te voir crever. J'imagine te buter de mes propres mains. Mais je n'ai pas envie d'aller en taule pour une garce comme toi... Mon rêve ultime serait de te voir te taillader les veines. Et que tu te vides de ton sang lentement... Comme ça tu mourrais en souffrant comme la grosse merde que tu es réellement. En plus, les enfants seraient plus heureux avec moi comme ça ils ne se souviendront jamais de la pourriture qu'était leur mère.* »

J'étais tétanisée en entendant ces mots haineux. Les paroles de Bastien étaient pleines de rage et d'amertume. J'avais des larmes de tristesse et de colère qui coulaient sur mes joues. Ma gorge était nouée, j'avais peine à déglutir. Je me sentais tellement mal que j'aurais presque voulu me suicider pour satisfaire sa dernière requête. Pourquoi Bastien me détestait-il autant ? J'avais tout donné pendant notre relation puis tout laissé en partant : la maison, les meubles, l'argent du compte commun et mon rêve de bonheur. De plus, il ne me donnait même pas d'argent pour subvenir aux besoins des enfants. Pour moi, son acharnement à me démolir restait incompréhensible. La seule chose que je voulais c'était une rupture simple, sans drame, mais cela était impossible avec un pervers narcissique.

- Il remonte vite en selle

Malgré ses insultes et menaces récurrentes, Bastien me martelait quotidiennement qu'il m'aimait et ne pourrait jamais me remplacer. Toutefois, environ deux mois après notre rupture, j'appris qu'il fréquentait déjà une autre femme.

Un jour en venant récupérer les enfants, Bastien me demanda de recharger la batterie de son téléphone. Durant le temps de chargement, il m'attendait avec nos enfants à l'extérieur du domicile de ma mère. Étant toujours habitée par une possessivité malsaine envers mon ancien compagnon, je voyais là enfin, l'occasion de savoir ce qu'il faisait de sa vie. Je connaissais les codes de déverrouillage dans son téléphone donc j'ai fouillé. J'ai découvert qu'il était très intime depuis plusieurs semaines avec une jeune femme d'origine haïtienne, plus jeune que moi et sans enfants.

En lisant, leurs échanges sexuels, j'ai eu de la bile qui me remontait du fond de la gorge. J'avais le cœur au bord des lèvres. J'étais possédée par une jalousie maladive qui semblait faire imploser ma poitrine. Je me rendais compte que malgré tout le mal qu'il me faisait, j'aimais encore le père de mes enfants.

Manifestement, de son côté, Bastien avait déjà tourné la page. Néanmoins, il jouait sur deux tableaux puisqu'il me disait m'aimer. En réalité, il essayait juste de saisir la meilleure opportunité pour vite se remettre en couple. En lisant les échanges salaces de Bastien et sa copine, je me liquéfiais de l'intérieur. J'en devins presque malade. J'ai envie de hurler lorsque je compris que Bastien était en couple et qu'il avait déjà couché avec sa nouvelle copine.

Je voulais sortir de chez mes parents pour lui demander des explications et lui balancer son téléphone à la gueule. Néanmoins, je n'en fis rien car je n'en avais plus le droit. Et puis, je réalisais que ce type de comportement était typique des pervers narcissiques. Pour ce type d'individus, les relations amoureuses, amicales ou professionnelles sont interchangeables et ne comptent que s'ils en retirent un avantage certain. Du coup, je me sentais minable, honteuse et stupide car une petite partie en moi espérait que Bastien m'aime vraiment.

Fidèle à moi-même, je suis sortie tranquillement pour lui rendre son téléphone. Je semblais stoïque et imperturbable face au baratin et fausses déclarations habituels de mon ex. En revanche, une fois seule, je me suis enfermée dans ma chambre. J'ai fermé les volets. Puis, j'ai pleuré en silence durant de longues minutes sous ma couette. Brusquement, j'ai hurlé dans mes oreillers pour amortir le son. Je ne voulais pas que ma mère s'inquiète. J'étais tel un animal à l'agonie qui rendait son dernier souffle.

Ma crise a duré plusieurs heures. Ce temps était indispensable pour faire sortir de mon être ma douleur, ma haine et ma jalousie. J'ai ensuite pris une douche durant laquelle, je me suis juré de ne plus jamais pleurer à cause de cette ordure. Je m'étais promis également de me blinder psychologiquement jusqu'à devenir inébranlable. C'est le choix que je fis car je refusais de sombrer dans la dépression.

- J'essaie de reconstruire une vie sereine

« La vie, ce n'est pas d'attendre que l'orage passe, c'est d'apprendre à danser sous la pluie. » Sénèque

Malgré le harcèlement dont j'étais victime, je voulais que mes enfants et notamment Lenzo qui comprenait davantage les choses, se sentent bien et en sécurité. Nous avions eu beaucoup de chance d'avoir été accueillis par ma mère et mon beau-père, car malgré nos différences, il régnait dans leur foyer beaucoup d'amour, de respect et de gentillesse. Ils nous avaient reçus à bras ouverts en dépit des bouleversements que nous avions créés dans leur vie. La majorité des membres de ma famille ont été extrêmement prévenants et gentils envers les enfants. D'autres, en revanche, n'ont su que me rabaisser et m'enfoncer.

Les enfants et moi-même étions meurtris par les humiliations et les coups que j'avais subis. Néanmoins, nous avions pu commencer à nous reconstruire rapidement grâce à leur soutien et leur aide. Après un mois et demi de séparation, Lenzo avait commencé à s'assagir. Il était devenu beaucoup plus calme et serein. Ses cauchemars et vomissements s'étaient espacés. Toutefois, il avait commencé à légèrement bégayer. De plus, il semblait tout le temps triste, son regard avait l'air éteint.

Pour l'aider à aller mieux, puisque j'avais prolongé mon congé parental d'une année, je l'avais inscrit en très petite section de maternelle (TPS) [18]. Lenzo s'y rendait uniquement le matin.

Je me souviens avoir ressenti de l'amertume envers Bastien le jour de la rentrée des classes. En effet, j'étais la seule mère célibataire et je vivais cela comme un échec cuisant.

Néanmoins, durant cette année scolaire, j'ai rencontré des mamans extraordinaires auprès desquelles j'ai pu me confier. Nous avons créé un petit groupe de « Mamans au top ». Ensemble, nous faisions régulièrement des activités avec les enfants.

---

[18] *Il s'agissait d'une classe de transition entre la crèche et la petite section de maternelle.*

Du fait, nos rencontres et nos discussions ont redonné de la joie dans nos vies. Ces femmes sont devenues des amies qui nous ont aidés à sortir la tête de l'eau. Cela m'a également permis de me rendre compte à quel point, durant toutes mes années de relation avec Bastien, je vivais enfermée dans un carcan.

À contrario des « Mamans au Top », un certain nombre d'amis, qui finalement n'en étaient pas, m'ont tourné le dos. Plusieurs d'entre eux, m'ont expliqué qu'ils ne souhaitaient pas choisir entre Bastien et moi. D'autres m'ont avoué ne pas vouloir fréquenter des personnes à problèmes... Cette expérience m'a permis d'ouvrir les yeux sur mes faux amis qui n'étaient présents que pour faire la fête et profiter de services rendus gracieusement.

Lorsque Bastien découvrit que nous avions de nouveaux amis, il devint encore plus agressif, insultant et fouineur. Mon ancien compagnon ne supportait tout simplement pas que je sois heureuse.

- La garde des enfants

Durant notre premier mois de séparation, Bastien prenait uniquement Lenzo un week-end sur deux. Depuis sa naissance, Bastien ne s'était jamais occupé de Lola, de fait, il avait peur de garder les deux petits en même temps. De mon côté, comme Bastien me disait régulièrement qu'il allait se suicider, j'avais l'angoisse qu'il tue les enfants dans un moment de folie. Du coup, Bastien prenait Lola et Lenzo pour aller au parc durant une heure puis il ramenait notre fille et passait le week-end avec notre fils.

Au bout de plusieurs semaines, Bastien décida de prendre les deux enfants pour le week-end. Je m'y suis farouchement opposée car Lola était encore allaitée quasi-exclusivement. En effet, elle refusait de consommer du lait industriel et du lait maternel au biberon. J'avais peur qu'elle se retrouve en carence nutritionnelle et déshydratation si je ne l'allaitais pas durant plusieurs jours.

Néanmoins, mon avocat m'avait rappelé qu'en l'absence d'une ordonnance judiciaire m'attribuant la garde des enfants, Bastien et moi avions les mêmes droits parentaux. Si je refusais de lui confier sa fille, il serait en droit de porter plainte contre moi pour rapt parental d'un enfant mineur. Ce type de délit me serait préjudiciable auprès du juge des affaires familiales. Donc de mauvaise grâce, j'ai confié les personnes que j'aimais le plus au monde à mon pire ennemi.

Lorsqu'il prenait les enfants, un week-end sur deux, Bastien exigeait que je lui prépare des affaires. Afin que mes enfants ne manquent de rien et surtout pour éviter que ce fou ne retourne sa méchanceté contre mes petits, je préparais un sac de sport pour chaque enfant : des vêtements, des chaussons, le nécessaire de toilette (brosse à dents, dentifrice, shampoing et crème) des médicaments et des couches. Bien évidemment, tout était à mes frais.

Mon ancien compagnon, qui n'était soumis à aucune obligation légale, ne me versait même pas 1€ symbolique pour que je puisse pourvoir aux besoins de ses enfants. Pire, il me demandait régulièrement de l'argent. Bastien me faisait peur en disant qu'il ne pourrait pas nourrir les enfants, ni mettre de l'essence dans sa voiture pour me les ramener chez ma mère. Et comme mes enfants étaient mon talon d'Achille en même temps que ma plus grande force, je donnais parfois de l'argent à Bastien pour leur bien-être. En fait, malgré notre séparation, il continuait à me donner des ordres à distance et j'étais incapable de refuser.

- Il prend mon fils en otage

En comprenant que son seul moyen de pression sur moi était les enfants, Bastien avait commencé à me menacer de ne pas me les rendre. Parfois, lorsqu'il avait Lola et Lenzo, il ne me donnait pas de nouvelles pour m'inquiéter. Toutefois, en général, il profitait de leur présence à ses côtés pour m'inonder d'appels car je débloquais mon téléphone afin de communiquer avec les petits. Souvent, le père de mes enfants me téléphonait pour me faire écouter les pleurs de Lola lorsqu'elle me réclamait avant de dormir. Bastien voulait me culpabiliser et de me rendre malade de chagrin. Il me faisait passer pour la méchante auprès des enfants en pleurant et en m'accusant d'être responsable de sa détresse.

Mais un jour il alla trop loin, durant les vacances de la Toussaint 2018, Bastien devait prendre les enfants. Au bout du troisième jour de vacances, il m'indiqua par téléphone qu'il souhaitait prolonger de quelques jours le séjour de Lenzo. Je lui répondis que je n'y voyais pas d'inconvénient, sous réserve que le petit reprenne l'école à la rentrée.

Il acquiesça en me disant quand même qu'à son âge l'école n'était pas obligatoire. Quelques jours plus, Bastien me ramena donc Lola. Je ne sais pour quelles raisons tordues, mon ancien compagnon se mis en travers de ma route lorsque je voulus embrasser mon fils. J'ai insisté. Bastien a donc fini par me laisser lui faire un biscu et discuter avec lui moins de cinq minutes. Ensuite, Bastien et Lenzo sont repartis ensemble.

Mon instinct me disait bien qu'il allait me faire une entourloupe. Effectivement, le soir même, Bastien m'expliqua par téléphone qu'il avait prolongé ses vacances d'une dizaine de jours supplémentaires. Par conséquent, Lenzo ne serait pas de retour auprès de moi avant la reprise professionnelle de son père. Et tant pis s'il manquait une semaine et demie d'école.

J'étais énervée contre Bastien car encore une fois il m'avait dupée. Je lui ai hurlé de mon rendre mon fils. Le pauvre gamin venait tout juste de s'acclimater à sa nouvelle école et à ses camarades de classe. Une coupure aussi longue le perturberait.

De plus, pour moi, il était impensable qu'un gamin de deux ans ne voit pas sa mère, qui était sa référente familiale, affective et psychologique, durant presque trois semaines uniquement pour satisfaire les caprices d'un père immature. Et pour finir, Lola et Lenzo étaient très attachés l'un à l'autre, pourquoi fallait-il les séparer aussi longtemps ? Malgré tous mes arguments, Bastien ne revint jamais sur sa décision. En l'absence de jugement, il était tout à fait en droit de garder son fils aussi longtemps qu'il le voulait. Et, j'étais impuissante face à la situation.

- ## Je passe à l'action

A partir de ce moment-là, j'ai de nouveau sorti mes griffes de mère en colère. En effet, j'avais harcelé mon avocat pour qu'un jugement statuant sur la garde des enfants soit établi au plus vite. Du coup, ce dernier avait demandé un référé d'urgence au juge des affaires familiales au motif que le père des enfants pouvait potentiellement m'empêcher de revoir mon fils.

Pour appuyer mes dires, j'ai déposé deux mains courantes au commissariat à l'encontre de Bastien. En revanche, lorsque ce dernier me contactait pour me donner des nouvelles de mon fils, je faisais mine de rien car j'avais peur qu'il se venge sur l'enfant. Je me montrais docile, souriante et avenante.

En réalité, j'avais décidé de sortir l'artillerie lourde. Cet enfoiré jouait trop avec mes nerfs en privant mon fils de ses repères. Pour moi, son attitude était égoïste et inacceptable. C'était également une déclaration de guerre froide. J'allais donc lui baiser la gueule sans qu'il s'en aperçoive.

Je gardais mon sang froid mais intérieurement, je bouillais. Je me disais en moi-même : *« Tu veux jouer mon gars ? Tu as déchainé le Kraken*[19]*. Tu vas subir les conséquences de tes actes malveillants ».* Je vais gagner cette putain de guerre froide car lorsque l'on s'en prend à mes petits, je me transforme en lionne. Se faisant, je déchiquète tout sur mon passage. J'avais presque de la peine pour Bastien car j'allais le broyer.

---

[19] *Monstre de la mythologie Grec*

J'ai contacté toutes les personnes que nous connaissions qui étaient de mon côté. Puis, je leur ai demandé de faire des témoignages écrits pour le juge des affaires familiales. Ces personnes devaient fournir des attestations sur l'honneur ainsi que leurs pièces d'identité. Je leurs ai demandé d'expliquer que je gérais seule les enfants. Ils ont également écrit que Bastien était violent, drogué et dépensier.

De plus, mon médecin traitant avait fait un certificat médical attestant que mes enfants étaient en bonne santé et que j'étais la personne qui veillait sur eux. J'ai également produit de superbes photographies de la maison de mes parents. Ces dernières prouvaient que les enfants vivaient dans un environnement décent et chaleureux. Car Bastien me menaçait de me dénoncer auprès de la Protection Infantile car la chambre où nous dormions avec les enfants était juste au-dessus du garage. Par conséquent, il y faisait deux degrés de moins que dans le reste de la maison. Mon ancien compagnon disait que je logeais les enfants dans un igloo.

Grâce à mon dossier juridique avec les cinq attestations sur l'honneur, j'ai écrasé la réputation et démoli la crédibilité de Bastien. Je l'ai trainé dans la fange comme le porc qu'il était en réalité. Sachant que les témoignages étaient basés uniquement sur des faits réels. Ce mec était une ordure, il suffisait juste de dire la vérité pour l'enfoncer.

Par la suite, avant l'audience, Bastien avait eu accès à l'ensemble de mon dossier juridique. Il était choqué et impressionné en même temps. Car il n'aurait jamais pensé que j'aurais été capable d'une telle défense. Il m'avait dit : *« Tu fais semblant d'être gentille. Mais en réalité tu es encore plus une ordure que moi ».*

Je lui ai répondu : *« Merci pour le compliment... Ne kidnappe plus jamais mon fils, sinon je te démolis. Les témoignages, c'est juste le début de ton enfer. T'es vraiment stupide !! Tu sais très bien que je ne dis jamais rien. Je me laisse souvent faire. Sauf si on touche aux fruits de mes entrailles. Ils sont mon talon d'Achille et ma potion magique d'Astérix en même temps. Si tu t'en prends à eux, tu devras en payer les conséquences... »*

J'étais fière de moi. Je ne culpabilisais pas le moins du monde. Bastien aurait dû savoir qu'à chaque fois que l'on s'en prenait à mes enfants, je devenais revancharde, haineuse et sans pitié.

Puis, malheureusement, au fil des années au contact de Bastien, j'avais développé une forme larvée de sournoiserie et de méchanceté qui me permettait de survivre à l'hostilité constante de mon ancien compagnon.

- L'audience du JAF (Juge des Affaires Familiales)

Un mois après la demande de référé, j'ai reçu la convocation à l'audience. Sur ce document, il y avait marqué GOURSAUD contre BRILLANT. Ces simples mots me déchirèrent le cœur. Car je n'aurais jamais imaginé que Bastien et moi nous opposerions l'un à l'autre au sein d'un tribunal. Cela semblait irréel. Je souffrais de cette situation. Néanmoins, je n'avais plus le temps de m'épancher sur ce genre de sensiblerie. Il fallait absolument que je sois prête pour le jour J.

Quelques semaines plus tard, nous nous sommes retrouvés au Tribunal de Grande Instance de Melun. J'étais stressée car mon avocat ne pouvait être présent ce jour. Il s'était donc fait représenter par un confrère qui ne maîtrisait pas aussi bien les enjeux du dossier.

Bastien était arrivé seul sans avoir préparé de dossier juridique. Mon avocat était venu lui parler pour savoir s'il contestait mes requêtes à savoir :

- La garde des enfants à mon domicile
- Un droit de visite pour Lenzo un week-end sur deux et la moitié des vacances scolaires.
- Un droit de visite à la demande uniquement avec mon autorisation pour Lola jusqu'à ses trois ans puis le même droit de visite que son frère.
- 150€ de pension alimentaire par enfant.
- Bastien devait venir et ramener les enfants à mon domicile.
- Les décisions importantes concernant les enfants étaient prises en commun.

À ma grande surprise, il accepta toutes mes requêtes sans rechigner.

Néanmoins, dans la salle d'attente, le père de mes enfants fut infect sûrement dans le but de me déstabiliser avant notre passage devant le juge. En effet, Bastien me provoqua en m'insultant et me menaça publiquement. Il avait même fini par me proposer, je cite

« de me baiser dans les chiottes du tribunal ». Je lui avais répondu que je n'étais pas intéressée par ses trente secondes de plaisir.

Dans le bureau de la Juge des Affaires Familiales, qui était accompagnée de sa greffière, mon avocat avait évoqué les violences conjugales que j'avais vécues pour expliquer pourquoi je ne souhaitais pas déposer les enfants moi-même chez mon ancien compagnon. Il avait renchéri en disant qu'il me comprenait car Monsieur Brillant avait une stature très imposante et menaçante. De plus, mon avocat a expliqué au juge que Bastien n'avait cessé de me chercher querelle dans la salle d'attente du tribunal. Si bien que j'avais dû changer de place et mettre des écouteurs sur mes oreilles.

Bastien a démenti les actes de violence. Pour le contrer, j'ai essayé de révéler la vérité au juge mais elle m'a froidement arrêtée en disant qu'il n'était pas dans ses prérogatives immédiates de gérer la violence conjugale.

La juge a demandé à Bastien de lui fournir un justificatif de toutes ses ressources par courrier car il n'avait apporté aucune pièce administrative.

L'entretien auprès du juge dura au maximum quinze minutes. En sortant du tribunal, Bastien m'a suivie jusqu'à l'arrêt de bus, ma voiture était en panne, en insistant lourdement pour me raccompagner chez ma mère. J'ai décliné son offre à plusieurs reprises. Puis, je suis montée dans le bus.

Environ un mois plus tard, j'ai reçu le jugement m'attribuant toutes les requêtes demandées. J'étais soulagée, j'avais officiellement la garde de nos enfants. De plus, Bastien était censé me verser une pension alimentaire...

- Il manipule notre entourage commun et nos enfants

Bastien avait retourné la totalité de sa famille et de nos amis communs contre moi. Honnêtement, au début de notre rupture, j'ai été terriblement déçue et blessée d'être rejetée de la sorte. Ces personnes me pensaient mauvaise. Ils ne voyaient pas que j'essayais juste de sauver ma peau et celles de mes enfants.

Ses « amis » et certains membres de sa famille m'avaient contactée pour me convaincre de me remettre avec lui. Ils me conseillaient de préserver l'équilibre psychique des enfants. J'ai catégoriquement refusé d'écouter leurs arguments. J'étais enfin décidé à ne plus me laisser influencer. Donc, je leur ai raconté toute l'histoire. Ils étaient médusés mais ne m'ont pas crue.

Bastien était tellement sympathique en public. Il véhiculait une image d'un homme drôle, un peu nerveux et colérique parfois mais qui, au fond, avait bon cœur. Je comprenais donc que personne ne veuille me croire. Pourtant, je pense que les gens devraient avoir un minimum de réflexion.

Lorsqu'une mère de deux enfants âgés de deux ans et six mois se sauve de sa maison du jour au lendemain, il y a certainement un gros problème au sein de son foyer. Il y a de grandes chances pour que cette femme ait réellement peur. Il faut bien comprendre que personne n'abandonne toute sa vie de bon gré. D'autant plus, lorsqu'il s'agit d'une jeune accouchée encore allaitante. Il faudrait que les gens arrêtent de vouloir convaincre une victime de violence conjugale de retourner auprès de son agresseur.

Bastien, instrumentalisait également notre fils. Chaque fois que mon ex ramenait les enfants, il pleurait de longues minutes dans les bras de Lenzo en lui disant à l'oreille qu'il souffrait de ne pas assez les voir.

J'étais obligée d'arracher le petit des bras de Bastien. La nuit suivant leur retour, systématiquement, Lenzo faisait de terribles cauchemars. Il hurlait et sanglotait. Mon fils me demandait, sans arrêt, pourquoi j'avais quitté son père. Je lui répondais sincèrement que je n'acceptais plus que son père use de violence verbale ou physique à mon encontre.

Je lui expliquais également qu'il n'avait pas à porter la tristesse de son père qui était un adulte et savait donc se débrouiller seul. Lenzo était doté de beaucoup d'empathie et de bienveillance et s'inquiétait souvent pour son père. Ce dernier en jouait. Mon ancien compagnon feignait la dépression. Il expliquait à notre fils qu'il était triste de rester seul à la maison sans personne pour prendre soin de lui...

Pire, je savais que Bastien avait déjà commencé à me diaboliser auprès au Lenzo jusqu'à me discréditer aux yeux de mon enfant. Le fait d'avoir obtenu la garde ne suffisait pas à protéger mes enfants de la manipulation de leur père. Bastien distillait dans l'esprit de notre fils un poison lent fait de remarques désobligeantes et négatives à mon encontre. Dès que l'occasion se présentait, par petites touches, il affirmait que j'étais mauvaise, méchante et radine. Mon ancien compagnon voulait que notre fils choisisse son camp.

À plusieurs reprises, j'avais entendu Bastien me critiquer à l'oreille du petit. A contrario, lui se faisait passer aux yeux des enfants et de notre entourage commun pour une pauvre victime ; délaissé par une folle qui avait craqué suite à une dépression post-partum. Il se plaignait de toutes les pseudo-souffrances que je lui aurais infligées.

Naturellement, Lenzo se portait au secours de son père qui semblait tant avoir besoin de son aide. Je devais sans cesse rappeler au petit que son père était un adulte et qu'il pouvait prendre soin de lui-même. À cet égard, les week-ends et les vacances avaient un effet dévastateur et catastrophique sur les enfants. Car à chacun de ses contacts, Bastien continuait à me dénigrer auprès d'eux.

De plus, Bastien ne cessait de faire des cadeaux aux enfants. Il n'hésitait pas à utiliser tous les moyens de séduction à sa disposition pour acheter ses enfants et les inciter à le préférer à moi. Lorsque les enfants étaient avec leur père tout était permis. Ils étaient des enfants rois. Lenzo et Lola qui étaient de très jeunes enfants mangeaient n'importe quoi (fast-food, bonbons, gâteaux, sodas) à n'importe quelle heure et à volonté. Ils pouvaient même se coucher à des heures impossibles en s'endormant au gré de leurs envies. Bref, il n'y a aucune règle éducative. C'était encore un autre moyen insidieux de devenir le parent préféré, alors que lorsque nous étions encore ensemble le père de mes enfants était très sévère et ne laissait rien passer à Lenzo.

Auprès de Bastien, les enfants ne trouvaient que des avantages sans les inconvénients. Du coup, lorsque j'imposais des règles de vie aux enfants, ils étaient frustrés et réclamaient leur père. Systématiquement, Lola et Lenzo pleuraient à l'unisson en criant : « *Papa, papa, papa* ».

D'ailleurs, mon fils voulait aller vivre chez son père pour ne pas le laisser seul. Lenzo disait que je n'avais pas besoin de lui car j'étais avec Lola et ma mère. Pour lui, j'étais méchante. Même si parfois, j'avais mal au cœur en entendant les paroles de Bastien à travers la bouche mon fils, je n'en prenais pas ombrage mais je m'opposais catégoriquement à son vœu.

Je restais fidèle à mon poste de mère dévouée à ses petits. C'est pourquoi, chaque nuit, lorsque Lenzo faisait des crises de larmes et de colère, j'étais présente pour le consoler et le rassurer.

• J'ai tout laissé mais ce n'est pas suffisant

Bastien jouissait de notre maison de 150 m2, des meubles neufs et de tout ce que j'avais acheté. En revanche, moi, je vivais dans ma chambre d'adolescente, de 9 m2. Nous dormions à trois, les enfants et moi, sur un futon. Ce lit japonais à proximité du sol permettait d'éviter une potentielle chute de Lola qui n'était encore qu'un bébé.

Tant bien que mal, j'avais entassé toute notre vie dans deux valises et quelques sacs poubelles. Psychologiquement, j'étais au fond du trou. Néanmoins, j'avais décidé de garder la tête haute et un sourire de façade. Je voulais absolument éviter que mes enfants voient ma détresse. Je devais rester leur rocher de Gibraltar. Après tout, j'étais leur seul parent psychologiquement stable. Coûte que coûte, je restais le phare qui les guideraient dans leur nouvelle vie. Même si en réalité, je ne savais pas vraiment où nous allions.

Pour ne pas sombrer, je faisais appel à ma force intérieure. Je m'obligeais à rester digne et stoïque face aux dénigrements et aux critiques de mon entourage et de Bastien. Je décidais d'être forte pour mes enfants. J'utilisais la méditation, les affirmations positives et la visualisation créatrice pour vaincre mes angoisses. Je suivais des youtubeurs inspirants : Stan CARREY, Thami KABBAJ, Théophile ELLIET et bien d'autres. Je restais focalisée sur mes tâches quotidiennes et mes objectifs à court et moyen termes.

J'avais tellement honte de ma séparation que je l'avais cachée durant un moment. Lorsque je disais la vérité, je me sentais obligée de justifier notre rupture. Je ne voulais pas que les gens pensent du mal de moi. Je savais que mon histoire alimentait les ragots. Cela me blessait mais je devais encaisser. Je me sentais soumise au jugement des autres. J'avais l'impression, qui, j'étais sûre, était fondée, que les gens de mon entourage se sentaient supérieurs à moi. Notamment, les femmes qui disaient : « *Ah moi ! Ça ne me serait jamais arrivée. J'ai du caractère. Je l'aurais quitté depuis longtemps. Ce n'est pas méchant, mais les femmes maltraitées sont faibles. Elles doivent aimer ça. Sinon pourquoi rester ?* »

- L'argent et les biens communs

Bastien ne me donnait pas d'argent pour les enfants. Néanmoins, il voulait que je continue à payer le crédit immobilier pour la maison.

Mon avocat m'avait expliqué que puisque nous étions en indivision (50% des parts chacun) et que Bastien était le seul indivisaire à avoir l'usage exclusif du bien, non seulement, il devait payer seul les dépenses liées à la maison mais en plus, théoriquement, il devait me verser une indemnité d'occupation. En effet, je n'avais plus la jouissance de mon bien immobilier car Bastien m'avait interdit d'y remettre les pieds en me menaçant de me tuer si je ne respectais pas son interdiction.

De plus, Bastien ne voulait pas vendre la maison. Ce qui m'empêchait d'acquérir un autre bien via un crédit immobilier puisque j'avais atteint mon endettement financier maximal.

Durant quasiment une année, mon ancien compagnon avait refusé de vendre espérant mon retour au bercail. Néanmoins après, avoir rencontré de multiples problèmes financiers, Bastien acceptait de vendre sous réserve que ce soit l'agence immobilière de l'un de ses amis d'enfance qui obtienne le mandat. Contrainte, j'ai dû accepter. Toutefois, après plus six mois de mise en vente, nous n'avons eu que deux visites et une proposition d'achat inférieure de 30 000 € au prix affiché. Nous avons refusé car la somme proposée ne nous permettait même pas de couvrir le crédit immobilier.

Bastien sabotait la vente de la maison. Il détaillait tous les défauts du domicile aux potentiels acheteurs. Il refusait d'effectuer les travaux d'embellissement et d'endiguer une infiltration d'eau. Il décourageait même les entrepreneurs que j'envoyais faire des devis. Il m'était impossible de les faire moi-même puisque Bastien m'avait menacée de me jeter dans le puits. Je savais qu'il pourrait me tuer. Je préférais ne pas prendre de risques démesurés pour un bien immobilier.

À ce jour, nous sommes encore en train de vendre la maison. Bastien a accepté de changer d'agence immobilière pour favoriser la vente de notre domicile mais il continue à saboter les visites. De ce fait, je ne peux acheter mon propre logement puisque j'ai une responsabilité financière vis-à-vis du remboursement de mon prêt immobilier. De la même façon, après le jugement, Bastien refusa de payer la pension alimentaire des enfants au motif qu'il n'avait pas d'argent à cause de l'entretien de la maison.

Du coup, j'ai contacté un huissier de justice qui devait remettre une copie du jugement et lui rappeler ses obligations légales. A savoir que la loi française stipule que le débiteur qui ne verse pas la pension alimentaire due tous les mois dans un délai de deux mois commet une infraction : le délit d'abandon de famille. Ce délit est passible d'une amende de quinze mille euros et d'une peine de prison pouvant atteindre deux ans.

L'huissier de justice n'a jamais pu lui remettre en main propre l'ordonnance du juge car Bastien était absent du domicile ou refusait d'ouvrir la porte. Néanmoins, il avait suffisamment eu peur pour payer sa pension alimentaire durant six mois. Mais lorsque j'ai repris mon emploi, le père de mes enfants n'a jamais plus payé la pension alimentaire. Il affirmait que j'avais les moyens financiers pour gérer seule les enfants.

J'ai fait appel au service de recouvrement des pensions alimentaires de la Caisse d'Allocations familiales (CAF). Ce service est habilité par l'État à faire une saisie sur salaire du parent défaillant. Il est donc fort probable, qu'après plusieurs mois d'instruction, la CAF me verse la pension alimentaire directement via l'employeur de Bastien.

À présent, en raison des contraintes dues au mode de garde des enfants, j'ai dû reprendre mes anciennes fonctions professionnelles. Toutefois, je recherche activement un poste de cadre supérieur. Sans secours financier de Bastien, je paie seule la nourrice de Lola, la cantine et le centre de loisirs de Lenzo soit un peu plus de 1200 € mensuel au regard des horaires étendus des modes de garde (10 à 12 heures par jour et par enfant). Je perçois une aide financière de la CAF. Néanmoins, le mode de garde représente plus de 50% de mes revenus mensuels. Heureusement, ces dépenses sont déductibles des impôts sur le revenu.

- Je continue d'espérer des relations normales

Malgré la littérature ingurgitée concernant le pervers narcissique, je continuais à espérer que notre relation se pacifierait autour d'un objectif commun : le bonheur des enfants. C'est pourquoi, environ un an après notre rupture, j'avais accepté que Bastien vienne pour la rentrée des classes de Lenzo.

En ce jour particulier, je souhaitais que le petit se sente entouré et aimé pour son entrée en petite section de maternelle dans sa nouvelle école de "grands".

Dans son côté, Bastien n'y voyait qu'une occasion pour m'atteindre. C'était une aubaine pour lui, puisque depuis plusieurs mois, j'évitais toutes discussions. Il fallait dire que ces dernières finissaient automatiquement en pugilat verbal.

Le week-end précédant la rentrée, Bastien avait la garde des enfants. Théoriquement, il devait les ramener le dimanche soir. Mais compte tenu que le premier jour d'école avait lieu le lundi matin, j'avais accepté que le séjour des enfants soit prolongé.

Afin d'être focalisée à 100% sur Lenzo, ma mère devait garder Lola. J'avais demandé à Bastien de venir chez mes parents déposer notre fille. Ensuite nous sommes allés à l'école tous les trois dans la voiture de Bastien. Durant les quinze minutes qui nous séparaient de l'école, mon ex compagnon a commencé à me prendre la tête.

Il me disait : « *Pourquoi tu ne veux pas te remettre avec moi ? Ils seront plus heureux tes enfants. J'ai changé, j'étais agressif à cause du shit. Je vais mieux. Vous me manquez...* ».

Je ne lui répondais que lorsqu'il me posait directement des questions. Sinon je le laissais faire son monologue. Je lui ai juste rappelé que la veille, lorsque j'avais téléphoné aux enfants, Bastien m'avait dit « *d'aller me faire enculer* » puis qu'il m'avait raccroché au nez. Juste, parce que j'avais refusé que l'on fasse des courses ensemble pour la rentrée.

Comme d'habitude, Bastien s'était excusé. De mon côté, je me fichais bien de ses excuses bidon car j'étais concentrée sur mon fils. D'ailleurs, j'avais commencé à lui prodiguer des conseils pour qu'il soit plus à l'aise dans son nouvel environnement.

Je lui disais : « *Mon amour, Il faudra mettre la tétine dans ton sac. Tu ne l'auras que pour la sieste. Il faudrait baisser ta capuche en arrivant à l'école car c'est un signe de respect et de politesse. Tu verras des enfants pleurer car c'est la première fois qu'ils vont à l'école mais toi tu étais déjà en Très petite section de maternelle dans une autre école, tu as l'habitude. Et puis, tu es un garçon très agréable, tu vas au parc, à la crèche, au centre de loisirs. Et dans ta classe de l'année dernière, tu t'es fait rapidement des copains. Ça va bien se passer mais si maman ou papa te manque il y aura doudou...* »

Et Bastien s'était moqué de moi. *: « Ils sont bizarres tes conseils. Tu es trop surprotectrice avec tes gosses. Il faudrait peut-être couper le cordon. Mon fils n'a pas besoin de conseils. Il connait déjà. »*

Il soufflait lorsque m'adressais à notre fils et levait les yeux au ciel en signe d'agacement. Lorsque j'ai pris une photographie de Lenzo devant l'école maternelle, Bastien a carrément éclaté de rire comme si c'était totalement saugrenu de vouloir un souvenir du premier jour d'école son enfant. Je continuais sciemment à l'ignorer pour éviter un esclandre devant l'école.

Dans la classe, devant les autres parents et enseignants, Bastien a joué son rôle de papa poule en versant quelques larmes avant que nous quittions notre fils. Du coup, son attitude a paniqué Lenzo qui s'est également mis à pleurer...

Avant de laisser Lenzo dans sa nouvelle classe, son enseignante m'avait remis une liste de fournitures à apporter pour l'école. Et puisque ma fille était gardée, je pensais que j'aurais le temps d'acheter ce dont j'avais besoin. Bastien a lourdement insisté pour m'accompagner car il devait acheter des pantalons pour Lenzo. J'ai accepté à contre cœur et je l'ai amèrement regretté.

En seulement quarante minutes, le gars m'a insultée, dénigrée et rabaissée comme il le faisait chaque week-end lorsque nous étions en couple.

Bastien m'attaquait : « *Tu vas faire comme ta mère changer régulièrement de mecs. En mode famille recomposée de cas sociaux* ».

Je rétorquais : « *Tu dis n'importe quoi ! Ma mère est en couple avec mon beau-père depuis vingt-trois ans.* »

Il ajoutait : « *Arrête d'allaiter ma fille. Tellement tu n'arrives pas à couper ton cordon avec ta mère ; je suis sûr que lorsque tu allaites Lola tu dois téter ta mère en même temps. Je vais bien rigoler le jour où ta chère maman va crever. On verra bien comment tu te débrouilles seule...* »

Il continuait : « *Tu es une manipulatrice, une meuf à fric, fainéante et ambitieuse. Qui se fait avoir par ses collègues et ses amis. Ma pauvre fille, en plus tu as une famille trop bizarre.* »

Devant chez moi, Bastien a attendu pendant une heure avant qu'il soit temps d'aller rechercher Lenzo. Je ne voulais plus le voir mais j'avais peur de décevoir mon fils. Donc, j'ai accepté de revenir avec Bastien. De retour dans la voiture avec Lola, je tremblais de tous mes membres tellement j'avais la hantise que le harcèlement continue. Et effectivement, les reproches et les insultes ont fusé durant le trajet en direction de l'école.

Lorsque nous avons récupéré Lenzo, le petit pleurait car il n'était pas encore à l'aise dans sa classe. Pour le consoler son père lui proposa, sans me demander mon avis, d'aller au fast-food à emporter.

Sur le trajet, Bastien continuait à m'insulter jusqu'à ce que Lenzo lui fasse remarquer qu'il disait des gros mots. Bastien lui répondit : « *Je vous ai déjà dit que moi adulte, j'avais le droit d'insulter maman* ».

J'ai rétorqué : « *Non je ne te permets pas de m'insulter. Tu n'as pas honte de parler comment ça devant tes enfants* ».

Mais Bastien a continué à déverser son venin verbal sur moi. Il nous a ensuite payé à manger. J'étais trop épuisée et angoissée pour me défendre ou refuser l'achat de nourriture.

Cela faisait plus d'un an que nous étions séparés. Et il était vrai que j'avais perdu l'habitude de me faire insulter. Heureusement, Bastien travaillait l'après-midi, il nous a donc redéposés chez ma mère.

En rentrant, je me suis rendu compte que j'avais laissé mes clefs dans la serrure du portail de la maison. Dans mon trousseau, il y avait les clefs du domicile, de mon travail et de la voiture. Sachant que ma voiture était garée juste devant sur portail. En théorie donc, n'importe qui aurait pu cambrioler la maison de mes parents ou voler ma voiture.

À ce moment précis, j'ai mesuré à quel point Bastien avait un impact négatif pour moi. Son comportement ordurier m'avait déstabilisée. D'ailleurs, après avoir fait manger les enfants, je m'étais enfermée cinq minutes dans la salle de bain pour pleurer en silence. Je ne voulais pas que les enfants voient mon désarroi. Puis, j'ai contacté une amie par téléphone pour discuter de cette horrible matinée.

- Une forme de bipolarité

Ce qui était drôle avec Bastien c'est qu'il continuait à alterner le chaud et le froid. Parfois, il était adorable. Il me disait qu'il avait envie d'avoir des relations saines avec moi pour le bien-être des enfants. Le père de mes enfants ajoutait qu'il m'aimait encore et qu'il avait réellement la volonté de changer.

En réalité, il agissait toujours comme auparavant, en fonction de ses besoins. Bizarrement, lorsque mon ancien compagnon n'avait pas d'argent, il me complimentait sur la manière dont je m'occupais des enfants. Il me disait que j'étais merveilleuse. Et qu'il regrettait son mauvais comportement. Bien évidemment, après ses ronds de jambes Bastien me réclamait des choses.

Souvent, c'était de l'argent ou des services comme déclarer ses impôts par exemple. Une fois, j'ai même dû lui donner un bidon d'huile moteur. Si je refusais, Bastien piquait des colères tel un enfant.

Néanmoins, la plupart du temps, Bastien était odieux. Il me faisait moult reproches. Il m'insultait et me menaçait devant les enfants. Il m'accusait de tous ses maux en me faisant passer pour la pire ordure.

Je n'avais rien à faire d'autre qu'à attendre que la douche écossaise redevienne chaude. Car le caractère de Bastien passait du brulant au glacial. Je ne savais toujours pas sur quel pied danser.

Son harcèlement a diminué au fil des mois mais ne s'est jamais vraiment arrêté. Régulièrement, Bastien me fait des déclarations d'amour enflammées puis quelque temps plus tard, il passe aux insultes et au dénigrement. Bien sûr, il menace de me tuer si je me remets en couple. Alors que lui-même a eu plusieurs relations sentimentales qui n'ont pas fonctionné.

Pour ne pas être trop affectée par ses méchancetés, je partage ces messages hostiles avec mes copines via notre groupe WhatsApp.

Et chacune de son commentaire drôle, moqueur ou outré me redonne le sourire.

Pour être honnête, je suis encore traumatisée par cette histoire qui finalement ne semble pas vraiment terminée. Tant que la maison ne sera pas vendue, Bastien me contactera toujours sous de faux prétextes. De même, nos enfants lui parlent en visio trois fois par semaine. Du coup, il continue d'avoir un accès direct à ma vie privée puisque j'assiste à leurs conversations téléphoniques. Et je le vois tous les quinze jours lorsqu'il récupère nos enfants. Lola et Lenzo sont très attachés à leur père, ils m'en parlent souvent.

De même, j'ai constaté que j'étais incapable de parler à un homme qui me plait physiquement alors qu'il n'y a aucun enjeu de séduction. Que ce soit dans le cadre professionnel ou même pour demander un simple renseignement à un bel homme, je fais une forme de crise de panique. Je n'arrive plus à parler. Je me retrouve tétanisée avoir des sueurs froides et de la tachycardie. Heureusement, rares sont les hommes qui me plaisent sinon la situation serait invivable. Néanmoins, même si j'ai de graves stigmates psychologiques, je ne regrette pas d'avoir quitté Bastien.

Je suis maîtresse de ma vie. Je suis sortie de mon rôle de victime. Je prends l'entière responsabilité de ce qui m'est arrivé. C'est simple, si à l'époque où j'ai rencontré Bastien, j'avais eu de l'amour et du respect pour moi-même, je l'aurais fui dès le départ. Je me serais préservée et je n'aurais pas vécue toutes ces péripéties. Comme l'a écrit Benjamin Franklin, *« les choses qui font mal sont instructives »*.

Chaque jour, j'apprends à m'aimer, à me respecter et à prendre soin de moi. Mais souvent, je me gave de junkfood pour tenir le coup. C'est ma planche de salut temporaire pour ne pas craquer. Une chose est sûre, mes merveilleux enfants ne partageraient pas ma vie si je n'avais pas rencontré leur père. Je ne regrette plus rien car j'ai grandi à travers cette expérience négative.

Néanmoins, je me dis juste que j'aurais dû quitter Bastien depuis de nombreuses années. Même si, la séparation n'est un long fleuve tranquille mais cela nécessite de s'armer de courage et volonté.

Comme le disait l'ancien esclave et révolutionnaire haïtien Jean-Jacques Dessalines : « *Je choisis de vivre libre ou de mourir* ».

FIN DE LA STORY

PARTIE 3 : mon histoire

Dans cette partie du livre, je vais raconter mon histoire personnelle. Celle-ci explique, en partie du moins, les éléments qui m'ont poussée à fréquenter Bastien aussi longtemps.

• Mon auto-analyse

Je ne cessais de m'interroger sur le pourquoi ? Pourquoi avais-je accepté l'inacceptable, l'intolérable ? Il était vrai que Bastien était foncièrement mauvais. Il avait la volonté de me nuire. Toutefois, je me questionnais sur mon intérêt inconscient dans cette situation. Quel schéma comportemental avais-je adopté pour vivre une relation aussi longue avec ce monstre ?

Lorsque l'on vit une telle histoire « d'amour » je pense qu'il faut faire son introspection. Pour ma part, j'ai trouvé un début de réponses.

Premièrement, au début de notre relation, j'ignorais que ce type de personnes pouvait exister. Je ne connaissais pas la relation d'emprise ni les pervers narcissiques.

Deuxièmement, mon histoire familiale peut expliquer mon comportement. Ma mère et mon père biologiques m'ont conçue respectivement à 18 et 17 ans. Du fait de son jeune âge, mon père a abandonné ma mère. J'ai peu connu ce « père ». À cause de cela, j'avais cette profonde blessure d'abandon en moi. Je ne me sentais pas digne d'amour. De plus, j'avais peur d'être abandonnée par les personnes que j'aimais.

En fait, je m'étais toujours détestée. Je me sentais différente des autres. J'étais trop sensible et gentille. Je ne me trouvais jamais à la hauteur. Du coup, je me faisais souvent avoir par des pseudo-amis en essayant de leurs prouver ma valeur.

Durant ma petite enfance, ma mère et moi vivions chez ma grand-mère maternelle et son époux. *(Il y a une reproduction du schéma maternel puisque je vis aussi chez ma mère et mon beau-père avec mes enfants en bas-âge !)* Le mari de ma grand-mère qui faisait office de père de substitution était violent, à la moindre incartade, j'étais punie ou frappée. Je me souviens qu'il me faisait même boire du rhum pour rigoler. Puis du jour au lendemain, ma grand-mère a divorcé et je n'ai plus jamais eu de contacts avec cet homme.

Ensuite, ma mère s'est mariée. Son mari m'a adoptée. Il avait déjà deux filles à peu près du même âge que moi qui étaient orphelines de mère. Cet homme, veuf d'une union précédente, avait des problèmes personnels. Du coup, il était souvent absent ; autant physiquement à cause de son travail de nuit que psychiquement absorbé par des souvenirs douloureux qui le hantaient. Au bout de dix ans, mes parents ont divorcé. J'ai perdu la proximité de mes sœurs et mon père.

Quelques années plus tard, ma mère a rencontré son mari actuel. Le père de ma demi-sœur et de mon demi-frère. J'étais adolescente et les relations étaient distantes et conflictuelles.

Je constate qu'au regard de mon histoire familiale, j'ai vécu de multiples abandons de la part des hommes importants qui ont traversé ma vie. Cela peut expliquer ma peur d'être rejetée et mon envie excessive d'être approuvée.

J'ai eu la chance que ma mère soit toujours présente et bienveillante envers moi. Je ne sais pas trop pourquoi, j'ai toujours voulu protéger ma maman comme si j'étais l'adulte de notre relation. Peut-être à cause du fait qu'elle est petite de taille, jeune et gentille.

Malgré son apparence frêle, ma mère aidait toutes les personnes en difficulté qu'elle rencontrait. Elle avait beaucoup d'empathie. Je ne voulais pas devenir un fardeau supplémentaire pour elle. C'est pourquoi, j'ai rapidement été autonome et responsable de moi-même. J'avais plus l'impression que ma mère était ma meilleure amie, une personne extraordinaire, de confiance plutôt qu'une adulte responsable de mon éducation. Ma maman était une forme d'âme-sœur et d'idéal féminin. Durant mon enfance, je n'ai pas eu l'impression d'avoir de figure parentale forte sur laquelle me reposer. Néanmoins, j'admire la force et le courage de mes parents.

C'est aussi l'aide que ma mère apportait aux autres qui m'a poussée à devenir aidant dans ma vie personnelle et professionnelle. D'ailleurs, nous travaillions dans la même collectivité territoriale au service de l'intérêt général.

- Mon histoire personnelle.

Jeune fille, j'ai grandi dans un quartier populaire auprès de ma mère immigrée et quasi-adolescent. Dans ce contexte, le début de ma scolarité a été chaotique. Je ne me sentais pas à ma place. J'avais du mal à écouter les enseignants. D'ailleurs, mes notes étaient tellement mauvaises que cela m'a conduite, à dix ans, dans une classe spécialisée pour enfants retardés.

Dans cette classe, les cours étaient vraiment basiques (exemple : la différence entre les mois et les saisons). Je me disais que notre enseignant nous prenait vraiment pour des cons. Pourtant, la majorité des élèves de la classe spécialisée comprenaient le programme scolaire classique. Nous avions juste besoin de motivation et de prendre confiance en nos capacités intellectuelles.

Finalement, après une année, je suis retournée dans le circuit scolaire traditionnel grâce à mes bonnes notes. J'avais deux ans de retard au regard de mon âge car j'avais déjà redoublé ma petite section maternelle. J'ai cumulé ce retard en raison d'une soi-disant immaturité liée à une timidité maladive qui m'empêchait de parler. Heureusement, j'étais née en fin d'année, donc j'avais juste une année de plus que le reste de mes camarades de classe. Néanmoins, durant l'ensemble de ma scolarité, je trainais ce retard scolaire comme un boulet honteux.

Lors mon entrée au collège, j'ai fréquenté les derniers de la classe dont je faisais partie. Je trouvais ces élèves moins conformes à ce système merdique qui cherchait à nous formater.

Souvent, je me bagarrais avec des filles et parfois même avec des garçons afin de me faire respecter. Je m'y sentais obligée pour être appréciée des filles cools de l'établissement. Mais surtout, je ne voulais pas être victime de brimades ou de harcèlement scolaire. Dans la cité dans laquelle je vivais, c'était parfois le seul moyen d'être "épargnée par la violence" lorsque, comme moi, on n'avait pas de grands frères.

Vers l'âge de quinze ans, après une rupture amoureuse très douloureuse, j'ai commencé à boire et fumer pour m'évader psychologiquement. De plus, grâce à la désinhibition provoquée par l'alcool, je me sentais plus à l'aise et intéressante en société. J'ai fumé pendant dix ans.

En parallèle, mon « amour » pour l'alcool s'était amplifié à tel point que je consommais parfois seule, un litre de vodka et de bière en une soirée, sans être malade. Les week-ends, je commençais avec la bière du vendredi soir et finissais avec la gueule de bois et les tremblements du dimanche soir. Malgré mon mal être, je m'interdisais de boire la semaine. J'attendais le vendredi soir, pour me mettre minable.

À cette époque, j'avais constamment des idées de suicide. D'ailleurs, j'ai intenté à ma vie à plusieurs reprises. Ces tentatives m'ont conduite plusieurs fois à l'hôpital. À dix-sept ans, après un lavage d'estomac suite à l'ingestion massive de somnifère et d'alcool, j'ai fini aux urgences psychiatriques. J'avais trouvé ce service si glauque que ma peur d'y séjourner plus longtemps m'a empêchée de récidiver. Néanmoins, j'avais continué à m'alcooliser. Cela me permettait de noyer mon mal être dans le fond d'une bouteille.

Malgré mon alcoolisme chronique, j'ai réussi à obtenir mes diplômes jusqu'au BTS (Brevet Technicien Supérieur Assistante de Direction). J'étais fière d'être détentrice d'un bac +2. Je me sentais moins minable. Dès mon entrée au lycée, j'étais devenue assidue à l'école. Je bossais pour être la meilleure. D'ailleurs, j'étais souvent déléguée de classe. J'adorais représenter les élèves auprès des enseignants. J'avais réussi à combattre ma timidité et à faire émerger mon leadership.

À travers ma réussite scolaire, je voulais montrer aux gens qui me sous-estimaient qu'ils avaient tort. De plus, je souhaitais grimper l'échelle sociale. Je venais d'un milieu modeste et je voulais m'en extirper.

Comme beaucoup de gens de mon entourage, nous ne roulions pas sur l'or. Après la naissance de mon frère et ma sœur, ma mère qui était fonctionnaire de mairie a pris un congé parental. *(De nouveau une reproduction parentale).* Même si mes besoins primaires étaient satisfaits, ma mère n'avait pas les moyens financiers de me payer des vêtements à la dernière mode.

Pour une adolescente, c'est difficile de ne pas être stylée. Pour satisfaire mes envies, lorsque j'étais mineure, je volais dans les magasins avec mes copines (des fringues, de l'alcool, du maquillage...). Puis lorsque, j'ai été majeure, je faisais des jobs à temps partiel (hôtesse de caisse, serveuse, femme de ménage...).

Le travail ne m'a jamais fait peur. J'ai toujours été une lève-tôt et une bosseuse malgré mes gueules de bois. Je savais que le travail intelligent permettait d'atteindre le succès. Je me trouvais stupide et médiocre mais à force de m'acharner au travail, j'avais commencé à apprécier mes facultés intellectuelles.

Plus tard, en intégrant définitivement le marché de travail après mes études, vers 22 ans, j'ai connu une forme de rédemption. J'ai arrêté de boire et de fumer. Pour y arriver, j'ai fait de nombreux efforts dont la fréquentation d'une association d'anciens alcooliques, des consultations tabagiques ainsi que des formations en développement personnel.

J'ai voulu avoir de hautes valeurs humaines en aidant les plus nécessiteux. J'ai été enseignante d'alphabétisation bénévole pour les migrants. Par le biais de cette activité, j'avais enfin l'impression de donner un sens à ma vie en me positionnant en qualité de bienfaitrice et bon parent.

Malheureusement, je me laissais manipuler par quiconque jouait la corde sensible de la culpabilité ou de la victimisation. J'aidais au-delà de mes envies de peur de décevoir les gens. Et que l'on pense du mal de moi.

En analysant ma vie, je pense que ma haine de moi-même a fait écho à celle de Bastien pour lui-même. C'est pourquoi, mon ancien compagnon m'a reconnue instinctivement. Il faut bien avouer que j'ai accepté mon exploitation car dans mon enfance on m'avait appris à être gentille, à tendre l'autre joue à mon prochain. En plus de l'éducation reçue par ma mère, les cours de catéchisme que je fréquentais enseignaient le sacrifice de soi pour sauver les autres.

Ma bonté était-elle de la faiblesse ? Était-ce dans ma nature d'être serviable ou avais-je un besoin excessif de reconnaissance ? De toute façon dans ma relation de couple, j'étais, tel un chien, toujours à l'affut de la moindre miette de compliment. Je ne m'étais jamais respectée. C'était pour cela qu'aucun homme ne me respectait. Mon ancien conjoint a pu profiter de ma gentillesse grâce à ma mésestime pour moi-même. Je voulais m'aimer à travers le regard des autres.

Je ne comprenais pas, pourquoi, en donnant toujours tout aux personnes que j'appréciais, en retour, je me faisais marcher dessus. Je ne comprenais pas la méchanceté gratuite du monde dans lequel nous vivons. Il me semblait qu'au-delà de l'amour que j'attendais pour mes services, par le biais de mon attitude servile, je cherchais à justifier ma naissance. Je voulais valider intérieurement que mon existence valait et servait à quelque chose car ma présence sur cette planète n'avait pas de sens à mes yeux.

Dès l'âge de six ans, j'avais demandé à ma mère pourquoi la guerre existait (il s'agissait de la guerre de Golfe de 1990 à 1991). Je ne comprenais pas pourquoi les adultes s'entretuaient. À l'époque, j'avais déjà la passion des livres et de l'écriture et j'ai écrit un manifeste au Président de la République Française de l'époque, François Mitterrand.

Je souhaitais expliquer à ce Monsieur que la guerre était inutile. Je pensais naïvement qu'en lisant mes écrits, il ordonnerait aux casques bleus[20] de rentrer auprès de leurs familles. J'étais déjà très idéaliste. Cela pouvait se comprendre à six ans mais pas à vingt-huit ans. Car malgré mes années de maturité, je restais utopiste et facile à berner.

Tout au long de ma vie, je continuais à aller vers les gens en souffrance ou dans le besoin. J'étais toujours attirée par des âmes en difficulté. Mon comportement de sauveuse, a permis à beaucoup de personnes de m'exploiter et de me prendre pour une imbécile. À contrario, je détestais demander des services non rémunérés, sauf à ma mère.

J'étais dans cette dynamique-là lorsque j'ai rencontré Bastien. Après un an de salariat dans le privé, j'ai intégré la fonction publique car je voulais aider les gens. De plus, c'était sécure. Puis, je me suis acheté un logement toujours dans l'optique de la sécurité.

Logiquement, je souhaitais me marier, avoir une maison et deux enfants. Le modèle classique de réussite proposé par les médias. Je pensais que cela ferait mon bonheur et me normaliserait. Intérieurement, je luttais, je me battais contre moi-même pour entrer dans le moule de la société. Je faisais fi de mon instinct pour avoir l'impression d'être normale.

Lorsque j'ai rencontré Bastien, j'étais subjuguée car il semblait parfaitement s'adapter à la société. C'est pourquoi, j'ai voulu me conformer à ses attentes et ses besoins. J'avais enfin un chemin balisé pour trouver le bonheur pensais-je. Il me suffisait de suivre les ordres de mon compagnon pour y accéder. En moi-même, je me disais : *" Joane arrête de te défendre, suis ses directives. Il se calmera lorsque tu seras parfaite".* Mais, par chance, je n'arrivais

---

[20] *Nom donné à la force militaire d'interposition des Nations Unies*

pas à rester totalement docile. J'ai toujours été une guerrière dans l'âme. Je me battais contre l'injustice.

Pour être heureuse, je pensais avoir besoin de l'approbation des gens pour vivre, pour m'habiller et penser. Ceci m'a rendue corvéable à merci. Aujourd'hui, j'ai appris la leçon. Je ressors de cette malheureuse expérience grandie. Le fait d'écrire un livre dans lequel j'expose ma vie à nue est un exploit pour moi. Car cela sous-entend que je m'expose aux critiques, aux insultes, voire même aux menaces.

Auparavant, je n'aurais jamais osé faire cela. J'aurais été morte de honte et de culpabilité. À présent, après avoir été humiliée, rabaissée, trainée dans la boue, violentée, et critiquée y compris par « mes proches » qui disaient *« ben moi je serais partie depuis longtemps, bla bla bla* » je me fiche du qu'en-dira-t-on.

Je revis. J'aurais pu mourir sous les coups de cet homme, le tuer ou me suicider mais je suis là plus forte que jamais. Prête à continuer d'aider les gens, mais plus comme un paillasson, plutôt en réalisant mes rêves, en faisant preuve d'exemplarité.

Aujourd'hui, j'ai appris qu'il fallait écouter son instinct. Même, si dernier n'est pas corroboré par des faits concrets. Je conseille à mes lecteurs de fuir les personnes qui vous demandent de vous conformer à leurs attentes. Arrêtez de justifier vos comportements et vos choix. Bien évidemment, il faut être à l'écoute de nos proches. Néanmoins, il n'est pas nécessaire de toujours se sacrifier pour le bien être d'autrui surtout lorsqu'il s'agit d'un conjoint, de membres de la famille ou d'amis.

Faites votre vie pour vous et foutez-vous de ce que pensent les autres. Je sais qu'à l'heure des réseaux sociaux, il est compliqué de ne pas être impacté par le regard d'autrui. Sachez juste que quoi que vous fassiez vous serez critiqués. Autant faire ce que vous voulez. Non ? Car la nature humaine est ainsi faite. Les gens aiment critiquer, juger et désapprouver. Personne ne peut et ne pourra jamais faire totalement l'unanimité. Que les gens parlent. Ils n'ont que ça à faire à défaut de réaliser leurs propres rêves.

Avant, j'avais tellement peur des rumeurs et des critiques que je préférais rester avec mon bourreau à me faire maltraiter plutôt que d'être mal jugée par les gens. Ces mêmes gens qui ne me défendront jamais en cas de danger.

Je me suis fait taper, étrangler et insulter. Je vivais dans l'angoisse avec une boule au ventre ne sachant jamais ce qui pouvait m'arriver. C'était la roulette russe quotidienne. Chaque action de Bastien était une potentielle balle dans le barillet. Je ne savais jamais laquelle aurait pu être mortelle. En réalité, ma vie était en jeu mais je me souciais plus du regard des gens que de sauver ma peau.

J'ai réalisé, qu'il fallait arrêter de croire ce que nous véhiculent les médias à savoir que c'est quelqu'un d'extérieur à nous-mêmes qui nous rendra heureux.

• Un peu de féminisme

Il faut prendre la responsabilité de nos vies. Il faut aussi refuser les diktats sociétaux, dont la misogynie, qui veulent qu'une femme célibataire ne vaille rien. Il faut arrêter d'imaginer que seul un homme et des enfants apporteront l'épanouissement personnel aux femmes.

Malheureusement, même en 2019, les femmes rencontrent des problèmes spécifiquement liés à leur genre. Le monde donne aux femmes beaucoup de responsabilités et les conditionne à accepter beaucoup de contraintes.

La société pousse les femmes à être gentilles, calmes, à l'écoute, obéissantes, à faire le ménage et s'occuper des enfants y compris en Occident. Les statistiques de l'Insee (Institut national de la statistique et des études économiques) sont claires à propos de la répartition des tâches domestiques entre hommes et femmes (En moyenne, les femmes consacrent trois heures trente par jour aux tâches domestiques, contre deux heures pour les hommes) ainsi qu'en terme de rémunération (une femme à poste et compétences équivalents à un salaire inférieur de 18,5% à celui de son collègue masculin).

En plus, de bosser, les femmes doivent être belles, minces, jeunes, disponibles pour leur compagnon, leurs enfants, leur famille et leurs amis. On pourrait croire qu'au XXI ème siècle en Occident les choses ont changé. Si cela est partiellement vrai, il reste encore du travail.

D'ailleurs, je rappelle, qu'une femme qui ne veut pas avoir d'enfants est encore traitée d'égoïste y compris par d'autres femmes. Alors que c'est son droit, il est légitime de ne pas vouloir donner la vie car cela représente de nombreuses contraintes et responsabilités.

Il faut savoir que lorsque l'on est une femme célibataire en âge de se marier et d'avoir des enfants, le fait d'être seule est perçue comme une tare. Les gens soupçonnent ces femmes d'être acariâtres, frigides, lesbiennes ou putes et de toute façon difficiles à vivre. C'est un sentiment ambiant ou carrément des remarques ouvertes de l'entourage qui pèsent sur les femmes les poussant à se mettre en ménage avec n'importe qui, plutôt que finir vieille fille.

Dans l'imaginaire collectif, le couple rend heureux. Non seulement, c'est utopique au regard des statistiques relatives au divorce (Selon l'Insee en France, près de 45% des mariages finissent par un divorce.). Mais en plus, c'est dangereux de remettre son bonheur aux mains d'une tierce personne. D'une part, cela s'avère souvent décevant parce que seul l'individu connait ses propres besoins. D'autre part, dans le cas d'un pervers narcissique, cela peut amener à la destruction physique et/ ou psychique.

La violence conjugale est intrinsèquement liée à la misogynie et à la domination masculine. Il faut refuser la violence conjugale et intrafamiliale qui est un fléau touchant toutes les strates sociétales. Simplement, je souhaite que mon modeste témoignage apporte une pierre à l'édifice de la révolte.

C'est ironique car il fut un temps, je pensais que le féminisme était rasoir et dépassé. Pour moi, Georges Sand, Olympes de Gouges, Simone Veil, les suffragettes et compagnie n'avaient plus leur place hormis dans des livres d'histoires poussiéreux. Selon moi, il était évident que nous n'en avions plus besoin.

J'avais tort !! Il a fallu que je sois confrontée à l'inégalité homme-femme dans ma vie privée ainsi qu'à la violence conjugale pour que je comprenne la nécessité du courant féministe.

- ## Mon engagement

À travers ce livre, je souhaite aider les victimes de pervers narcissique à reprendre confiance en elles. L'objectif étant d'avancer vers la réalisation de soi.

À présent, je souhaite que les femmes arrêtent de s'oublier pour un homme. Qu'elles sacrifient tout à la recherche d'un potentiel bonheur conjugal. Bien évidemment, il est normal et légitime de faire des concessions dans un couple pour faire avancer la relation. Néanmoins, il est inadmissible de tout sacrifier et de se sacrifier pour un homme qui parfois ne nous respecte même pas. Car au-delà d'un pervers narcissique, les relations toxiques doivent être endiguées.

À titre personnel, je m'engage à arrêter de tout mettre de côté pour un homme. Ce changement de paradigme est d'abord individuel. Découvrons notre personnalité, apprenons à nous aimer car nous n'avons qu'une vie ici-bas.

Moi-même, j'arrête de croire qu'un homme, un travail ou des kilos en moins feront mon bonheur. Car je suis la seule à pourvoir à mon propre bonheur. C'est mon intériorité que je dois nettoyer et soigner afin de devenir la meilleure version de moi-même. J'arrête de me comparer aux autres en me sentant inférieure et minable. Je m'engage à être parfaitement imparfaite, juste moi.

Parents, j'imagine que votre rêve est que vos enfants soient heureux et qu'ils aient une vie extraordinaire ! Alors montrez leur la voie.

Nous sommes à une époque charnière où le changement de mentalité doit être consolidée par des actes et une implication majeure dans la vie de famille par chacun des protagonistes parents comme enfants. Il faut donc arrêter le déchargement systématique de la gestion du foyer sur la mère.

Petit message personnel à toutes les personnes adorant critiquer : ***fermez un peu vos gueules et gardez vos jugements de valeur pour vous***. Une victime de violence conjugale n'a cessé d'être jugée et rabaissée durant toute sa relation. Lorsqu'elle a enfin le courage et la force de partir, elle n'a sûrement pas besoin de personnes ayant un sentiment de supériorité, qui ne savent pas de quoi elles parlent. Arrêtez de vous croire meilleurs. Il faut avoir les reins solides pour supporter la violence quotidienne sans se passer la corde au cou. Nous sommes des guerrières bien plus fortes que vous ne pourraient jamais l'imaginer. Nous avons juste un déficit de confiance en nous comme la majorité des habitants de cette planète.

Je me rappelle que lorsque nous étions à huis clos et que Bastien me traitait comme la dernière des merdes, personne n'était là pour me voir ou me soutenir. Donc à tous les bien-pensants, allez-vous faire foutre. Je suis responsable de ma vie. Je fais les meilleurs choix pour mes enfants. Et sachez que les enfants qui vivent dans un climat de violence conjugale sont souvent marqués au fer rouge. Ils ont plus de risque de devenir victimes ou bourreaux que d'autres enfants n'ayant pas vécu dans la violence.

Il faut bien dire que la pression sociale pour devenir une femme qui excelle dans tous les domaines (travail, beauté, santé, enfants, le couple) est très forte. Comme dans ma situation, cela enchaine les femmes à une vie non voulue. Nous avons peur d'être jugées, mises au banc des sadomasochistes, des cas sociaux ou/et des victimes.

Pourtant, il était de ma responsabilité de faire preuve d'exemplarité face à mon entourage. Je devais m'affranchir de la honte d'avoir été une victime. D'ailleurs, suite à mes révélations certaines langues se sont déliées. J'ai appris que bon nombre de femmes de ma connaissance parfois très proches avaient vécu de la maltraitance infantile, conjugale et/ou sexuelle. Pour certaines, c'était la première fois qu'elles parlaient à une personne de leur enfer. Du fait, j'étais heureuse que mon vécu libère la parole de femmes en souffrance.

Aujourd'hui, je pense qu'il y aurait moins de tourments dans ce monde si ce type de violence intrafamiliale était systématiquement dénoncé. De plus, il y aurait moins de drames. Ici, je parle d'infanticides, de féminicides, de viols, d'incestes et tout autre traumatisme dus aux violences physiques et psychologiques à répétition.

Car peu importe le contexte, l'époque, le pays et le milieu social, il y a toujours ce cycle de la violence qui enferme les victimes.

Grâce à cette histoire, j'ai tout de même réussi à m'affirmer et à m'affranchir du regard des autres. J'ai préféré vivre pour moi-même au lieu de perdre ma vie et celles des enfants en restant en couple avec un malade.

J'ai profité de cet ouvrage pour écrire à mes enfants. Il s'agit de correspondances personnelles qui méritent d'être partagées tant mes sentiments à l'égard de mes enfants sont universels.

Lettre à mon fils

Cher Lolo,

De mémoire, j'ai toujours voulu avoir un bébé. Petite, j'imaginai que c'était comme de s'occuper d'une poupée, on l'habille, on lui donne à manger, on le baigne puis il dort toute la journée. Après ta naissance toutes mes croyances utopiques ont brutalement disparu. Tu dormais peu, pleurais beaucoup et vomissais souvent. Tu as définitivement fait tes nuits à deux ans soit deux semaines avant la naissance de ta sœur.

Ces moments difficiles ont également été les plus magiques de mon existence. Le miracle de te sentir dans mon ventre puis de te voir en vrai. J'ai été subjuguée par ta perfection, par ton instinct inné. Tout me fascinait chez toi : tes mains, ton nez, tes cheveux, tes yeux. Tu es tellement beau mon fils.

Tu as une compréhension instinctive des choses. D'ailleurs à ton âge tu es en avance au niveau de la parole, la compréhension et la mémoire. Je crois même que tu surpasses certains adultes à seulement trois ans.

Comme tout parent, j'essaie de faire au mieux pour t'élever avec bienveillance. Parfois, il m'arrive de m'énerver car je ne sais pas quelle attitude adopter lors de certaines « crises de colère d'enfant ». Souvent, je ne me sens pas à la hauteur en tant que maman. Mais, j'ai découvert que c'était un sentiment commun à beaucoup de parents.

De plus, je n'oublie pas que je t'ai donné la vie dans un climat de violence. J'en suis tellement désolée. Je culpabilise de ne pas avoir fui plus tôt. En même temps, je sais que tu vénères et adores ton père, pour le moment... J'espère juste qu'il saura refréner ses pulsions de destructions à votre égard. En tout cas, comme je te le dis, je te protégerai toujours, tu pourras compter sur moi peu importe où je serai sur la terre comme au ciel.

Tu es une personne extraordinaire. D'une rare intelligence. Tu protèges les gens que tu aimes. Tu apprends vite et tu gagnes en autonomie chaque jour. Je te prédis un avenir brillant mon fils.

Tu apporteras beaucoup de valeur positive à ce monde. Tu as toutes les qualités requises pour réussir.

Je veux que tu sois un homme fort, discipliné et courageux. Ne montre pas tes faiblesses aux autres. Ta sensibilité est une force intérieure que tu dois préserver du monde extérieur.

Ne doute jamais de toi. N'écoute pas les médisances. Ne t'apitoie pas sur ton sort, c'est une attitude de faibles. Relève la tête et avance. Tu connaitras des échecs comme nous tous, je t'encourage juste à changer de stratégie et à aller jusqu'au bout de tes rêves. Je veux que tu aies suffisamment confiance en toi pour te surpasser et réaliser tes objectifs.

Je te le répète régulièrement je t'aime mon petit Jaguar.

Maman

Lettre à ma fille

Nounou,

Ma princesse comme tu le sais, tu es un bébé surprise ! Comme moi, je l'ai été pour Mamie. Mais quel cadeau extraordinaire tu es pour nous.

Chaque jour, je remercie le Seigneur de t'avoir envoyée toi et ton frère auprès de moi. Grâce à toi, j'ai pris conscience que je n'avais pas à accepter la maltraitance conjugale.

En effet, lorsque Mamie m'a demandé : supporterais-tu que ta propre fille vive ce que tu endures quotidiennement auprès du père de tes enfants ? J'ai presque hurlé NON JAMAIS car il m'aurait été insupportable que ma fille et mon fils vivent ne serait-ce qu'une journée de cet enfer.

Tu es une petite fille très en avance psychologiquement et au niveau du langage. Tu comprends réellement le monde qui t'entoure. Tu es intelligente, belle, très câline. Comme je te l'ai déjà dit, je rêvais d'avoir une petite princesse à habiller, coiffer, pomponner mais tu as le caractère bien trempé et tu n'es pas de celles qui se soumettent aux caprices de sa maman.

Je t'adore car je pense que ta forte personnalité te permettra de t'imposer dans ce monde d'hommes. Je te prédis également un avenir brillant ma fille. Je te conseille d'être libre financièrement. Ne dépends pas d'un homme ou d'un patron.

Lorsque l'on est une femme noire (métisse et noire c'est pareil) il faut avoir beaucoup d'argent afin de se protéger des aléas de la vie. Tu pourras ainsi allier ton business à une vie de mère, si tu décides un jour d'avoir des enfants. Tu obtiendras tout ce que tu désires grâce à ta détermination sans faille et ton travail acharné. Tu te remettras de tes échecs et tu iras jusqu'au bout de tes rêves.

Je serai toujours auprès de toi pour t'épauler, te conseiller ou aller en boite de nuit (non, je rigole, tu ne vas pas emmener ta veille mère en soirée).

Des personnes essayeront de te décourager, de te rabaisser et te t'humilier. Ne les écoutent pas. Rectifie ta stratégie pour finaliser tes objectifs. Aie une vision à long terme de ta vie, et découpe-la en mini-objectifs à court terme. Tu es maitresse de ta vie. Tu es forte.

Je t'aime ma petite pirate

Maman

À vous deux, mes amours,

J'aimerais que vous vous protégiez l'un l'autre. Je souhaite que l'on forme une famille unie et bienveillante. Je ferai tout mon possible pour vous protéger car vous êtes mes enfants, les personnes que j'aime le plus au monde.

Je mourrais sans hésiter pour vous. Et je vous vengerais contre quiconque vous ferait du mal. Je suis une lionne qui défend ses petits. Je souhaite que vous me fassiez confiance et que vous vous confiez à moi en cas de petits ou graves problèmes.

Je vous présente mes excuses pour vous avoir mis au monde dans un climat de violence conjugale. De même, j'écris mon histoire avec votre père uniquement dans l'objectif d'aider de potentielles victimes à ouvrir les yeux.

Je ne souhaite pas vous blesser ou humilier votre père. Vous l'aimez et c'est normal. Je ne vous demanderai jamais de choisir entre nous. Je vous aime trop pour ça. Je ne nuirai pas à vos relations père-enfants. Néanmoins, sachez que votre père est une personne manipulatrice et toxique qui usera de n'importe quelle stratégie pour arriver à ses fins. Il serait bien capable de vous détruire…

Serrez-vous les coudes et parlez-moi de vos angoisses. N'essayez pas de me protéger. Je suis une femme forte qui peut tout entendre.

Si un jour, je vous manque trop, écoutez la chanson de Teri Moïse, « Je serai là ». En effet, je vous chantais régulièrement cette chanson pour vous endormir. De plus, elle représente tous ce que je ressens pour vous.

Je vous aime mes trésors. Maman.

Partie 4 : Les mécanismes de la violence conjugale. La définition de la violence conjugale

---

Pour finaliser mon ouvrage, il me semblait primordial d'évoquer la violence conjugale de manière générale afin de mettre en lumières ces mécanismes et d'éviter à certaines personnes non instruites à ce sujet de dire « *Ben, elle est trop conne, moi cela ne me serait jamais arrivé.* »

- ## Violence conjugale, qu'est-ce que c'est ?

La violence conjugale désigne des actes de violence commis, au sein d'un couple, par l'un des conjoints sur l'autre. Ce processus s'inscrit dans un but de domination et de contrôle. L'égalité au sein du couple n'existe pas. Et ce quel que soit le statut de la conjugalité : mariage, union libre, pacs, concubinage…

C'est de la violence au sein d'une relation privilégiée qui se déroule souvent à huis clos dans l'espace privé du couple. C'est pourquoi, elle est souvent indétectable.

La violence conjugale peut prendre la forme d'actes isolés, qui ne se reproduisent pas, ou bien d'actes répétés, habituels. Généralement, il s'agit d'un phénomène chronique et évolutif qui s'aggrave avec le temps.

Dans leur très grande majorité, les victimes sont des femmes en raison des stéréotypes culturels sexistes. Néanmoins, les hommes peuvent également être victimes même s'ils sont moins nombreux. Les hommes subissent essentiellement des violences psychologiques.

La violence conjugale sévit dans toutes les catégories sociales, ethniques, culturelles et économiques. Que ce soit en milieu urbain ou rural. Indifféremment du contexte religieux ou éducatif.

En dépit des campagnes de sensibilisation, les victimes de violences conjugales sont encore stigmatisées par la société qui se fait l'alliée des agresseurs : *« Elles aiment ça ? Sinon, pourquoi rester en couple avec une personne violente ? Puis, elles ne veulent pas d'aide. »*

Souvent, on réduit la violence conjugale uniquement à de la violence physique (aux coups et blessures). En réalité, la violence conjugale est polyforme. Parfois, un seul type de violence peut être utilisé contre la victime. Mais bien souvent, de multiples formes de violences sont exercées par le conjoint agresseur pour nuire à la victime.

Toutes les formes de violence sont préjudiciables et peuvent théoriquement, être sanctionnées par la loi.

• Les différents types de violences :

A) La violence physique

Il s'agit de la violence la plus visible et la plus connue. C'est une atteinte à l'intégrité physique. Exemple : coups de poings, coups de pieds, gifles, griffures, morsures, brûlures, strangulations, mutilations, attaques à l'arme à feu ou à l'arme blanche…

Cela peut-être aussi de l'intimidation. Exemple : faire semblant de frapper la victime en arrêtant son geste au dernier moment, lui cracher dessus, la pousser, lui bloquer le passage, l'immobiliser ou l'enfermer.

B) La violence psychologique et le harcèlement moral

D'après plusieurs victimes, c'est l'une des violences conjugales les plus traumatisantes. En effet, la violence psychologique a pour conséquence, une perte de confiance en soi qui s'accompagne d'une véritable souffrance intérieure.

La violence psychologique se caractérise par des comportements agressifs visant à harceler, contrôler, dénigrer, humilier, menacer, injurier, nier et dominer la victime. Il peut également s'agir de jalousie maladive ou d'indifférence aux besoins affectifs où la notion de punition est présente.

On parle de harcèlement conjugal lorsque le conjoint agresseur utilise la violence psychologique de façon habituelle et récurrente.

Le harcèlement moral est une technique de destruction psychique visant à anéantir l'estime de soi de la victime.

Les lois du 11 juillet 2010 et du 4 août 2014 définissent le harcèlement comme *« des actes répétés, qui peuvent être constitués de paroles et/ou d'autres agissements, d'une dégradation des conditions de vie entraînant une altération de la santé physique ou mentale de la victime. »*

La peine encourue en cas de harcèlement moral auprès de son conjoint ou ancien conjoint est de trois ans d'emprisonnement et de 45 000€ d'amende, peine portée à cinq ans d'emprisonnement et 75 000€ d'amende si les faits ont causé une incapacité totale de travail supérieure à huit jours.

C/ Violences sexuelles

Il s'agit de la violence la plus taboue. De nombreux agissements au sein du couple sont susceptibles de constituer des violences sexuelles. Il peut s'agir d'un viol lorsque l'on oblige son partenaire à avoir des relations sexuelles non consenties. Ou bien d'agressions sexuelles, qui se distinguent du viol par l'absence de pénétration.

De même, cela peut-être des comportements violents subis durant l'acte (morsures, gifles, insultes, humiliations.) sans accord du partenaire. Harceler son conjoint afin d'obtenir des relations sexuelles sera également constitutif de violence.

L'acte sexuel ne pourra être librement consenti en présence de violence, contrainte ou surprise. Par exemple, profiter du fait que son conjoint est endormi pour avoir une relation sexuelle avec lui est aussi une violence sexuelle.

Les agresseurs obligent souvent leurs victimes à avoir des relations sexuelles en vertu du devoir conjugal. Il faut savoir qu'à ce jour, en France, le devoir marital impose aux époux d'entretenir des relations sexuelles. En cas de non-respect de cette obligation légale, un divorce peut être prononcé pour faute.

Toutefois, le devoir marital ne justifie en rien les violences sexuelles conjugales. Il est donc possible pour les victimes de porter plainte pour viol.

Chaque année, en France entre 1000 et 1200 viols conjugaux sont déclarés aux services de police et de gendarmerie. Dans la très grande majorité des cas, l'auteur du viol est un homme (plus de 90% des cas).

Bien évidemment, ces chiffres sont bien en deçà à la réalité puisque, la majorité des victimes de viols conjugaux ne portent pas plainte. D'une part, beaucoup de victimes ne sont pas conscientes qu'elles subissent des violences sexuelles se sentant simplement obligées de satisfaire leur partenaire.

D'autre part, le fait que les victimes aient consenti antérieurement ou ultérieurement après les violences à avoir des relations sexuelles avec leurs partenaires les empêchent également de porter plainte à cause de la culpabilité ressentie. Elles pensent que puisqu'elles ont accepté une fois d'avoir des relations sexuelles, elles doivent toujours se soumettre.

De plus, les sentiments amoureux ainsi que la loyauté que les victimes ressentent envers leurs agresseurs les freinent également.

Pour finir, les sentiments de honte et de responsabilité envers l'agression sexuelle subie, sont omniprésents chez les victimes de violences sexuelles. Elles préfèrent donc garder le silence.

Remarque : les viols de la femme sur l'homme ne sont pas une légende. Cela existe bel et bien. Néanmoins, ce type d'agression reste très minoritaire.

D/ Violence économique

Généralement, c'est ce type de violence qui empêche les victimes de fuir le domicile conjugal. En effet, la violence économique entrave l'autonomie de la victime.

Il peut s'agir du contrôle paranoïaque des dépenses ou de la privation de revenus (lorsque par exemple le mari prive son épouse au foyer des revenus du ménage). Du fait, le manque de liberté financière de la victime l'empêche de quitter le domicile conjugal surtout lorsqu'il y a des enfants. Parce que la précarité économique est difficilement vivable.

- ## Le processus évolutif de la violence conjugale

La violence conjugale commence souvent par des agressions psychologiques, de l'isolement et du contrôle visant à réduire l'estime de soi de la victime. Apparaissent ensuite les agressions verbales, physiques et sexuelles.

Les conséquences des violences conjugales sont dramatiques : effondrement psychologique, peur, stress permanent, blessures graves, suicide ou homicide.

D'où l'importance de bien connaître ce phénomène pour mieux le combattre. Selon certaines études, une femme sur dix aurait déjà été victime de violences conjugales au cours de son existence. Ce chiffre percutant démontre bien l'ampleur du phénomène.

En France, chaque année, ce sont entre cent et deux cents personnes qui décèdent des suites de violences conjugales. La moitié d'entre avaient elles déjà subi des agressions au sein de leur couple (violences répétées et habituelles).

La grande majorité de ces victimes tuées sont des femmes. Autrement dit, une femme meurt tous les deux ou trois jours en moyenne. Un homme meurt tous les treize jours à cause des violences conjugales. Ces statistiques n'intègrent pas les suicides et les vies détruites notamment celles des enfants du couple à cause de ce fléau intra-familial.

De plus, les violences conjugales non mortelles (coups et blessures) déclarées sont en moyenne au nombre de 60 000 chaque année – dont 50 000 occasionnées par des hommes à l'encontre de femmes.

Pour comprendre totalement le phénomène de violences conjugales, il est nécessaire d'en comprendre les mécanismes psychologiques.

- La psychologie des violences conjugales et de l'emprise.

La société a un regard assez moralisateur à l'égard des victimes de violence conjugale. Il est souvent reproché à la victime de rester auprès de son agresseur. La plupart des gens se demandent pourquoi la victime ne quitte tout simplement pas son bourreau. Et il y a plusieurs raisons à cela.

Tout d'abord, la plupart du temps, au départ du moins, la victime n'est pas consciente de la maltraitance qu'elle subit. Une victime est tellement habituée à cette violence, qu'elle vit dans le déni de la toxicité de sa relation de couple. En effet, cette violence est normalisée. La victime ne se rend plus compte de ce climat délétère. La victime méprisée, vit dans la peur et l'insécurité. C'est alors qu'elle adapte ses besoins sur ceux de son conjoint. Il s'agit d'un mécanisme de destruction identitaire.

C'est un phénomène surprenant mais courant. La victime est comme anesthésiée. D'autant que les crises sont suivies de périodes d'accalmie plus ou moins longues. Celles-ci pourraient presque effacer les crises de violences.

De même, l'emprise de son partenaire est telle, que la victime doute de la véracité des faits et cherchera encore et encore des preuves, des témoignages pour être sûre malgré l'évidence, qu'elle est bien une victime. C'est pourquoi, généralement la victime va quitter son conjoint à de multiples reprises avant de rompre définitivement. Elle souhaite être sûre de ne pas se tromper sur son partenaire.

D'ailleurs, selon la thérapeute Cristelle Petitcollin, les manipulateurs, qui sont souvent des conjoints violents, arrivent mieux à leurs fins avec des personnes qui se remettent facilement en question, des personnes qui « pensent trop ». Car ces dernières tentent toujours de trouver des excuses à leur conjoint.

Ajoutons à cela que la victime ne raconte pas le calvaire qu'elle vit. Car, cet aveu l'obligerait à quitter son bourreau alors qu'elle croit encore que son partenaire va changer miraculeusement. Du coup, La victime met beaucoup de temps à décrypter la violence et à renoncer à tout espoir d'amélioration.

La victime a déjà entendu qu'il fallait fuir à la première claque ou bien au dénigrement excessif de la part de son « amoureux ». Néanmoins, elle pense que cette injonction ne la concerne pas. Généralement, elle croit pouvoir changer son conjoint violent. Ce dernier impute à la victime, la responsabilité de sa propre violence et lui fait croire qu'il peut changer grâce à son « amour ». C'est pourquoi, au départ, elle pense même que sa jalousie et ses critiques sont « bienveillantes ».

La victime imagine qu'il s'agit d'un amour tellement puissant et fort que les autres ne peuvent pas comprendre la relation. Pour elle, il s'agit d'un genre d'amour qui fait mal, d'une tragédie shakespearienne. La victime reste par amour, humanité, pitié, peur de l'abandon ou peur tout court. Les victimes ne sont pas masochistes, si elles restent jusque-là, c'est parce que tout n'est pas noir.

L'emprise du conjoint violent envers sa victime peut être comparée à l'histoire de la grenouille qui ne savait pas qu'elle était cuite.

C'est l'histoire d'une grenouille qui nage dans une marmite remplie d'eau froide. Un feu est allumé sous la marmite de façon à faire monter progressivement la température. Au départ, la grenouille ne s'aperçoit de rien. La température grimpe, l'eau est maintenant tiède. La grenouille s'agite moins mais ne s'affole pas. La température de l'eau continue d'augmenter. L'eau est cette fois vraiment chaude, la grenouille commence à trouver cela désagréable, elle s'affaiblit mais supporte la chaleur. La température continue de monter, jusqu'au moment où la grenouille va tout simplement finir par cuire et mourir.

Si la même grenouille avait été plongée directement dans l'eau à 100°, elle aurait immédiatement donné le coup de patte qui l'aurait éjectée de la marmite. Ainsi, elle ne serait pas morte.

Cette métaphore démontre bien que, lorsqu'un changement s'effectue d'une manière suffisamment lente, il échappe à la vigilance de la victime et ne suscite la plupart de temps aucune réaction, aucune opposition, aucune révolte. C'est pourquoi, en règle générale, le conjoint violent exerce ses violences envers la victime par paliers. Comme cela, cette dernière s'habitue progressivement à être maltraitée.

• Quels sont les mécanismes de l'emprise ?

A) Qu'est-ce que l'emprise ?

L'emprise est une relation inégalitaire, dans laquelle il y a un dominant et un dominé. Dans ce type de relation le dominant exerce une influence, une forme de contrôle sur le dominé, à l'insu de ce dernier.

En effet, le dominé n'est pas du tout ou peu conscient d'être sous emprise. Il pense encore avoir son libre arbitre. On peut alors parler « d'aliénation de l'esprit ». Le dominant va envahir et prendre possession du psychisme du dominé.

B) Comment le processus d'emprise se met-il en place ?

Au départ, le conjoint dominant va dénigrer « subtilement » la victime. Il va lui soutenir qu'elle est nulle et incapable. En premier lieu, la victime réfutera le point de vue de l'agresseur. Néanmoins, si ce dernier continue encore et toujours à dénigrer sa victime, à lui « bourrer le crâne d'une idée paralysante », cette dernière va commencer à douter d'elle-même dès qu'elle fera la moindre « erreur ».

Après plusieurs erreurs et puisque nul n'est parfait, la victime donnera raison à son conjoint violent. Elle finira par se croire nulle et incapable. En perdant l'estime d'elle-même, la victime n'aura plus confiance en son propre jugement. Elle préfèrera donc « spontanément » se soumettre, écouter et être guidée par ce conjoint violent. D'autant qu'à contrario de sa victime, l'agresseur ne doute jamais de lui-même et semble avoir réponse à tout.

Progressivement, le dominant qui contrôle son partenaire va nier son droit à exister en tant que personne distincte. Le dominé n'a alors plus le droit d'avoir des désirs et des besoins personnels. Il doit se soumettre à toutes les volontés du dominant sans réussir à se libérer de cette emprise. La victime est comme droguée et anesthésiée. Elle pourra aller à l'encontre de son bien-être personnel et de celui de ses enfants pour satisfaire son bourreau et lui plaire.

L'emprise est souvent appelée le syndrome de Stockholm. Cette appellation est relative à un fait divers assez déroutant. Voici l'histoire :

En 1973, un évadé de prison, Jan Erik Olsson, tente de commettre un braquage dans une banque à Stockholm, la capitale de la Suède.

Le braqueur tire une rafale de mitraillette en l'air, des dizaines d'employés s'enfuient ou se jettent au sol. L'intervention des forces de l'ordre incite Jan Erik Olsson à se retrancher dans la banque avec quatre otages.

Il demande aux négociateurs trois millions de couronnes, des armes, un gilet pare-balles, un avion pour s'enfuir et la libération de son compagnon de cellule, Clark Olofsson. Ce dernier vient le rejoindre. Les deux hommes et leurs otages se retranchent dans la chambre forte de la banque. Les six personnes sont prises au piège durant plusieurs jours.

En raison de leur isolement, otages et ravisseurs finissent par développer un sentiment mutuel d'estime et de sympathie.

Curieusement, pendant les six jours de négociation, les employés font confiance à leurs ravisseurs et se méfient des forces de l'ordre. Afin de libérer les otages, la police perce des trous dans le plafond de la chambre forte et fait usage de gaz anesthésiants. Au moment de la libération, les forces de l'ordre assistent à une scène surréaliste. Les employés refusent d'être secourus. L'une des otages exige que les deux criminels passent devant, de peur qu'ils soient abattus par la police. Avant de sortir de la chambre forte, criminels et otages se prennent dans les bras et se disent au revoir chaleureusement. Après leur arrestation, les victimes refusent de témoigner contre les braqueurs. Pire, ils se cotisent pour assurer les frais de la défense des deux hommes et vont leur rendre visite en prison.

- Comment peut-on expliquer le syndrome de Stockholm ?

L'explication, c'est que lorsqu'une victime est coupée du monde et affaiblie, elle développe de la confiance et de la gratitude envers son agresseur. La victime perd petit à petit son sens critique. Elle agit uniquement par instinct de survie. Inconsciemment, elle pense qu'en s'attirant la sympathie de son agresseur, elle pourra contrôler les émotions de celui-ci. Ainsi, la victime croit que l'agresseur l'épargnera. En réalité, la victime n'a aucun contrôle sur la situation. Elle s'imagine juste hors de danger. En fait, elle se protège uniquement de son angoisse et non du vrai danger.

Pour que le *syndrome de Stockholm* puisse apparaître, il doit y avoir au moins deux conditions réunies. La première est une justification de la maltraitance de l'agresseur envers sa victime. Le conjoint violent pourra dira *« c'est pour ton bien, c'est parce que je t'aime, tu m'as poussé à bout. »*. Par cette justification erronée, le conjoint maltraitant va créer de la confusion dans l'esprit de sa victime. Progressivement, cette dernière va normaliser le comportement de son conjoint.

La deuxième condition sine qua none est la méconnaissance de l'existence du *syndrome de Stockholm.* L'une des premières armes d'un manipulateur, c'est l'ignorance de sa victime à propos des mécanismes de manipulation.

Quelles sont les stratégies utilisées pour amener la victime à développer le *syndrome de Stockholm* ?

- Isoler la victime (déménagement ; couper les ponts avec la famille, les amis ou le travail, etc.)...

- Affaiblir sa victime en développant chez elle la peur, le doute, la confusion, la culpabilité, la privation de sommeil.
- Rallier la victime à la logique de l'agresseur (Grâce aux doutes et à la confusion) …
- Présenter les aides extérieures comme des agressions (proches ou familles qui voudraient aider la victime).

• Les phases de la violence conjugale

En 1979, une psychologue américaine, Lenore Walker, a décrypté les phénomènes prévisibles de la violence conjugale en plusieurs phases. La violence conjugale est un cycle.

PHASE 1: L'ACCUMULATION

L'agresseur exerce des pressions psychologiques, contrôle, isole la victime. La tension monte la victime sent « que ça va péter ». L'inquiétude est à son paroxysme. La victime tente d'améliorer le climat en faisant attention à ses gestes et paroles.

PHASE 2 : L'EXPLOSION

C'est la phase la plus courte. Celle où la violence éclate. Le manque de contrôle parait absolu. En réalité l'agresseur prend en fait le contrôle de la situation. C'est à ce moment que se produisent les agressions physiques, psychologiques, sexuelles...

La victime ressent plusieurs émotions : de la peur, de l'incrédulité, de l'anxiété et de l'impuissance. La victime ne comprend pas et tente encore d'apaiser le climat.

PHASE 3 : LE TRANSFERT

Après la crise de violence, l'agresseur va minimiser les violences qu'il fait subir à la victime. Le conjoint violent va même jusqu'à faire porter la responsabilité des violences sur son partenaire. La victime se sent alors responsable de la situation.

PHASE 4 : LA LUNE DE MIEL

Cette phase est le moyen utilisé par l'auteur pour reconquérir la victime. L'agresseur demande pardon, promet de changer, d'arrêter les violences. Il jure qu'il l'aime et ne peut vivre sans elle. Il utilise des stratégies de manipulation affective pour que la relation ne se termine pas. La victime lui donne une chance, lui apporte son aide, constate ses efforts, change ses propres habitudes pour plaire à l'agresseur.

C'est le changement soudain d'attitude de l'autre qui pousse la victime à penser que ce n'était qu'un fait ponctuel et que cela ne se reproduira plus. La victime veut croire qu'elle ne souffrira plus jamais d'abus. La gentillesse de l'agresseur et sa tendresse au cours de cette phase fait croire à la victime que son partenaire va changer. Néanmoins, cette phase de conciliation ne dure jamais longtemps. Elle s'achève quand le calme disparaît et quand les vexations réapparaissent.

Ce processus se répète inlassablement au cours de la relation. La phase d'explosion va augmenter alors que la phase de lune de miel va diminuer jusqu'à disparaître.

Madame Walker, a également développé le concept « d'impuissance apprise ». Cela se caractérise par la diminution des capacités à évaluer la situation et à réagir pour des personnes engagées dans la spirale de la violence conjugale.

Dans un objectif de survie, les victimes déploient des stratégies allant du déni à la négociation, la banalisation et même la déresponsabilisation de l'agresseur. Certaines contraintes telles que les croyances religieuses ou l'absence de ressources financières peuvent par ailleurs limiter les possibilités de sortir de la violence.

- Quelles sont les conséquences de la violence conjugale sur les victimes ?

La violence conjugale peut provoquer des atteintes physiques et psychiques : blessures, état de stress post-traumatique, anémie, insomnie, dépression, perte de l'estime de soi, culpabilité, honte, difficulté à percevoir les effets du contexte familial sur les enfants. Impossibilité d'exercer pleinement sa fonction parentale en particulier pour ce qui concerne l'autorité…

- Quelles sont les conséquences de la violence conjugale sur les enfants ?

Les enfants exposés à la violence conjugale sont aujourd'hui considérés comme des victimes. Ces enfants assistent régulièrement à des scènes de violence. Ils entendent des cris et des haussements de voix. Ils voient les marques de coups et la détresse psychologique du parent victime. Ils vivent dans un climat de tension, de peur et d'insécurité.

Ce sont des êtres en souffrance, des personnes en danger. Effectivement, même si les enfants ne sont pas directement victimes d'agression de la part de leur parent, ils sont victimes des violences exercées dans la famille.

Les effets de la violence conjugale sont variables pour chaque enfant en fonction de son âge, de sa personnalité ainsi que de l'ampleur et de la persistance des comportements violents. Les répercussions de ce type de violence pour les enfants du couple peuvent se manifester de diverses manières : problèmes de santé physique et/ou mentale, dépression, difficultés de concentration et de l'apprentissage. Cela va entrainer des retards scolaires, des troubles du comportement ou des conduites agressives.

L'imitation des modèles parentaux peut représenter un risque de reproduction de ce problème au cours de la vie adulte, sur le modèle de la victime ou de l'agresseur. Car les enfants apprennent que les conflits se règlent par la violence.

De plus, le parent violent peut utiliser ses enfants comme confidents et leur parler des émotions qu'il peut avoir envers le parent victime comme de la colère ou de la tristesse par exemple. Il cherche autant par ce biais-là d'avoir les enfants de son côté que de fragiliser le parent victime.

C'est difficile à concevoir, mais pour le parent violent, machiavélique et sans scrupules, ses enfants ne sont qu'un moyen supplémentaire à sa disposition pour retenir son partenaire. En effet, dès lors que le parent victime manifeste son intention de le quitter, le parent violent n'hésitera pas à le menacer de le priver de la garde de ses enfants ou de les éloigner de lui.

La perspective de perdre la garde si le conjoint est une mère, ou de ne plus voir ses enfants qu'un week-end sur deux s'il est le père, terrifie le parent victime. De nombreux parents préfèrent souffrir et se sacrifier le temps que leurs enfants grandissent. Néanmoins, ils s'enlisent dans une relation toxique et infernale. De plus, les enfants sont malheureux de vivre dans de telles conditions.

- ## Qui sont les agresseurs ?

Je vais spécifiquement évoquer les pervers narcissiques. J'utiliserai les plusieurs termes pour qualifier le pervers narcissique (auteur de violence, agresseur, le conjoint violent ou le pervers narcissique).

Les auteurs de violences conjugales peuvent être de sexe féminin ou masculin. Ils peuvent être hétérosexuels ou homosexuels. Et appartenir à n'importe quels ethnie, pays ou milieu social.

La majorité des agresseurs ont eux-mêmes été victimes au cours de leurs vie notamment dans leur enfance. Néanmoins, ayant le libre abrite, ils auraient pu choisir une autre voie que celle de la violence. Heureusement, la majorité des personnes ayant vécu des traumatismes ne décident pas toutes de devenir violentes. Parfois, les agresseurs ont été aussi des « enfants rois » qui n'avaient pas de limites.

Ils ont plusieurs visages. Ils peuvent être extravertis, bons vivants, séducteurs, cultivés, altruistes, ou plus timides mais aussi autoritaires et tyranniques. Ils passent d'une facette à l'autre en quelques secondes. Ils aiment montrer un visage avenant et sympathique en public. En réalité, ils sont souvent égoïstes, sournois, hypocrites et jaloux. Ils ne ressentent ni pitié, ni empathie sauf envers eux-mêmes. Ce sont des manipulateurs. Les pervers narcissiques se trouvent à la frontière de la folie. Leurs actes de perversion et de manipulation leur permettent de ne pas sombrer totalement car ils vont projeter leur propre folie sur la victime.

Les agresseurs font preuve d'un narcissisme aigu. En réalité, la plupart d'entre eux ont une image dévalorisante d'eux-mêmes. C'est pour se sentir supérieurs qu'ils dévalorisent les autres. Car ces personnes ressentent un besoin exacerbé de se faire admirer au détriment d'autrui. Ils sont comme des cancers. Ils distillent le mal autour d'eux.

Ils ne respectent pas leurs partenaires et vont chercher à satisfaire leurs besoins à ses dépens. Les pervers narcissiques ne peuvent pas changer car ils ne veulent pas changer. Ils sont persuadés de détenir la vérité absolue. Ils ne se remettent jamais en cause. A tel point, qu'ils pensent être au-dessus du reste du monde et des lois.

Ils se sentent légitimes à écraser les gens qu'ils pensent plus faibles et plus stupides qu'eux-mêmes.

Ils souhaitent que leur conjoint devienne une extension d'eux-mêmes et de leurs caprices. Malgré, leur tentative de contrôle et de fusion avec l'autre, ce dernier conserve son individualité intrinsèque. C'est pourquoi, le conjoint violent veut détruire la vitalité et l'humanité de l'autre pour qu'il cesse d'exister en tant qu'un individu distinct. Pour parvenir à ses fins, le conjoint violent puise et épuise délibérément les qualités d'amour et de bienveillance de sa victime.

Il faut savoir que contrairement à ce qu'ils affirment à leurs victimes, les pervers narcissiques ne deviennent pas agressifs au contact de leur conjoint. En réalité, ils le sont déjà avant de le rencontrer. La victime est davantage un exutoire qu'un déclencheur.

De plus, l'alcool et les drogues n'expliquent pas les accès de violence. Leurs propriétés inhibitrices sont juste des facteurs aggravants. Force est de constater que tous les alcooliques et les drogués ne sont pas violents. En fait, le conjoint violent se sert de la consommation d'alcool et de drogue comme excuse pour justifier ses actes malveillants.

Lorsqu'il sent qu'il va trop loin, l'agresseur cherche à se faire « pardonner », et ce mot est entre guillemets car le plus souvent, il ne s'agit pas d'un pardon sincère, vu qu'il ne s'estime pas coupable. Il va être plus gentil pendant un moment voire même attentionné. Ce principe de douche écossaise est déroutant pour la victime. Le changement brutal de comportement du conjoint violent va faire douter la victime sur la véracité des violences qu'elle subit.

L'agresseur va punir sa victime en utilisant un ou plusieurs types de violences conjugales, si elle ne n'exécute pas à l'une de ses demandes tyranniques. Le pervers narcissique est bon acteur. Il peut éclater en sanglots, vomir, devenir si pathétique et émotif qu'on ressentira spontanément sa souffrance. Ce faisant, il obtient ce qu'il veut. Cela ressemble beaucoup à un enfant qui fait un caprice jusqu'à ce qu'un adulte finisse par céder.

Le plus déroutant, c'est qu'il y a un énorme décalage entre ce qu'il dit et ce qu'il fait. Le conjoint violent prône le respect, les valeurs morales, l'honnêteté et la rigueur, mais dans les faits il agit absolument à l'opposé de son discours. Il n'hésitera pas, quand cela servira ses intérêts, à mentir, tromper, manipuler, spolier et intimider. Cela ne lui posera pas de problèmes de conscience, car il n'en a pas. D'ailleurs, s'il avait réellement une conscience, il serait incapable de faire autant de mal à une personne qu'il dit aimer.

En revanche, il a une capacité extraordinaire au mimétisme. Le conjoint violent feint parfaitement les sentiments. Il est doué pour faire croire à sa victime qu'il l'aime sincèrement. En réalité, le pervers narcissique ne supporte pas de voir sa victime heureuse ou exprimer des sentiments de gaieté, d'optimisme, de satisfaction ou d'enthousiasme. Il prend plaisir à lui gâcher ses meilleurs moments. Plus la victime est conciliante et aimante avec son conjoint, plus il la considère comme faible. Il lui rend donc le bien reçu par le mal. Cet être tyrannique impose à son partenaire sa vision des choses et ses volontés au sein du foyer.

Dans un premier temps, il utilisera le charme et la persuasion, mais dans un second temps, il imposera ses choix par la terreur. Le pervers narcissique ne construira pas de relation sincère avec son partenaire.

Il est très égoïste. Il aime dépenser pour lui-même, s'offrant des cadeaux dispendieux et futiles. En revanche, il peut être avare lorsqu'il s'agit de son conjoint.

De plus, Il manipule ses proches et trouve aide et soutien en se faisant passer auprès d'eux pour une victime. C'est un menteur pathologique.

- ## Qui sont les victimes ?

Il n'existe pas de profil type de victimes. Néanmoins, la vulnérabilité (le handicap, les problèmes psychologiques, affectifs ou pécuniers...), le manque de confiance en soi, le besoin excessif de faire plaisir aux autres et la remise en question perpétuelle sont des terreaux fertiles pour devenir victime d'abus. Les relations toxiques débutent souvent lors de période de transition ou de vulnérabilité ponctuelle. Ces situations vont conduire les victimes à se mettre en couple avec un pervers narcissique ou plus largement avec un conjoint toxique.

En début de la relation, la victime éprouve un malaise envers son compagnon. Son instinct l'avertit du danger. Cela peut se traduire par des crampes d'estomac ou par une forme d'angoisse. Malheureusement, ce sentiment disparait vite, permettant ainsi la consolidation du couple.

Néanmoins, au fil du temps, la relation avec le pervers narcissique redevient anxiogène pour la victime. Elle va de nouveau ressentir la peur et l'angoisse. Elle va vivre dans le stress permanent. La victime aura peur des cris, des insultes et ou des coups de son partenaire. Elle va guetter ses changements d'humeur. Elle essaiera de s'adapter aux demandes et besoins de son partenaire exigeant.

À force d'être dénigrée, la victime va progressivement perdre son estime personnelle. Son conjoint violent va lui ôter sa confiance en ses capacités intellectuelles et de séduction. La victime douterait de ses propos, de ses choix et de ses envies. Epuisée par les disputes incessantes déclenchées par son partenaire, elle se conformera aux choix de ce dernier. Elle sera dépossédée de son libre arbitre. Par conséquent, la victime fera des choses qu'elle n'aurait jamais pensé faire avant sa rencontre avec le conjoint violent. La victime en perdra toute joie de vivre. Elle plongera petit à petit dans les abysses dans la dépression sans vraiment comprendre la racine de son mal-être.

Cependant, même si la victime n'a pas conscience de ce qui lui arrive, son corps va s'exprimer. En raison d'une violation de son psychisme et d'une atteinte à sa dignité, le corps extériorise la souffrance à travers de divers symptômes : troubles du comportement alimentaire (anorexie, boulimie ou hyperphagie), chute de cheveux, maladies de peau, troubles du sommeil, ulcères à l'estomac, problèmes cardiaques, cancers et tout autre type de somatisation.

L'entourage proche de la victime est éprouvé par cette situation. En effet, les proches de la victime, ne la reconnaissent plus. Ils vont lui reprocher son attitude passive. Il sera difficile de maintenir des liens, même téléphoniques, avec la victime. L'entourage n'a pas conscience que la victime est totalement sous emprise de son partenaire. L'isolement fait partie intégrante du processus de contrôle du partenaire violent. Ce dernier souhaite que sa victime se brouille totalement avec les personnes susceptibles de l'aider à fuir cette relation toxique.

Heureusement après plusieurs mois, voire plusieurs années, certaines victimes arrivent à quitter leur bourreau. Il y a souvent un élément déclencheur, un déclic. Il peut s'agir : d'une tierce personne, d'un programme médiatique, d'un livre ou d'une violence de trop.

Si la décision de la victime est irrévocable, elle devra tout même s'armer de courage pour lutter contre les tentatives oppressantes de son partenaire pour la récupérer. Il sera pertinent de couper les ponts définitivement. Néanmoins, c'est parfois impossible. Notamment lorsque l'ancien couple à des enfants ensemble.

Il est également essentiel, de consulter des professionnels de santé pour aider à guérir ses blessures physiques et psychiques résultant de cette relation toxique. De même, une procédure judicaire à l'encontre du conjoint violent pourra également être engagée dans le but de demander des sanctions juridiques afin de réparer les préjudices subis.

Pour conclure cet ouvrage, je voulais te remercier cher lecteur d'avoir pris du temps de lire mes mots. À travers ces derniers, j'ai partagé un peu de ma vie et de mon âme. Si comme moi, tu vis, tu as vécu ou qu'une personne que tu aimes vit sous emprise, j'aimerais que tu partages ton témoignage avec moi par mail : jg.auteure@gmail.com . J'aimerais correspondre avec des personnes ayant vécu des relations toxiques qu'elles soient amoureuses, amicales, familiales ou professionnelles. Pourrais-tu également commenter mon livre pour que l'algorithme Amazon mette mon ouvrage en avant ? Pour qu'un maximum de personnes intéressées par cette thématique puise le découvrir.

Remerciements :

Tout d'abord, je souhaite remercier ma merveilleuse maman et mes deux petits bouts de chou adorés Tic et Tac. Ensuite, je souhaite remercier ma famille : Dadou, Michel, Carla, Lilian, Jl, Christelle et sa merveilleuse famille, Géraldine, Nico, Berette, Hubert, Maeva et tous les autres.

Je n'oublie pas les amies qui m'ont soutenue : Natacha, Anne, Liliana, Jenny, Mina, Laure V, Laure A, Anne-Sophie, Micheline, Christelle, Sylvie, Lucie, Valérie, Eve, Amanda, Sylvie, Nawel...

Grand merci à Martine pour sa relecture, ses corrections et ses conseils pertinents. Et à Ethan pour la couverture du livre.

Sans vous, je n'aurais pas pu aller au bout de mon projet. Comme vous le savez, j'ai souvent réouvert des blessures et pleuré des larmes de sang pour aller jusqu'au bout. Je vous aime tous.

Bisous Joane

Printed in France by Amazon
Brétigny-sur-Orge, FR

12988053R00167